編集協力　ミカブックス
印刷・製本　シナノ書籍印刷
デザイン　米倉英弘（細山田デザイン事務所）
イラスト　いとう良一
間取り図協力　吉田伸司（109、111、112、113、127、129、139、140、141、145頁）

目次

1 江戸期の名作住宅

2 明治期の名作住宅

3 大正・昭和期の名作住宅

Column

はじめに

『名作住宅』とはいったい何だろうか。試しに広辞苑を引くと、『名作』の意味は「名高い作品」とある。この内、『名高い』は「名が広く世間に知れわたっている」様子で、『作品』は「製作物・主に、芸術活動によってつくられたもの」である。「芸術活動」なんて書いてあると、建築家が設計したものを指すように思われるが、江戸期には大学教育を受けた「建築家」はいないし、「広く世間に知れわたっている」住宅が全て建築家の作品とは限らない。だから、この本の『名作住宅』の意味は、「名高い製作物としての住宅」と広義なままである。いったい何が「名高い」のか。そういう意味で仮に『名○』と言えば、『○』の中身はそれぞれ異なるのだ。

では、『○』の中には、どんな言葉が当てはまるのか、少し考えてみよう。まず、江戸期の住宅は、地方色豊かな展開にその魅力がある。それは、合掌造や高塀造などの呼称で「広く世間に知れわたっている」。すると、「その土地の有名な産物」という意味をもつ『名産』という言葉が合う気がする。また、明治期には、洋風住宅の建設も進められ、和洋折衷の住宅も現われる。その内、コロニアルスタイルの洋風住宅などは、日本の気候風土にも合っていて『名訳』という言葉も良いし、和洋の組合わせが素晴らしければ、そんな言葉は辞書にないが『名対』など。大正・昭和期は「芸術活動」という意味で『名作』という言葉がぴったりの事例も多いが、ダイニングキッチンを初めて採用した集合住宅は『名案』、同潤会アパートメントのように震災復興という課題を持つものは「よい処方」の意味で『名方』とか『名薬』はどうだろう。

このように考えると、扱う期間の長さに起因して『名作』の意味を広く捉えたことで、逆に「何が名高いのか」という、各期・各住宅の端的な理解を求める本ができたように思う。この本では、江戸・明治期はほぼ全て、大正・昭和期も3分の2程度は実際に見学できる住宅を選んだので、それぞれの住宅の要点となる『○』を見つけ、ぜひ現地で体験してほしい。

なお、改訂版ではレイアウト変更と文章の修正を行いました。お世話になった方々にこの場を借りてお礼申し上げます。どうもありがとうございました。

大井隆弘

この本の見方

所在都道府県（カッコ内は旧所在地）

住宅の名称

太字は「用語集」に解説あり

方位

間取り平面図

住宅寸法

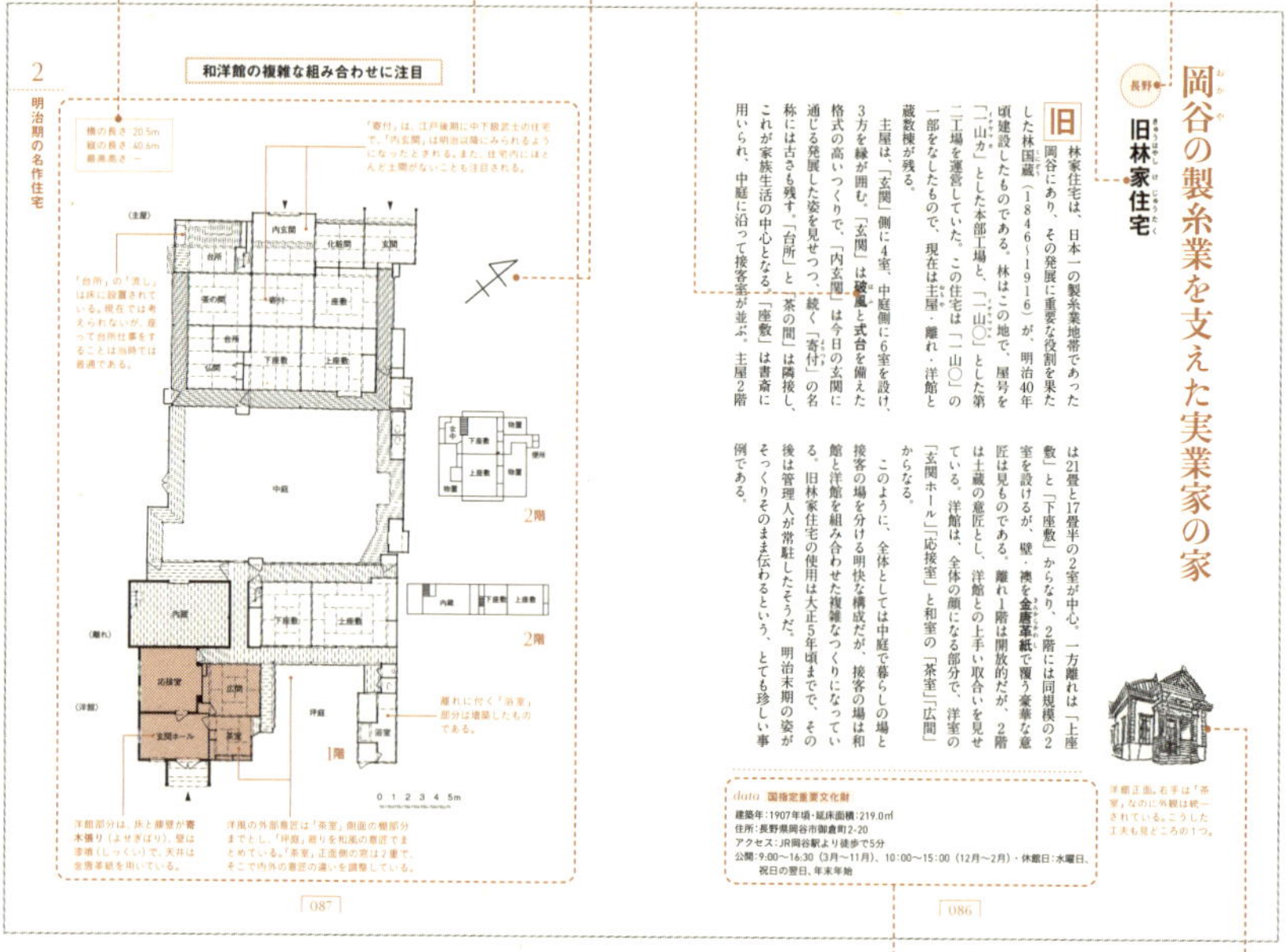

2 明治期の名作住宅

和洋館の複雑な組み合わせに注目

長野

岡谷《おかや》の製糸業を支えた実業家の家

旧林家住宅《きゅうはやしけじゅうたく》

旧林家住宅は、日本一の製糸業地帯であった岡谷にあり、その発展に重要な役割を果たした林国蔵《くにぞう》（1846～1916）が、明治40年頃建設したものである。林はこの地で、屋号を「一山カ」とした本部工場と、「一山〇」とした第二工場を運営していた。この住宅は「一山〇」の一部をなしたもので、現在は主屋《おもや》・離れ・洋館と蔵数棟が残る。

主屋は、「玄関」側に4室、中庭側に6室を設け、3方を縁が囲む。「玄関」は**破風**と**式台**を備えた格式の高いつくりで、「内玄関」は今日の玄関に通じる発展した姿を見せつつ、続く「寄付《よりつき》」の名称には古さも残す。「台所」と「茶の間」は隣接し、これが家族生活の中心となる。「座敷」は書斎に用いられ、中庭に沿って接客室が並ぶ。主屋2階は21畳と17畳半の2室が中心。一方離れは「上座敷」と「下座敷」からなり、2階には同規模の2室を設けるが、壁・襖を**金唐革紙**で覆う豪華な意匠は見ものである。離れ1階は開放的だが、2階は土蔵の意匠とし、洋館との上手い取合いを見せている。洋館は、全体の顔になる部分で、洋室の「玄関ホール」「応接室」と和室の「茶室」「広間」からなる。

このように、全体としては中庭で暮らしの場と接客の場を分ける明快な構成だが、接客の場は和館と洋館を組み合わせた複雑なつくりになっている。旧林家住宅の使用は大正5年頃までで、その後は管理人が常駐したそうだ。明治末期の姿がそっくりそのまま伝わるという、とても珍しい事例である。

data 国指定重要文化財

建築年：1907年頃・延床面積：219.0㎡

住所：長野県岡谷市御倉町2-20

アクセス：JR岡谷駅より徒歩で5分

公開：9:00～16:30（3月～11月）、10:00～15:00（12月～2月）・休館日：水曜日、祝日の翌日、年末年始

087　086

住宅データ（2019年2月現在）

住宅の外観

寸法の決め方

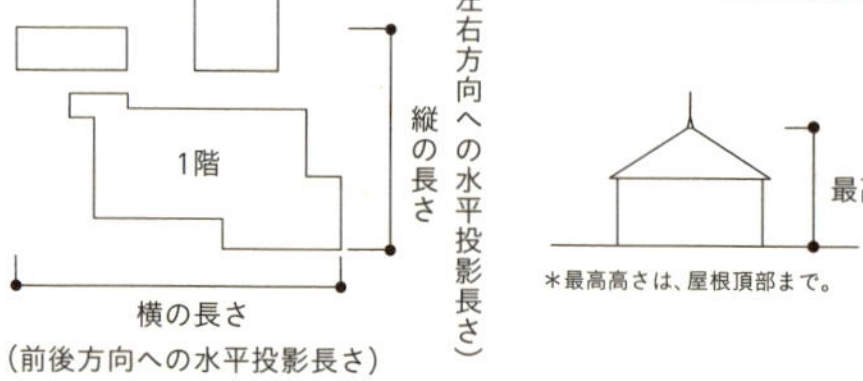

＊最高高さは、屋根頂部まで。

＊途中で切れている建物は含めない。図面からの計測値を含む。すべて1階について。

図面記号

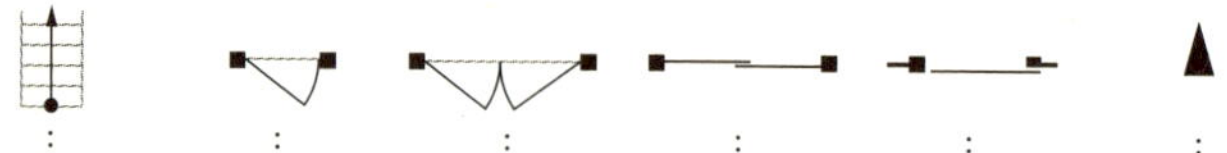

…階段　＊矢印が向く方向を、登る方向としている。

…片開き戸（窓）

…両開き戸（窓）

…引き違い戸

…片引き戸

…出入り口

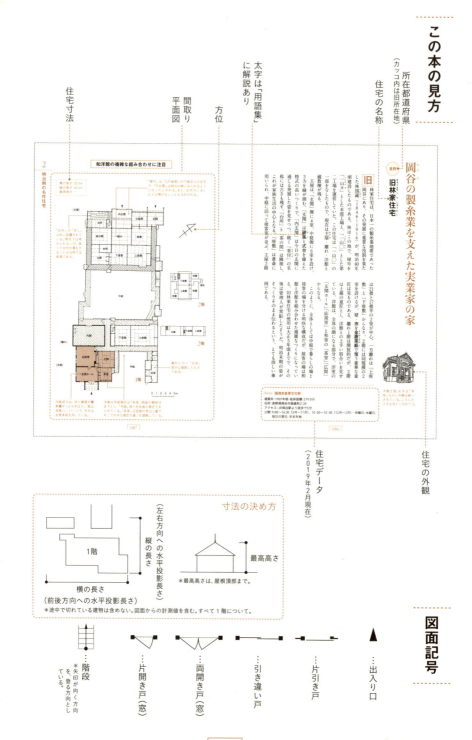

1

江戸期の名作住宅

合掌造《がっしょうづくり》、本棟造《ほんむねづくり》、高塀造《たかべいづくり》…。
直家《すごや》、曲家《まがりや》、中門造《ちゅうもんづくり》、そして分棟型。
江戸期の住宅は、地方色豊かな展開を見せる。

kyu-kasaishi-ke-jutaku

kyu-nara-ke-jutaku

kyu-kudou-ke-jutaku

kyu-shibuya-ke-jutaku

kyu-emukai-ke-jutaku

tomizawa-ke-jutaku

baba-ke-jutaku

kyu-sakuta-ke-jutaku

yoshimura-ke-jutaku

uezu-ke-jutaku

kyu-takizawa-honjin
yokoyama-ke-jutaku

kyu-kuroki-ke-jutaku

tanaka-ke-jutaku

takahashi-ke-jutaku

kyu-sakai-ke-jutaku

kyu-shibata-han-ashigaru-nagaya

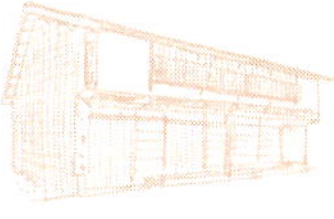
sanayama-ke-jutaku

imanishi-ke-jutaku

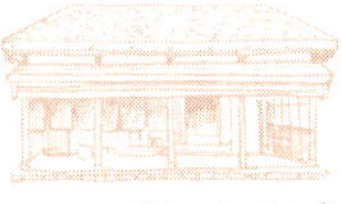
kyu-matsushita-ke-jutaku

oosawa-ke-jutaku

kumaya-ke-jutaku

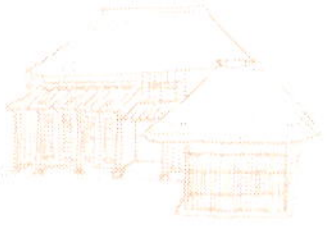

yamaguchi-ke-jutaku

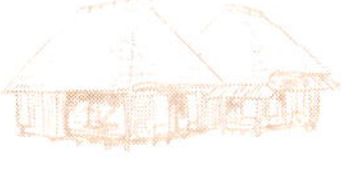
nikaidou-ke-jutaku

kyu-glover-tei

十和田湖から下る奥入瀬《おいらせ》の民家

青森

旧笠石家住宅《きゅうかさいしけじゅうたく》

詩人・大町桂月《おおまちけいげつ》は、かつて十和田《とわだ》湖を訪れ『山湖《さんこ》』として、最も偉大なること、一也。奥入瀬の渓流の幽静《ゆうせい》、天下無比なること、二也。」との評を残した。奥入瀬は、十和田湖から青森側へ流れ出る渓流で、この住宅は、その奥入瀬渓流を湖から13㎞程下った所にある。

旧笠石家住宅のような長方形平面の民家を「**直《すご》屋《や》**」という。もっともこれは、その輪郭を捉えたものなので、間取り自体は時代や地域によって様々である。ただ、関東よりも東北の方が規模が大きい傾向にある。この住宅も、図面では狭くみえるが、実際は115畳（1畳1.8m×0.9mで計算）もある。間取りは全体を3分割し、**下手《しもて》**に「まや」、中央に「だいどこ」「にや」、**上手《かみて》**に「こざ」「じょい」を並べる。「にや」は、**礎石《そせき》**に直接厚板を置いた作業場で、「だいどこ」よりも床面が低い。当初から床が置かれていたかは不明だが、冷え込みの厳しい地方の特徴を示す。また「だいどこ」には、竈《かまど》と囲炉裏が並ぶが、この関係も東北地方においては一般的である。しかし、「じょい」は普通中央にあり、旧笠石家住宅でいう「じょい」の位置は座敷になることが多い。一般に座敷や**床の間**は、年代が下るにしたがって普及するので、板敷きで座敷飾りのないこの住宅は、古さを感じさせる。また、図面では分からないが、「まや」部分だけ構造が分離した印象があり、この地域に代表される「**曲家《まがりや》**」に通じる特徴をもつ。

このように、旧笠石家住宅の間取りは古式を残し、また「曲家」にも通じる部分をもつことから、南部《なんぶ》領北部の「直家」の典型とされている。

外観は長方形の輪郭の「直家」。これは東北地方にみられる「曲家」や「中門造（ちゅうもんづくり）」に対する用語でもある。

data **国指定重要文化財**

建築年：18世紀末頃・延床面積：191.3㎡

住所：青森県十和田市大字奥瀬字栃久保80番（十和田湖民俗資料館）

アクセス：青い森鉄道三沢駅から十和田観光電鉄十和田市中央行きバスで25分、十和田市駅停留所で焼山行きに乗り換えて、片貝沢下車、徒歩15分

公開：9:00～16:30（4月～10月）、9:00～16:00（11月～3月）・休館日：火曜日、年末年始

南部領北部の典型的な直家

横の長さ：18.8m
縦の長さ：10.4m
最高高さ：9.0m

「ねま」と「こざ」は寝室。寝室に窓がないことは、江戸期以前には一般的である。

「まや」は「馬屋」の意。中央の土間よりもさらに1段低く、7本の独立柱には馬をつないだという。「まや」部分の外壁は、荷の出し入れや通風のため取り外しが容易にできる造りになっている。

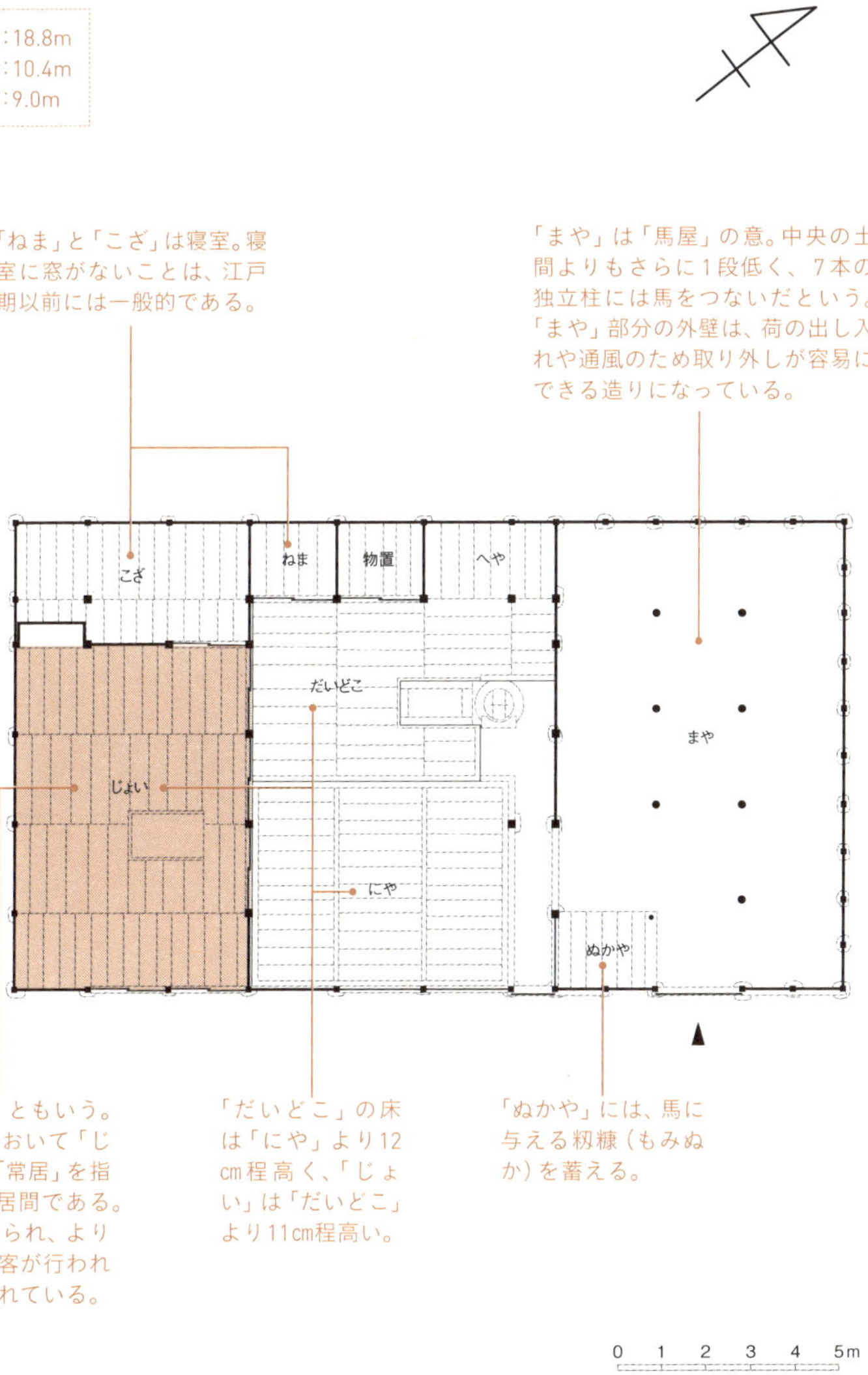

「じょうい」ともいう。この地方において「じょうい」は「常居」を指し、一種の居間である。囲炉裏が切られ、より改まった接客が行われたと考えられている。

「だいどこ」の床は「にや」より12cm程高く、「じょい」は「だいどこ」より11cm程高い。

「ぬかや」には、馬に与える籾糠（もみぬか）を蓄える。

黒石藩御用を務めた「米屋」

青森

高橋家住宅《たかはしけじゅうたく》

高橋家住宅は、「こみせ」を設けた町家。「こみせ」は、雪国の町家正面に設けられた**土《ど》庇《びさし》**で、隣家と連続して冬の通り道となる。新潟では「がんぎ」と呼ぶ。高橋家は黒石藩御用《ごよう》を務めた家柄で、屋号を「米屋」とする。主屋《おもや》は宝暦13（1763）年頃の建設で、文政6（1823）年に背面を2室増築した。町家は雨水を処理する必要などから普通は**平入《ひらい》り**とするが、敷地に余裕があるためか、高橋家住宅のある中町は**妻入《つまい》り**の屋根を設けたものが多く、水平に続く「こみせ」に対して、**切妻屋根《きりづまやね》**がリズミカルな町並みをつくる。

間取りは、背面まで「通りにわ」を通し、正面から見て右手に水廻り、左手に居室を配する。居室は2列設け、「みせ」から、「おくのなんど」まで10室が並ぶ。「ざしき」には**床の間**と仏壇を備え、「ちゃのま」は囲炉裏を切って**棹縁天井《さおぶちてんじょう》**（後補《こうほ》）とする。「ちゃのま」は関東や中部地方と異なり、土間境に建具を収めており、寒さの厳しい地方の特徴が現れている。ただし「だいどころ」は土間境を開放し、大きな囲炉裏を切る。「みせ」の上には2階を設け、8畳2室と、その両端に4畳程の板間が並び、道路側に**出格子窓《でごうしまど》**を設ける。この住宅は、**桁行《けたゆき》**の高さが低いため、そのまま水平に**梁**をかけると2階がつくれない。そこで両側から**登り梁**をかけて**棟**通りで組む「与次郎組《よじろうぐみ》」が採用されている。これは、与次郎という人が考案した**釣合人形《つりあいにんぎょう》**の構造に由来するようだ。

高橋家住宅は、「こみせ」に始まり、土間境の建具など、雪や寒さに対応した雪国らしい特徴を伝える。

妻入りで「こみせ」をもつ民家が連続する「中町こみせ通り」。日本の道100選。

data　**国指定重要文化財**

建築年：1763年頃
住所：青森県黒石市大字中町38番地
アクセス：弘南鉄道弘南線黒石駅から徒歩で8分
公開：9:00～17:00（4月～11月、12月～4月上旬までは予約のみ見学可）・休館日：不定休

雪国らしい町並みをつくるこみせ

横の長さ：16.7m
縦の長さ：23.4m
最高高さ：5.4m

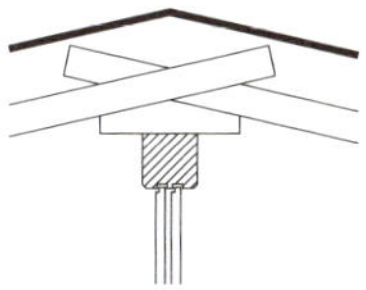

高橋家住宅2階の与次郎組

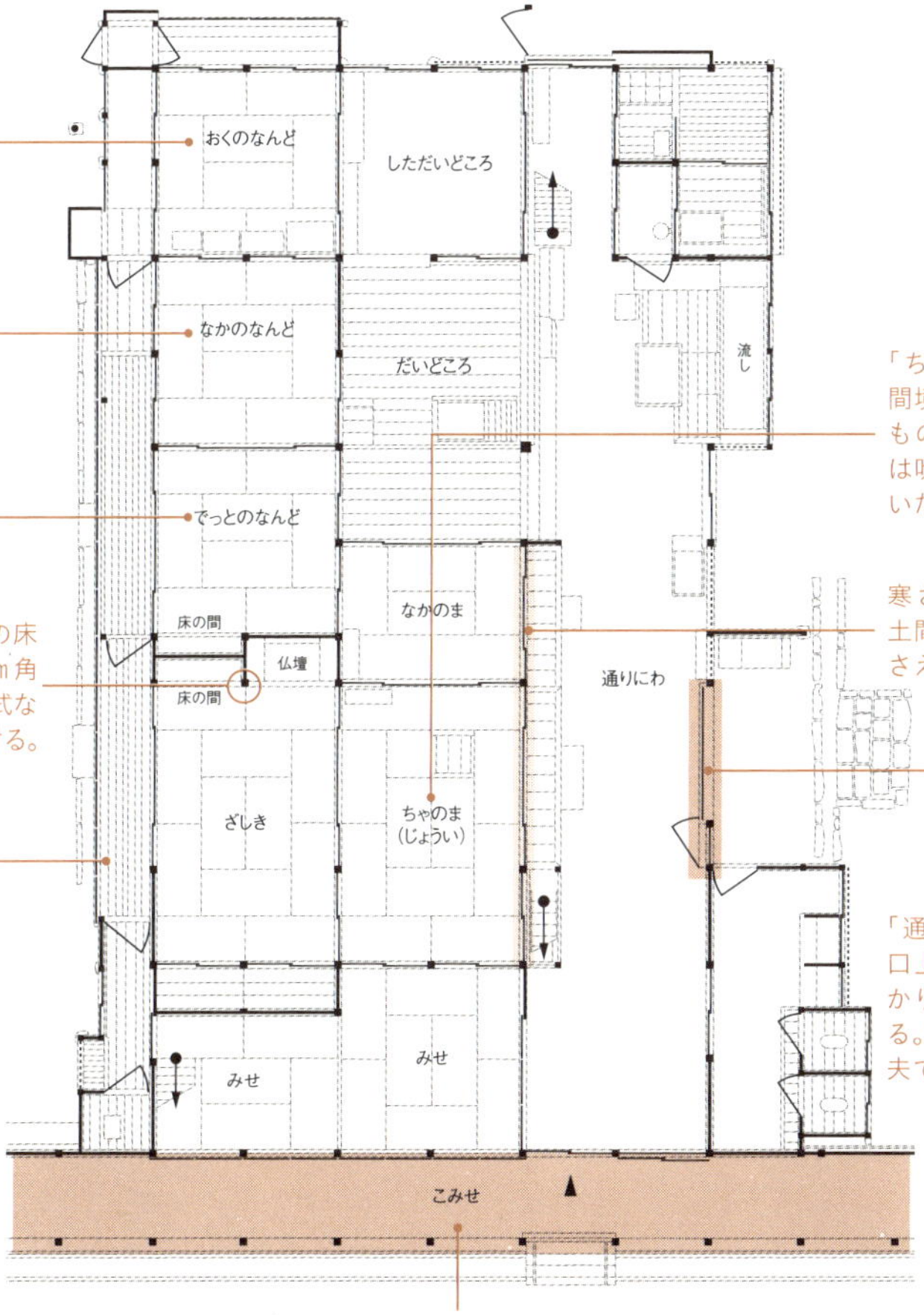

「なんど」は一般的に、寝室や収納に用いる室である。

「ざしき」の床柱は14.8㎝角と太く、古式な印象を受ける。

「ちゃのま」は土間境に建具が入るものの、元来天井は吹抜けになっていた。

寒さ対策の建具。土間からの冷気をさえぎる。

「通りにわ」の戸口上に、大きな明かり取りの窓がある。雪国らしい工夫である。

奥に長い平面は、町家の特徴の1つだが、敷地に余裕があるせいか、ここでは左手いっぱいに縁をつけている。

「こみせ」は、夏の強い日差しを避ける役割も果たす。高橋家住宅が面する道は、黒石から青森方面に通じており、商業の中心として栄えた。明暦2（1656）年に、黒石初代藩主の信英（のぶふさ）が商人町に造らせたといわれている。なお、「こみせ」の呼称は秋田県でも用いられる。

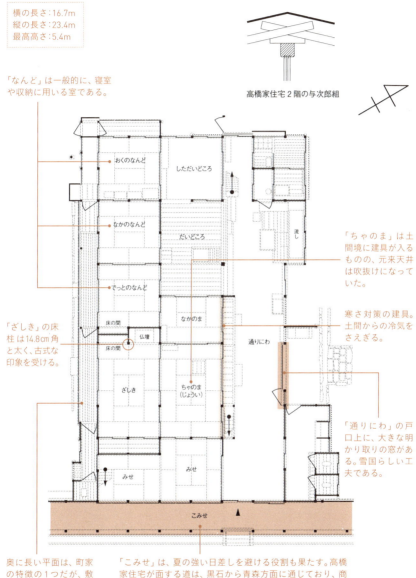

藩主も訪れた豪農の家

秋田

旧《きゅう》奈《な》良《ら》家《け》住《じゅう》宅《たく》

男《お》鹿《が》半島の付け根に、八郎潟《はちろうがた》という潟湖《せきこ》がある。八郎というのは、もともと十和田湖《とわだこ》に住んでいた神の名前で、ある時湖を追われて逃げ着いた先が八郎潟だったという伝説が残っている。

旧奈良家住宅は、その八郎潟の南約6kmにある。奈良家は、中世末期に大和小泉よりこの地に移り、江戸期には藩主も訪れたとされる家柄である。この住宅は、宝暦《ほうれき》年間（1751〜1764）に、銀70貫を費やして建築されたと記録される。

旧奈良家住宅は、建物本体に対し「座敷」と「まや」部分をそれぞれ突出させた「両中門造《りょうちゅうもんづくり》」の住宅である。この内「まや」部分は「厩《うまや》中門」、「座敷」部分は「**上手**《かみて》中門」などと呼ばれ、それが両側につくので「両中門造」という。「中門造」は突出部正面に出入口があるものをいい、新潟・福島・山形・秋田に見られる。後で紹介する「**曲家**《まがりや》」とは出入口の位置が異なるので注意したい。

間取りを見ると、「土間」には竈《かまど》と囲炉裏があり、八角形の大黒柱が立つ。東北の民家では、土間に多角形の柱を立てる伝統がある。その奥には農作業に関する「からうす場」「いなべや」、内向きの居間として「だいどころ」が並んでいる。これより上手は座敷で、「おえい」は当初板敷きであったが、幕末頃に畳敷きに改造されたという。「かみざしき」「なかざしき」部分には、雪国の民家に特徴的な**土縁**《どえん》が巡り、その上部には繊細な**欄間**《らんま》障子が入る。

旧奈良家住宅は、東北地方の伝統を示しながら、座敷を中心に上品な細部を見せる上層民家で、「両中門造」の遺構として名高い。

主屋から左手座敷部分と右手土間部分が突き出す「両中門造」の外観。

data **国指定重要文化財**

建築年：宝暦年間（1751-1764）・延床面積：424.1㎡
住所：秋田県秋田市金足大字小泉字上前8（秋田県立博物館分館）
アクセス：JR追分駅より徒歩で約30分
公開：9:30〜16:30（4月〜10月）、9:30〜16:00（11月〜3月）
休館日：月曜日、年末年始

突出部正面に出入口を構える中門造

横の長さ：26.6m
縦の長さ：21.9m
最高高さ：11.9m

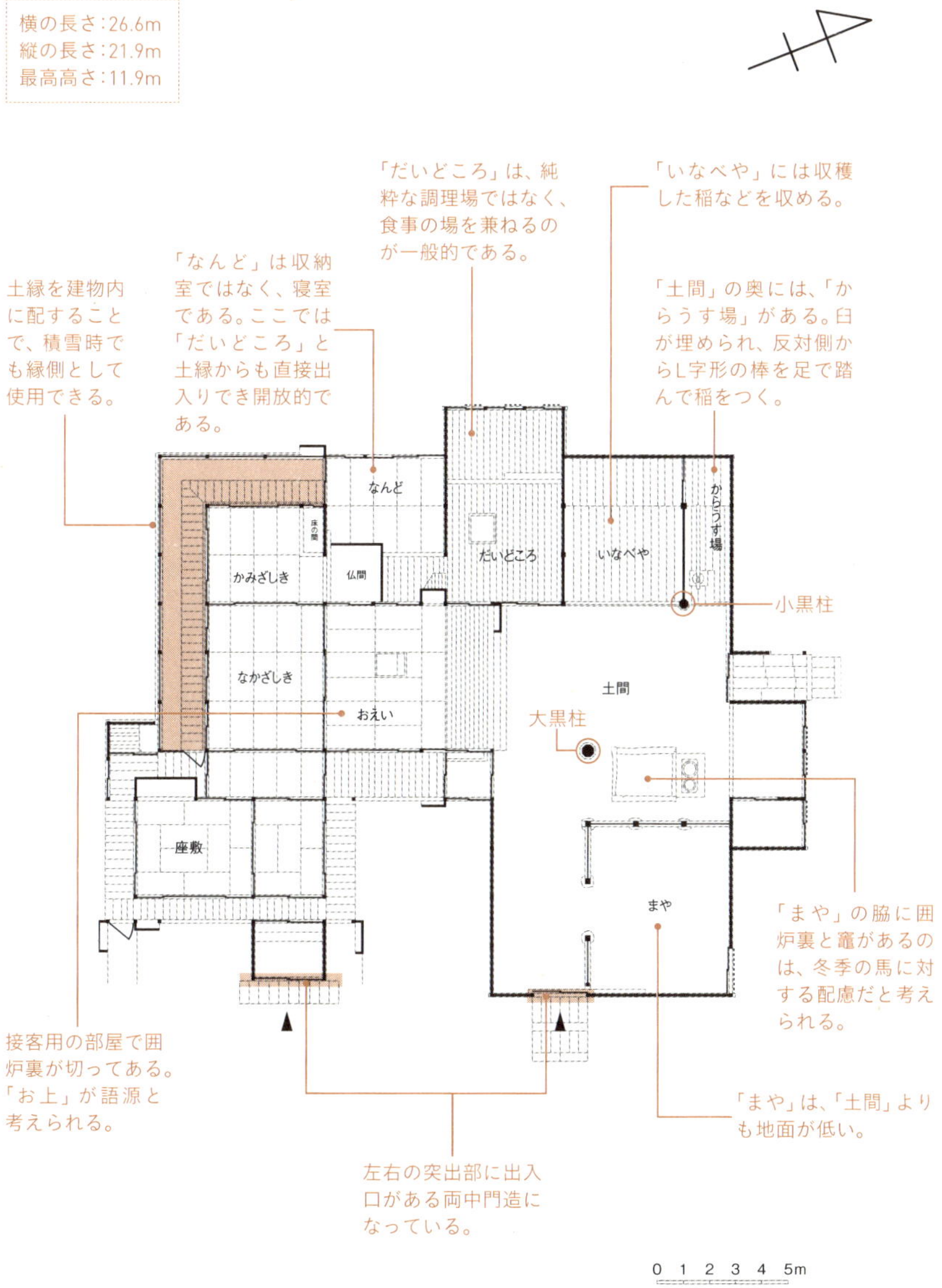
「だいどころ」は、純粋な調理場ではなく、食事の場を兼ねるのが一般的である。
「いなべや」には収穫した稲などを収める。
「なんど」は収納室ではなく、寝室である。ここでは「だいどころ」と土縁からも直接出入りでき開放的である。
土縁を建物内に配することで、積雪時でも縁側として使用できる。
「土間」の奥には、「からうす場」がある。臼が埋められ、反対側からL字形の棒を足で踏んで稲をつく。
なんど
からうす場
床の間
かみざしき
仏間
だいどころ
いなべや
小黒柱
なかざしき
土間
おえい
大黒柱
座敷
まや
「まや」の脇に囲炉裏と竈があるのは、冬季の馬に対する配慮だと考えられる。
接客用の部屋で囲炉裏が切ってある。「お上」が語源と考えられる。
「まや」は、「土間」よりも地面が低い。
左右の突出部に出入口がある両中門造になっている。
0 1 2 3 4 5m

南部藩領の水田地帯にあった農家

神奈川（岩手）

旧《きゅう》工《く》藤《どう》家《け》住宅《じゅうたく》

旧工藤家住宅のように、平面がL字に曲がっている民家を「**曲家**《まがりや》」という。この住宅は元々岩手県紫波《しわ》町という盛岡の南の地域にあったが、現在は日本民家園《にほんみんかえん》（神奈川）に移築され、建設当初の姿に復原されている。

「曲家」は、岩手県と茨城県、栃木県東部に多く見られ、その内岩手県の「曲家」は、茨城県のものより大きく、藩の名を冠して「南部曲家」と呼ばれる。16頁の旧奈良家住宅は「両中門造《りょうちゅうもんづくり》」だが、中門が1つならL字になるので、「曲家」と似ることになる。「曲家」は、出入口がL字の**入隅**《いりすみ》部分につくこと、本体と曲り部分との構造の結びつきが緩いことなどが特徴である。

では間取りを見てみよう。まず「にわ」に入ると、手前に「まや」、奥に「だいどころ」がある。この「だいどころ」から「じょうい」にかけてが家族生活の中心室だろう。「かって」は、その位置から「なんど」同様、寝室であった可能性が指摘されているが、「ちゃのま」の使われ方は不明である。「しもざしき」部分は、建設後に改造を受け、**妻側**に開口部をとり「ざしき」の次の間になっていた。そこで「しもざしき」とは、その結果付いた名称と推測される。秋田県や岩手県の一部では、この部分を寝室とし、座敷へは縁側から上がる事例が確認されているため、この「しもざしき」も当初は寝室だったかもしれない。

「南部曲家」の最盛期は19世紀に入ってからで、古い「曲家」の遺構は、後に曲り部分を増築したものが多い。そんな中にあって、当初からこの形式で建設された旧工藤家住宅は貴重な存在である。

奥が土間、手前が主屋部分。L字の入隅に出入口がある「曲家」の外観。

data **国指定重要文化財**

建築年：宝暦年間（1751-1763）・延床面積：256.9㎡

住所：神奈川県川崎市多摩区枡形7-1-1（川崎市立日本民家園）・旧所在地：岩手県紫波郡紫波町

アクセス：小田急線向ヶ丘遊園駅より徒歩で13分

公開：9:30〜17:00（3月〜10月）、9:30〜16:30（11月〜2月）・休館日：月曜日、祝日の翌日、年末年始

入隅に出入口をとる曲家

横の長さ：19.4m
縦の長さ：19.2m
最高高さ：8.2m

＊現況

屋内の土間部分を「にわ」と呼称することは、民家では一般的である。

「だいどころ」から「なんど」にかけての生活の中心となった範囲。食事を作り、食べ、そして寝る場所だったと考えられる。

「ざしき」と縁側の境には、それぞれ3枚ずつ、計6枚の建具が入る。

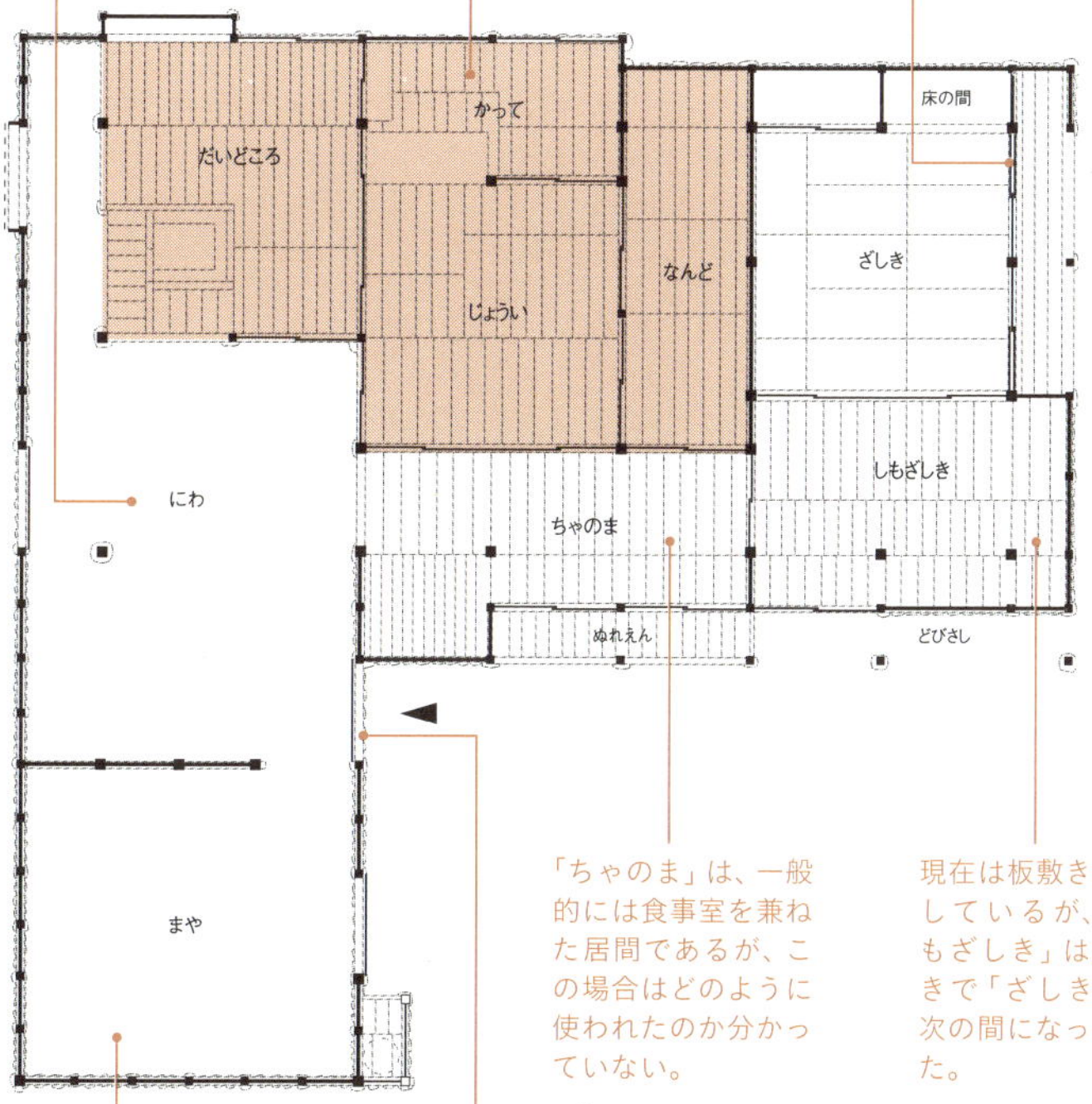

「ちゃのま」は、一般的には食事室を兼ねた居間であるが、この場合はどのように使われたのか分かっていない。

現在は板敷きに戻しているが、「しもざしき」は畳敷きで「ざしき」の次の間になっていた。

0　1　2　3　4　5m

本体は、独立柱が多く、**上屋**（じょうや）と**下屋**（げや）を分けた構造だが、「まや」のある突出部には下屋がない。

曲家は入隅部分に出入口がつく。

どの部屋も**小壁**（こかべ）がなく、さらに天井もないので、上部の空間は全て繋がり、非常に開放的である。

川崎市立日本民家園

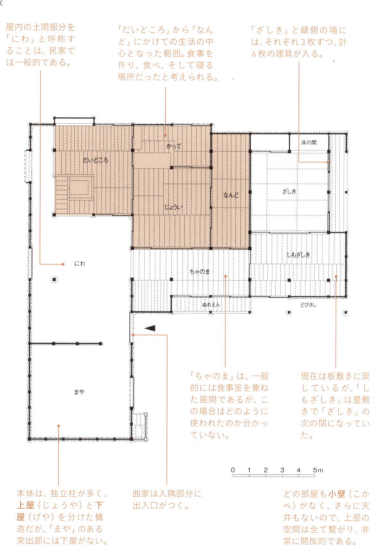

山形

養蚕が営まれた多層民家

旧渋谷家住宅《きゅうしぶやけじゅうたく》

屋根の**平側**《ひらがわ》の途中に開けた櫛形《くしがた》の**破風**《はふ》を「はっぽう」と呼ぶ。また、**妻側**の屋根を「**かぶと造**」のように切り上げると、全体として非常に複雑な屋根形状が造りだされる。こうした造りを「高八方《たかはっぽう》」と呼ぶ。旧渋谷家住宅は現在致道《ちどう》博物館に移されたが、当初は田麦俣《たむぎまた》という全国でも有数の豪雪地帯にあった。田麦俣は、かつて出羽三山に参る人々で賑わいを見せた地域だが、明治期の神仏分離《しんぶつぶんり》以降は、養蚕《ようさん》によって生計を立てるようになったという。そして、養蚕に必要な通風・採光を2・3階へ導くために、屋根に手が加えられた。建物自体の建設は**棟札**《むなふだ》から文政5(1822)年と判明しているものの、複雑な屋根形状は、明治期に入ってからの改造というわけである。

間取りを見てみよう。入口脇の「あまや」は薪や収穫物の置き場であり、隣には大便所がある。「とのぐち」を抜けて「にわ」へ入ると、手前から小便所、「うまや」、「土間」がある。奥の「みずや」は、様々な意味をもつ用語であるが、この場合は単に水を扱う場所の意で、流しと風呂が置かれている。「おめえ」は、仏壇の他、上部に神棚が設置されており、家族生活の中心であるとともに、民家らしい格式をもった部屋である。ただし、移築前には「でどこ」に囲炉裏が切られていたので、食事は「でどこ」を使用していた可能性もある。5畳の「へや」は主寝室で、その隣に**床の間**のある「おくざしき」が続く。

旧渋谷家住宅は、養蚕が与えた影響の大きさや、当時の便所、風呂といった水廻りのあり方を伝える貴重な遺構である。

養蚕に必要な光と風を取り入れるために、屋根を切り上げて開口をとる。屋根の途中の破風は3階の開口部。

data **国指定重要文化財**

建築年:1822年(棟札)・延床面積:336㎡

住所:山形県鶴岡市家中新町10-18(致道博物館)・旧所在地:山形県東田川郡朝日村田麦俣(現鶴岡市)

アクセス:JR鶴岡駅から湯野浜温泉方面バスで10分

公開:9:00〜17:00(3月〜11月)、9:00〜16:30(12月〜2月)・休館日:水曜日(12月〜2月)、年末年始

複雑な屋根形状の高八方

横の長さ:16.3m
縦の長さ:11.8m
最高高さ:10.3m

2階やこれに続く3階が養蚕のための空間である。

腕木（うでぎ）を出して屋根を受ける。一般に雪国では積雪荷重を受ける**垂木**（たるき）の補強となる。

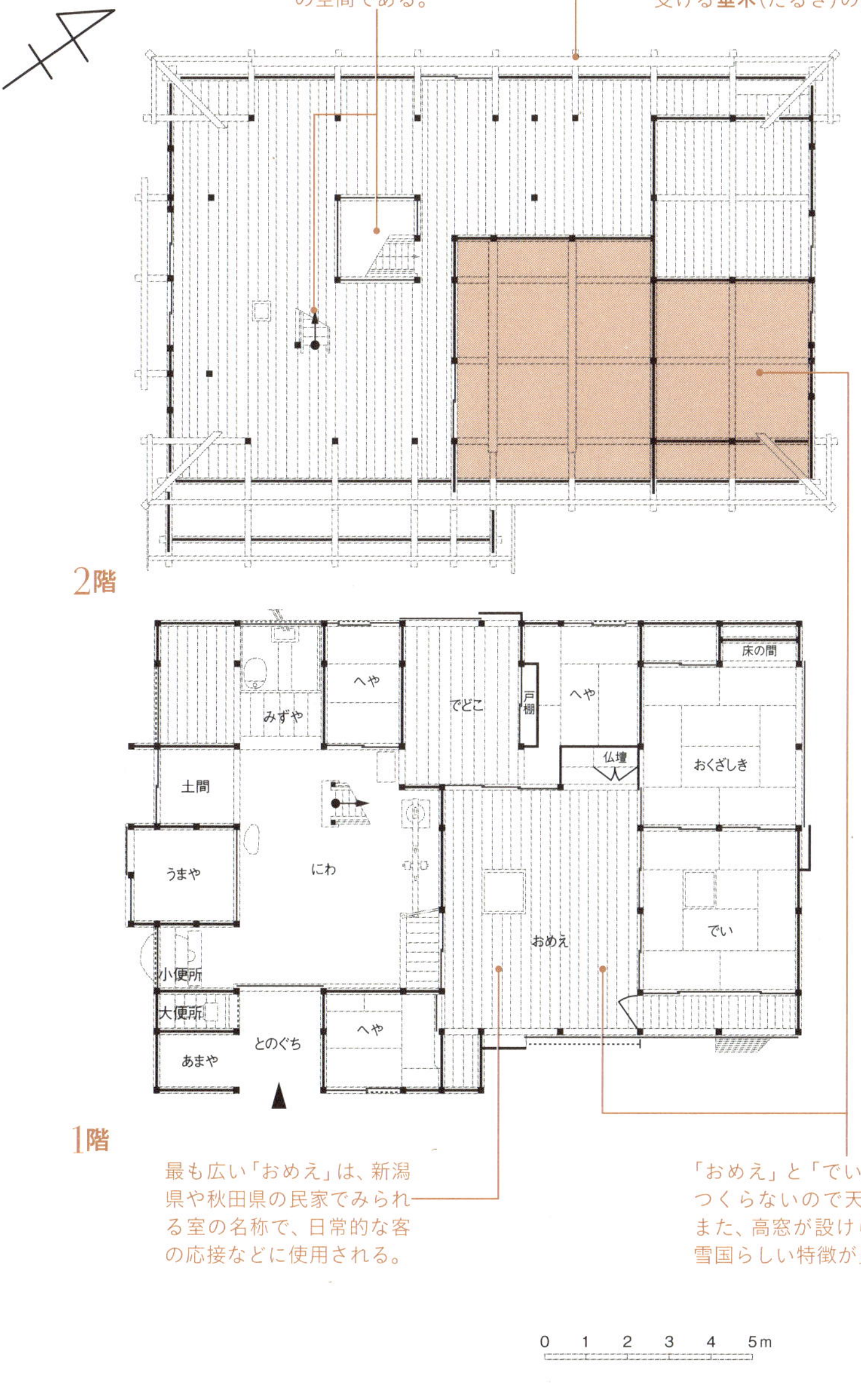

最も広い「おめえ」は、新潟県や秋田県の民家でみられる室の名称で、日常的な客の応接などに使用される。

「おめえ」と「でい」は2階をつくらないので天井が高い。また、高窓が設けられるなど、雪国らしい特徴が見られる。

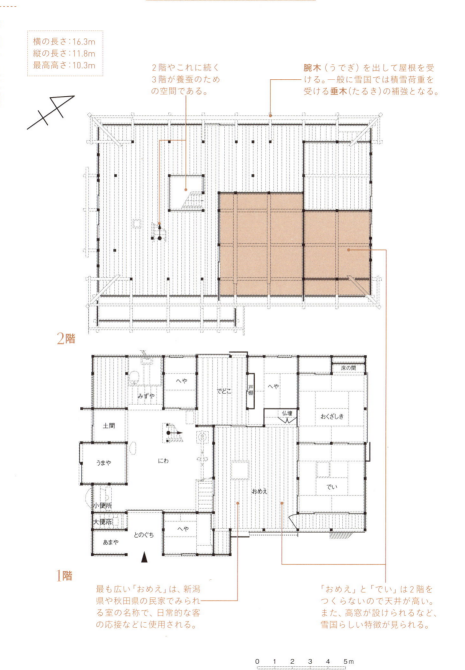

会津の大庄屋・白虎隊出陣の家

福島

旧《きゅう》滝《たき》沢《ざわ》本《ほん》陣《じん》横《よこ》山《やま》家《け》住《じゅう》宅《たく》

旧滝沢本陣横山家住宅は、会津若松市の郊外に建つ。さざえ堂や白虎隊士の墓など、見所の多い地域だ。横山家は、延宝《えんぽう》6（1678）年以降、明治維新まで大庄屋を務め、本陣（主として幕府が指定した大名などの宿・休憩所）にも命じられた家柄である。また、白虎隊が松平容保《まつだいらかたもり》の激励を受け、ここから出陣したことはよく知られている。この住宅の建設は、主屋《おもや》が17世紀、座敷部分が19世紀前半頃とされるが、座敷の梁が主屋にまで組み込まれていることや、横山家に伝わる文章から、主屋建設時に既に前身の建物があったと考えられている。

主屋は向かって左手に「にわ」をとり、

古式を残す土間の柱列に注目

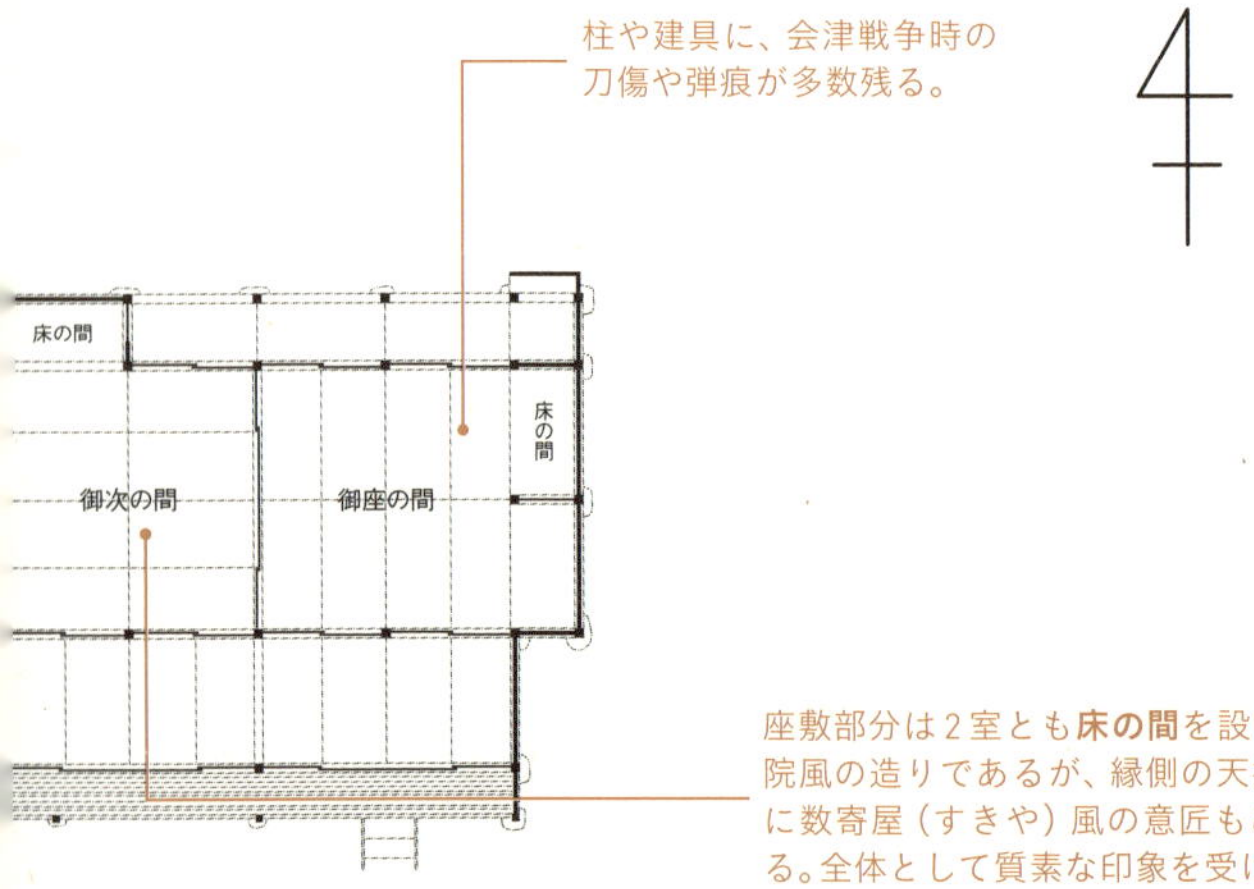

柱や建具に、会津戦争時の刀傷や弾痕が多数残る。

座敷部分は2室とも**床の間**を設けた書院風の造りであるが、縁側の天井などに数寄屋（すきや）風の意匠もみられる。全体として質素な印象を受ける。

手前の主屋と奥の座敷部分が雁行する配置。右手には大小の便所と風呂場が続く。

data **国指定重要文化財**

建築年：17世紀（主屋）、19世紀前半（座敷）
住所：福島県会津若松市一箕町大字八幡字滝沢122番地
アクセス：ハイカラさん・あかべぇバス停「飯盛山下」より徒歩で5分
公開：8:30 ～ 18:00（冬期間9:00 ～ 17:00）

そこから生活の中心となる「おめえ」、寝室の「なんど」、10畳の「ざしき」の3室を並べる。まず「にわ」に入ると、10本の独立柱が林立する。そのうち大断面の柱には、11mもの長大な**梁**が架かる。他9本の柱は、**上屋**《じょうや》（9本の柱の内側）と**下屋**《げや》（外側）の区分を分かりやすく示す。上屋の役割は屋根を支える構造体をつくることで、下屋は壁をつくって、時に上屋の横揺れを防ぐ。古い民家ほどこの役割分担がはっきりしている。「ざしき」手前には「**式台**」があり、接客に用いたと思われるが、元々この部分は土間で、座敷部分には縁から入ったとも伝わる。座敷部分は8畳の「御座《ござ》の間」「御次《おつぎ》の間」からなり、**小屋組**からは弾痕が見つかっているほか、柱などに会津戦争時の刀傷が残る。

横山家住宅は、古い上層農家の事例としてだけではなく、明治維新など歴史の重なりを伝える遺構である。

「おめえ」は、新潟県や秋田県を中心とした民家において、日常的な客の応接や、正月などの格式張った家族の食事に使用される室である。

「ざしき」「なんど」は天井を張らず、壁の上は吹抜けになっている。

横の長さ：28.8m
縦の長さ：12.6m
最高高さ：6.9m

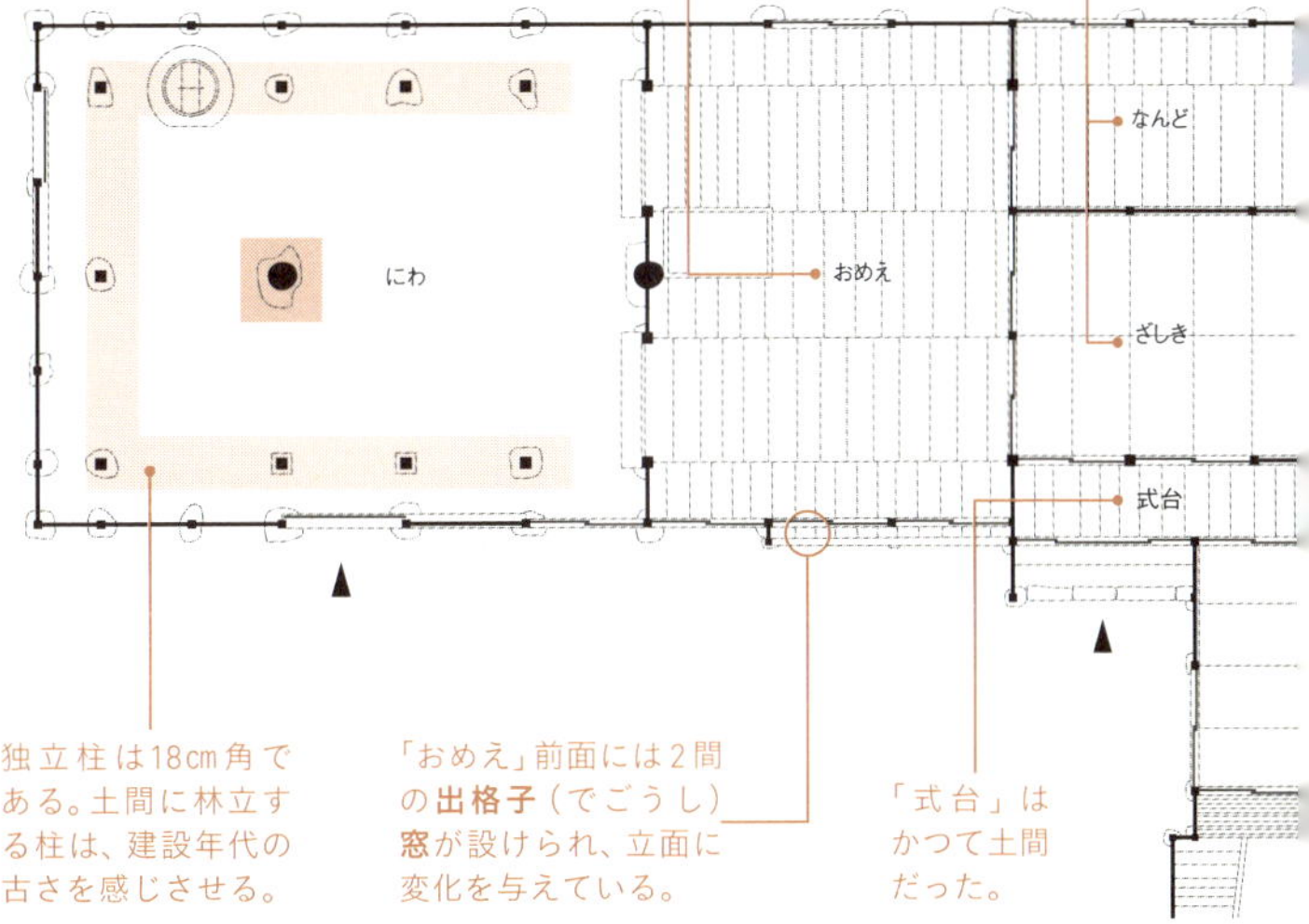

独立柱は18cm角である。土間に林立する柱は、建設年代の古さを感じさせる。

「おめえ」前面には2間の**出格子**（でごうし）**窓**が設けられ、立面に変化を与えている。

「式台」はかつて土間だった。

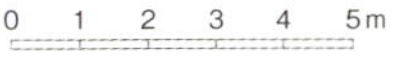

下級武士の生活を伝える長屋

新潟

旧《きゅう》新発田《しばた》藩《はん》足軽《あしがる》長屋《ながや》

江戸期において、一般庶民が暮らす住宅とは、どのようなものだったのだろうか。新潟・新発田城の南約1.5kmに位置し、新発田川の東岸に建つ旧新発田藩足軽長屋は、侍ではあるが庶民同様の暮らしを想像できる遺構である。足軽は、江戸期に武士の最下位をなし、平時は雑役《ざつえき》、戦時は**歩卒《ほそつ》**となるものをいう。しかし、周囲にあった足軽屋敷よりも地割《じわり》が小さいことなどから、より身分の軽い人たちが暮らした長屋であったと考えられている。長屋全体は24間（約43m）の長さで、3間ずつに分けた計8軒の長屋である。1軒が占める面積は土間を含めて22畳（約36㎡）程度と小さい。これはおおよそ、現在の一般的な

少しずつ異なる間取りと暮らし

各戸の境は土壁になっている。天井を張らないので上部の壁は三角形になる。

これで1軒分である。土間を含めて22畳程度と小規模である。

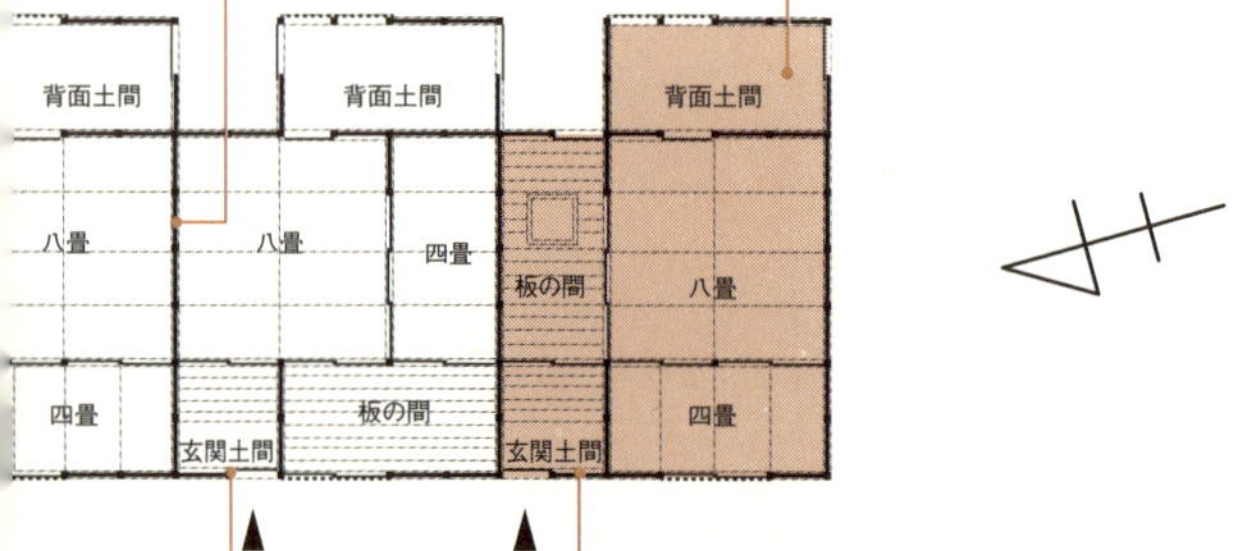

出入口を土間と板間に分けており、現在の玄関の姿に近いことは注目されている。

建物背面の外観。手前は茅を低く葺き下ろすが、背面は柿葺になっている。

data **国指定重要文化財**

建築年：1842年頃（棟札）
住所：新潟県新発田市大栄町7-9-32（清水園）
アクセス：JR新発田駅から車で約10分
公開：9:00〜17:00（3月〜10月）、9:00〜16:30（11月〜2月）
休館日：年末、1・2月の水曜日

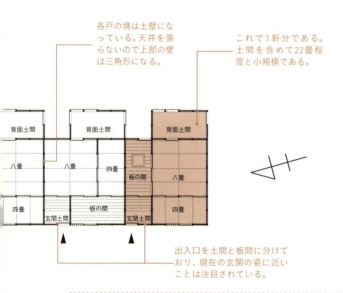

1LDKの賃貸住宅と同じくらいの面積である。

間取りは、8軒全てが3室と土間の組合せでつくられ、いずれか1室は囲炉裏の切られた板間となっている（1軒を除く）。出入りの仕方を見ると、土間から板間に上がるものが5軒と多い。正面から見て右手の2軒は、出入口を土間と板間で分けており、比較的ゆったりしている。こうした長屋の出入口が、今日の一般住宅に見る出入口の姿により近いことは注目したいところである。開口部は、出入口の他は手前の腰窓（高さが65cm程度しかない）だけで、内部は薄暗い。床の高さは土間から20cm程度と低く、軒先の高さも2m程度に抑えられているので、実際に行くと軒先をくぐるような感じを受ける。

江戸期の長屋で残存するものは非常に少数であるため、この遺構は、当時の庶民の暮らしを伝える貴重な存在である。

横の長さ：43.7m
縦の長さ：7.4m
最高高さ：5.2m

背面の土間は、炊事や物置として利用された。この部分には、柿葺（こけらぶき）の庇（ひさし）が架かる。

柱は、4寸角（長さ10尺）と3寸5分（長さ7尺）の2種類が用いられている。3尺間隔で建てられており、柱の密度は高い。

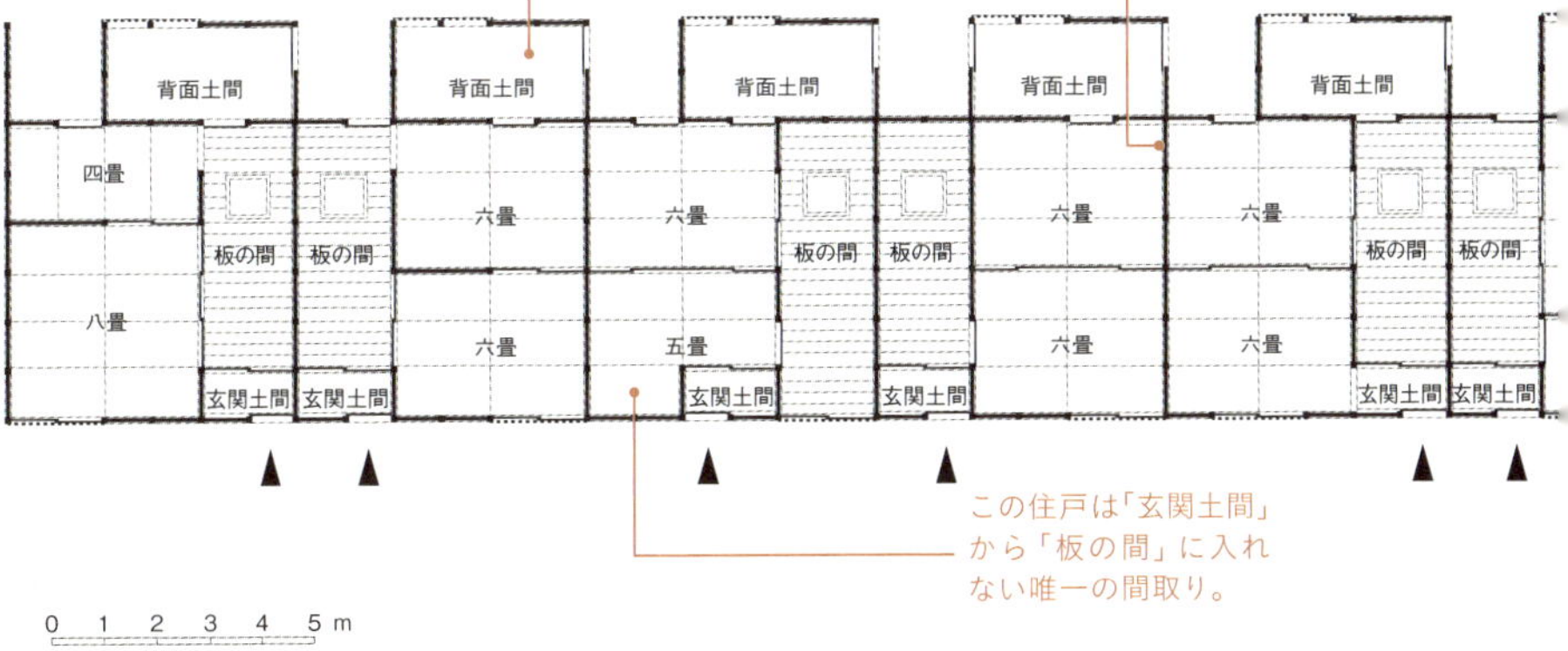

この住戸は「玄関土間」から「板の間」に入れない唯一の間取り。

代々名主《なぬし》を務める大型養蚕農家

群馬

富沢家住宅《とみざわけじゅうたく》

富沢家住宅が建つ大道《だいどう》という地域は、近世初期に新しく開かれた新田村落で、富沢家は享保《きょうほう》年間（1716〜1735）頃以降、代々名主を務めた家柄である。

　富沢家住宅も養蚕《ようさん》農家の事例である。「高八方《たかはっぽう》」や「合掌造《がっしょうづくり》」の住宅が主に**妻側**を開くのに対し、ここでは**平側**を大きく切り上げている。ただし、切り上げているのは前面だけで、断面図を見ると屋根は「へ」の字の形をしている。

　間取りの特徴はその大きな「土間」にある。「うまや」を含め約13m×12mもの広さがあり、2階を設けているので、重心の低い空間が広がる。この「土間」は、駄馬《だば》による盛んな運送を想像させる部分である。次に**上手《かみて》**を見ると、手前に日常生活の中心となる「ざしき」があり、奥に寝室と思われる「おくり」がある。「ざしき」と「おくり」の間には床の間があり、その上部には神棚がある。「ざしき」に切った囲炉裏上部は吹抜けで、温かい空気が2階へと流れこむようになっており、養蚕のための工夫が見られる。さらに**上手**には、奥から「上段」「なかのでい」「おもてのでい」が並ぶ。「上段」と「なかのでい」上部は2階がなく、天井が高い。「上段」は、床面が高いわけではないが、**床の間**、**付書院《つけしょいん》**、**違棚《ちがいだな》**といった設《しつら》えがあり、間取りの発展した姿を見せる。養蚕に使用された2階は平面の大部分に床を張り、かなり広い空間である。

　この地方では、比較的古くから大規模な養蚕が行われていたという。富沢家住宅は、そこでの養蚕農家の現れ方や工夫を伝える、貴重な事例である。

切り上げた平側は1階、2階とも独立柱が並び、重厚な屋根に対して繊細な印象を与える。

data **国指定重要文化財**

建築年：江戸後期
住所：群馬県吾妻郡中之条町大字大道1274
アクセス：JR中之条駅よりタクシー利用
公開：9:00 〜 17:00

囲炉裏の熱を2階へ届ける養蚕の工夫

横の長さ:24.1m
縦の長さ:13.1m
最高高さ:12.4m

「ざしき」の囲炉裏上部を吹抜けにして、暖かい空気を2階へ送る。

「うまや」上部は2階の床面よりも1段低い中2階になっており、乾草や**茅**(かや)などの置き場として使用されたと伝わる。

2階

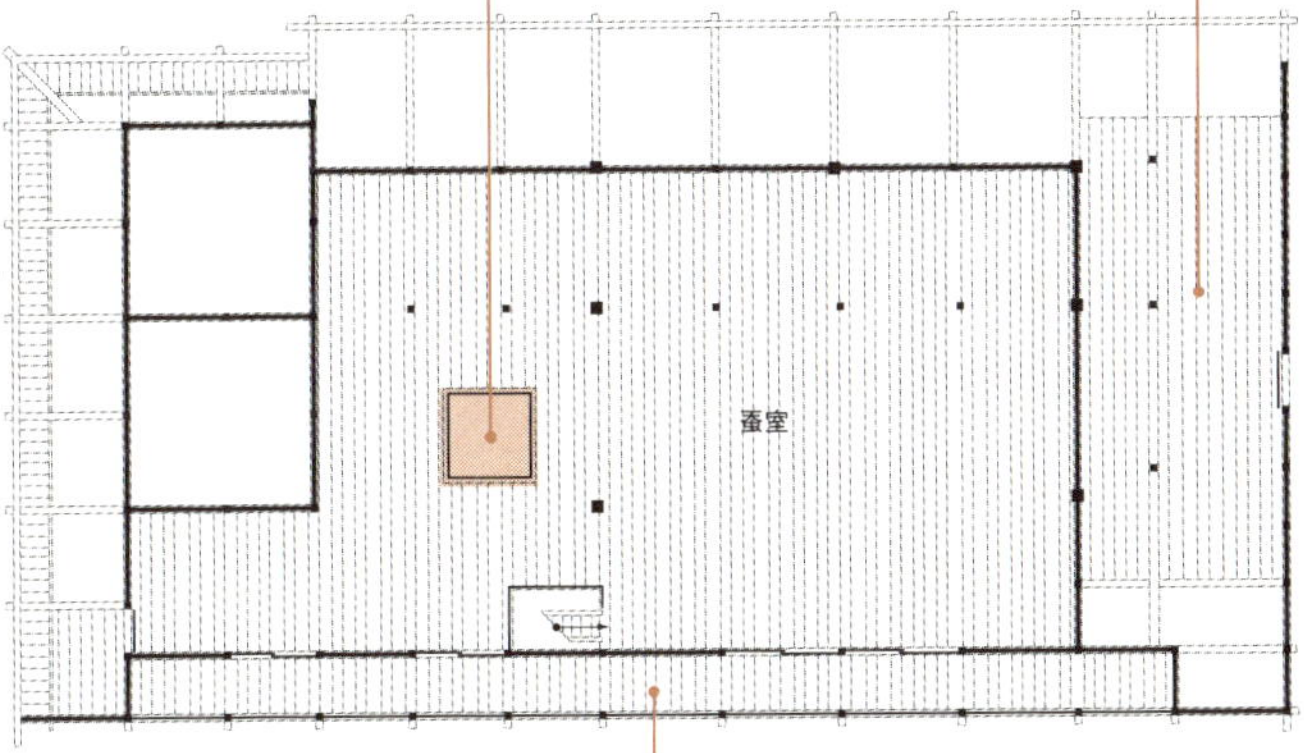

2階手前側の廊下の**はね出し**部分は屋外になっている。ここから直接荷を下ろすと便利である。

床の間と神棚

1階

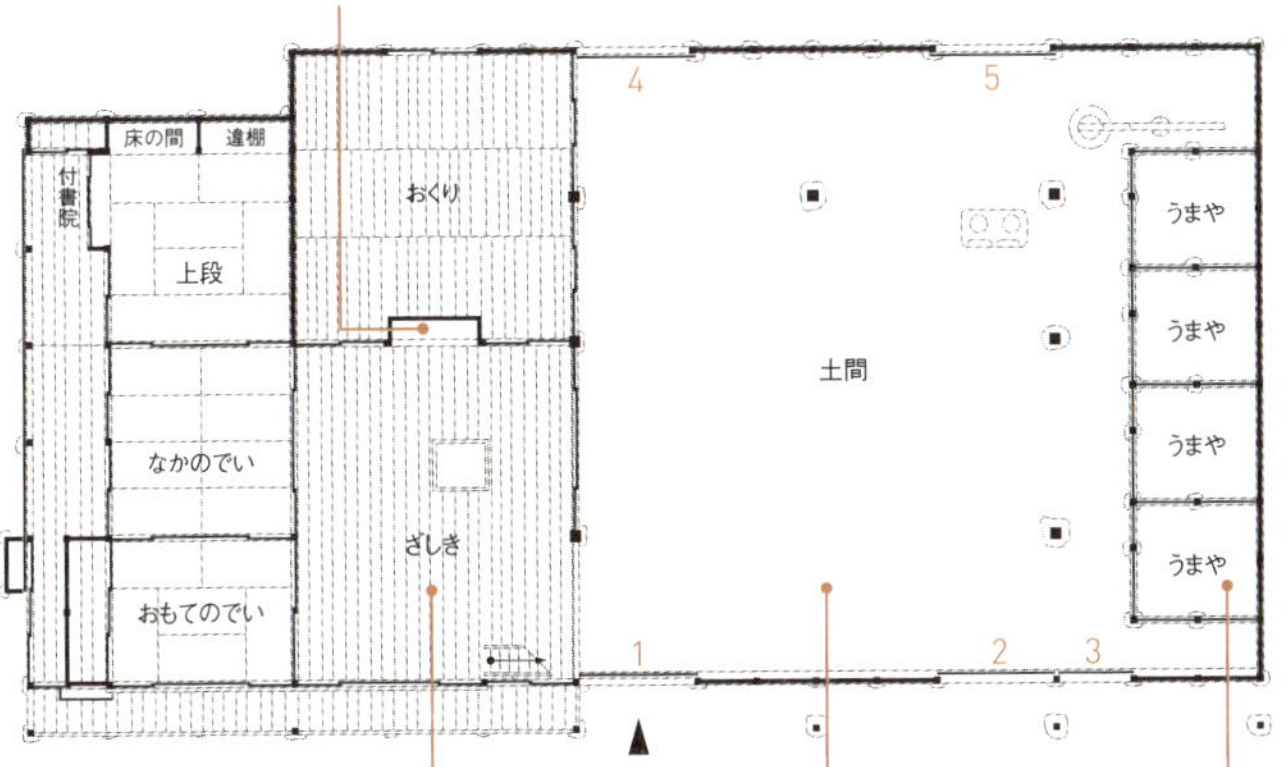

「ざしき」は、明治期の改造によって畳敷きになっていた。

「土間」は規模が大きく戸口が5つもある。

「うまや」が多いことは、馬による運搬が盛んであったことをうかがわせる。

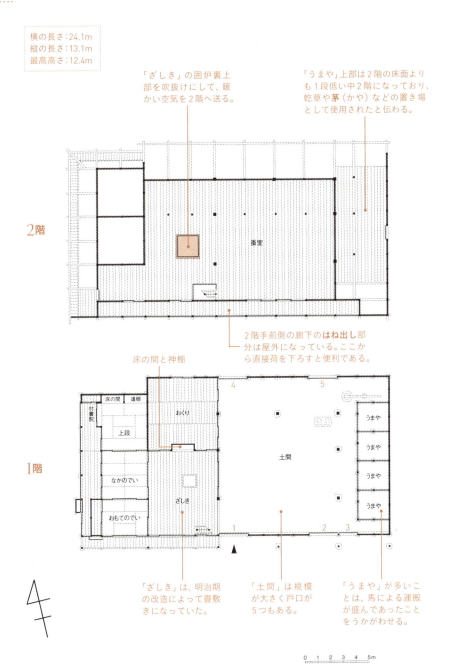

城下町の素朴な町家

石川

旧《きゅう》松下《まつした》家《け》住宅《じゅうたく》

城下町・金沢の町はずれにあった素朴な印象の町家である。**棟札**《むなふだ》などは見つかっていないが、その形式や技法から19世紀中頃の建設と推定されている。松下家がこの町家に移り住んだのは19世紀後期のことであるが、その際に「みせのま」や「帳場」などの手前部分を残し、「いま」「ざしき」「台所」、2階の「へや」などを造り変えている。松下家は、この町家で種物商や茶店を営んだ。

間取りは、手前に「みせのま」を設け、「通りにわ」に沿って「帳場」「なんど」「いま」「ざしき」を並べ、向かって右手に建物から張り出す格好で「台所」を設けている。「みせのま」は道に面して蔀戸《しとみど》を収め、これを揚げると正面全体が開放され、建物の奥へと吸い込まれるようである。「帳場」は土間側を半間ほど板敷きとして、囲炉裏を切る。この「帳場」までが商いの空間である。続く「いま」は日常生活の場であり、仏壇も置かれている。「ざしき」は、**床の間**、**違棚**《ちがいだな》、**付書院**《つけしょいん》があり、この家で最も高い格式を見せるが、背面の**土縁**《どえん》には雪国らしさを感じる。2階にある「いま」上部の畳敷きの「へや」は主寝室である。また、「みせのま」および「土間」上部の「あま」には商品となる種や苗を、「台所」から行き来する「あま」には、薪を入れるなどしていたと考えられる。「あま」とは北陸や飛騨地方において2階以上の空間を指す用語である。

旧松下家住宅は、正面側は石を置いた板葺屋根《いたぶきやね》であり、江戸時代に建てられた当時の素朴な造りをよく残す数少ない事例として、貴重である。

石を置く板葺き屋根が素朴な印象を与える外観。

data **国指定重要文化財**

建築年：19世紀中頃・延床面積：198㎡
住所：石川県金沢市湯涌荒屋町35-1（金沢湯涌江戸村）・旧住所：石川県金沢市泉新町
アクセス：JR金沢駅より車で30分
公開：9:00〜17:30・休館日：火曜日

吸い込まれるような店構え

横の長さ：10.6m
縦の長さ：15.6m
最高高さ：5.4m

＊現況

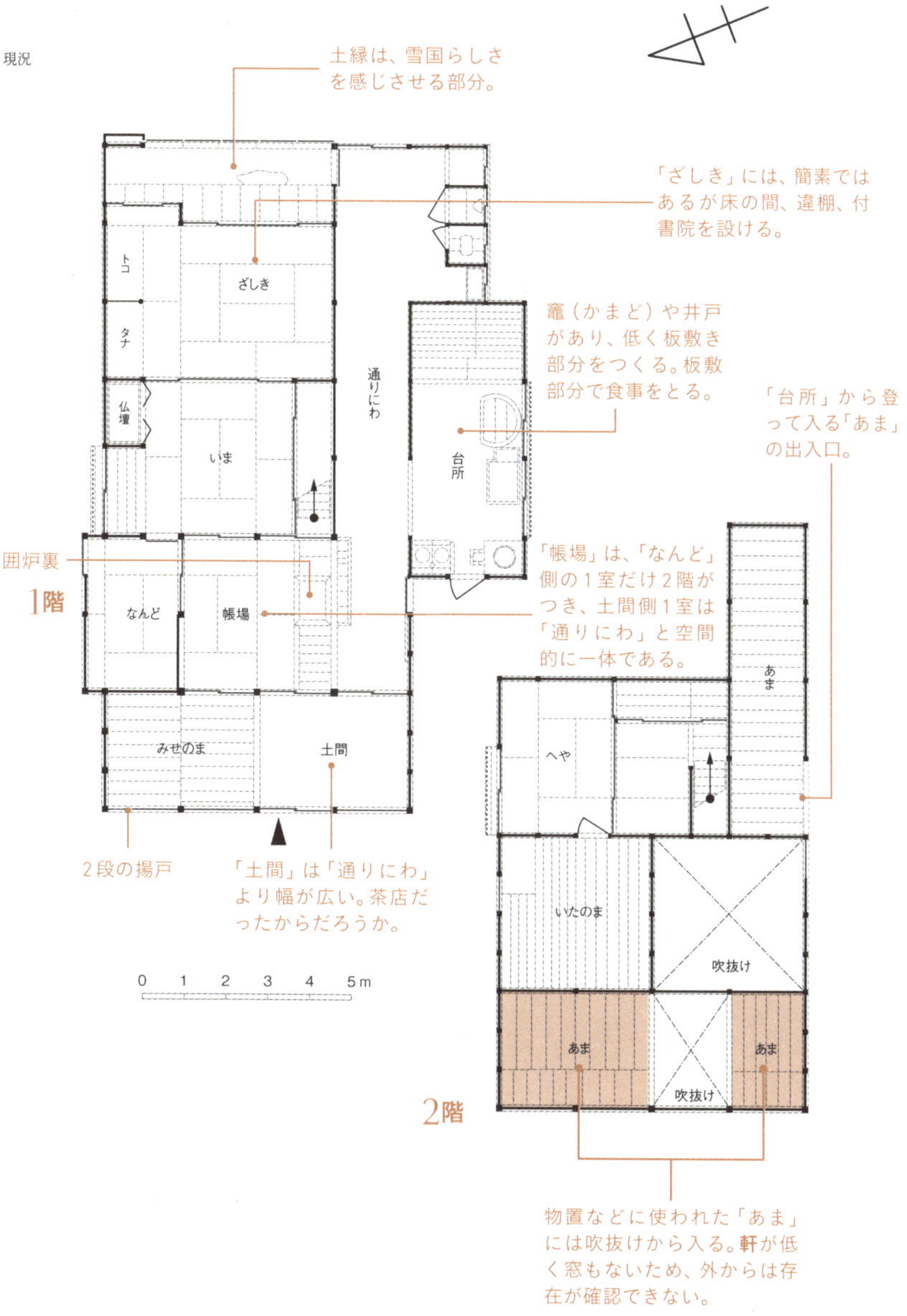
土縁は、雪国らしさを感じさせる部分。
「ざしき」には、簡素ではあるが床の間、違棚、付書院を設ける。
竈（かまど）や井戸があり、低く板敷き部分をつくる。板敷部分で食事をとる。
「台所」から登って入る「あま」の出入口。
「帳場」は、「なんど」側の1室だけ2階がつき、土間側1室は「通りにわ」と空間的に一体である。
囲炉裏
1階
トコ
タナ
ざしき
仏壇
いま
通りにわ
台所
なんど
帳場
みせのま
土間
2段の揚戸
「土間」は「通りにわ」より幅が広い。茶店だったからだろうか。
0 1 2 3 4 5m
あま
へや
いたのま
吹抜け
あま
吹抜け
あま
2階
物置などに使われた「あま」には吹抜けから入る。軒が低く窓もないため、外からは存在が確認できない。

五箇山《ごかやま》にあった合掌造《がっしょうづくり》の家

神奈川（富山）

旧《きゅう》江《え》向《むかい》家《け》住宅《じゅうたく》

旧江向家住宅は、「合掌造」で有名な五箇山にあった民家である。五箇山は富山県の南西端にあり、岐阜県の白川郷に接する。この住宅のあった地域は、以前は上平《かみたいら》村といった。五箇山と白川郷にある「合掌造」の民家を比較すると、五箇山の一部（利賀《とが》村など）を含む白川郷では**平《ひら》入《い》り**が多いのに対して、五箇山の上平村や平村では**妻入《つまい》り**が多い、という違いがある。また、白川郷より五箇山の方が、土間が広いとされる。

間取りは、大きく手前の土間と奥の床上に分かれる。土間は中央の板壁で二分され、向かって左を「にわ」、右を「とおり」とする。「にわ」の地面には、玉石《たまいし》で囲われた流しがあり、外から水が常時取り入れられていた。一方、床上は田の字型の4室からなる。「おえ」は生活の中心となる室で、中央に大きな囲炉裏を切る。その背面には、寝室として使う「へや」があり、小さな板戸は**敷居**を1段高くし、一般に**帳台構**《ちょうだいがまえ》と呼ばれる設《しつら》えをみせる。「でい」にも囲炉裏があるが、こちらは接客に供する室であろう。この奥には「おまえ」があり、**床の間**を構えた正式な座敷としている。注目したいのは仏壇のある奥の2畳である。この部分は、新しい民家ではより大きく立派にとるようで、旧江向家住宅の場合は小さく古式を示す。なお、屋根裏は「あま」と呼ばれ、2階と3階を設けて、農作物の収納、養蚕《ようさん》、物置などに利用された。

旧江向家住宅は、五箇山の「合掌造」の特徴をよく示し、間取りや設えに古式も残す。現存する民家との比較から、17世紀後半から18世紀初頭の建設と推測されている。

急勾配屋根が特徴の「合掌造」。広い屋根裏は2段に床を設け、養蚕や物置にした。

data **国指定重要文化財**

建築年：17世紀後半から18世紀初期
住所：神奈川県川崎市多摩区枡形7-1-1（川崎市立日本民家園）・旧所在地：富山県東礪波郡上平村（現南砺市）
アクセス：小田急線向ヶ丘遊園駅より徒歩で13分
公開：9:30〜17:00（3月〜10月）、9:30〜16:30（11月〜2月）・休園日：月曜日、祝日の翌日、年末年始

水流を取り込む土間に注目

横の長さ：8.6m
縦の長さ：19.7m
最高高さ：—

＊現況

「おまえ」の奥に仏間を設ける関係で、床の間が向かって右手に付く。仏間と合わせて、特異な形式である。

「へや」は閉鎖的な寝室である。帳台構と合わせて、古い寝室の姿である。

帳台構

「おえ」の周りには複数の棚がある。ここには食器などを入れる。「にわ」の流しと距離があるので、調理・炊事は「おえ」で行なわれたと考えられている。「おえ」は、北陸地方で囲炉裏のある居間に使う名称である。「御家（おいえ）」や「御上（おうえ）」が元とされる。

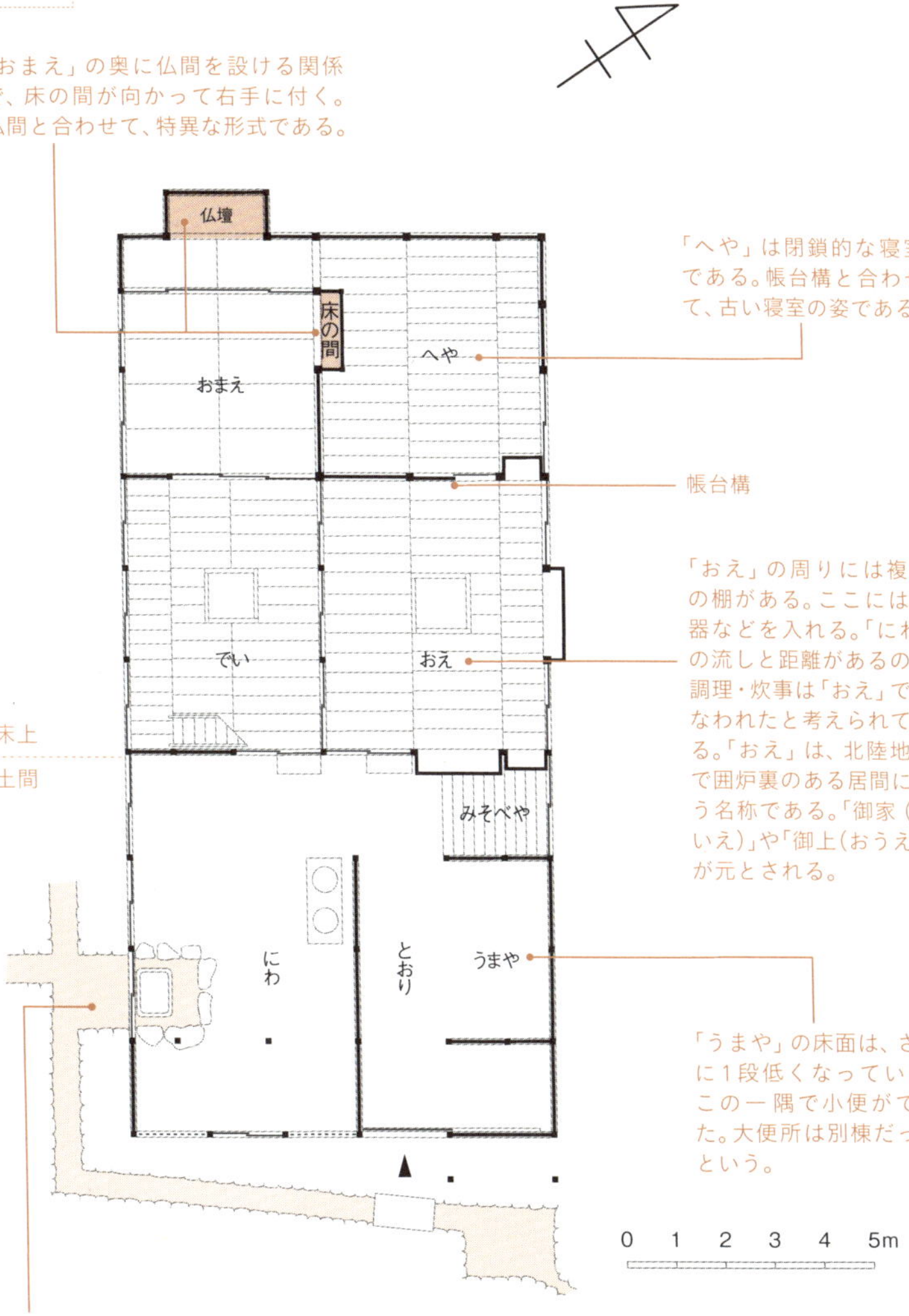

「うまや」の床面は、さらに1段低くなっている。この一隅で小便ができた。大便所は別棟だったという。

外に流れる水を「にわ」に取り込んで流しとしている。

川崎市立日本民家園

中山道望月宿《なかせんどうもちづきじゅく》に残る旅籠屋《はたごや》

長野

真山家住宅《さなやまけじゅうたく》

東《とう》海道《かいどう》、日光街道《にっこうかいどう》、奥州街道《おうしゅうかいどう》、中山道、甲《こう》州街道《しゅうかいどう》。江戸から各地へ延びていく五街道の**旅籠屋**で、建築年が18世紀にまで遡《さかのぼ》る事例は極めて稀である。真山家住宅はまさにその1つで、中山道望月宿に完全に近い状態で残っている。望月宿は中山道六十九次の内、江戸から数えて25番目の宿場である。真山家は、ここで旅籠と**問屋**《とんや》を営み、幕末には名主《なぬし》まで務めた家柄である。

街道に面した正面はいっぱいに縁を設け、**揚戸**《あげど》を開けば縁と「いたま」が一体となり、旅人を内部へ誘うようである。「いたま」の背後にあるのは「ちゃのま」。土間境に建具がなく、板と畳を敷分けて囲炉裏を切る。旅人たちが食事をしたのはこの部屋だろう。注目したいのは「上段の間」で、床面が「なかのま」よりも1段高い。「上段」というのは、室町期から使われ始めた用語とされ、座敷飾りとともに近世の接客空間を特徴付ける要素である。ただし真山家住宅では、「なかのま」から見て**床の間**は正面になく、真ん中に柱が立っていて、対面の場としての仰々しさはないから、室単位で上下の差をつくったのだろう。背後の「**入側**《いりがわ》」は当初は**濡縁**《ぬれえん》で、建設後間もなく付け加えられたものだという。

「通りにわ」は、「こざしき」脇の階段付近から奥に向かって一気に1m程下っており、2階の「男べや」やその奥の「南八畳」の下端が見えて立体感がある。一方正面の「中二階」は、当初は階段がなく、縁上部の天井板を外して上がったという。「中二階」は、外観を整える意匠効果を狙った室といえ、その存在がこの住宅を特徴づけている。

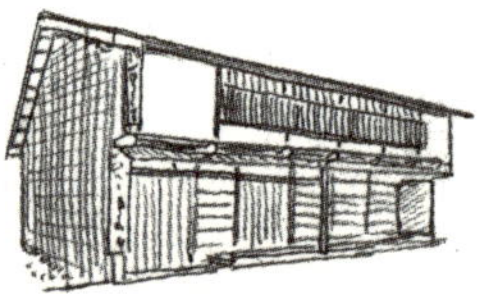

「はねだし二階」をもつ外観。長野県の街道筋など板葺町家の多い地域によく残る。

data 国指定重要文化財

建築年：1766年（墨書）
住所：長野県佐久市望月201-1
アクセス：JR北陸新幹線佐久平駅よりバスで20分
公開：外観のみ、内部非公開。近くにある望月歴史民俗資料館に資料あり

意匠効果をねらった「中二階」に注目

横の長さ：11.7m
縦の長さ：30.6m
最高高さ：7.6m

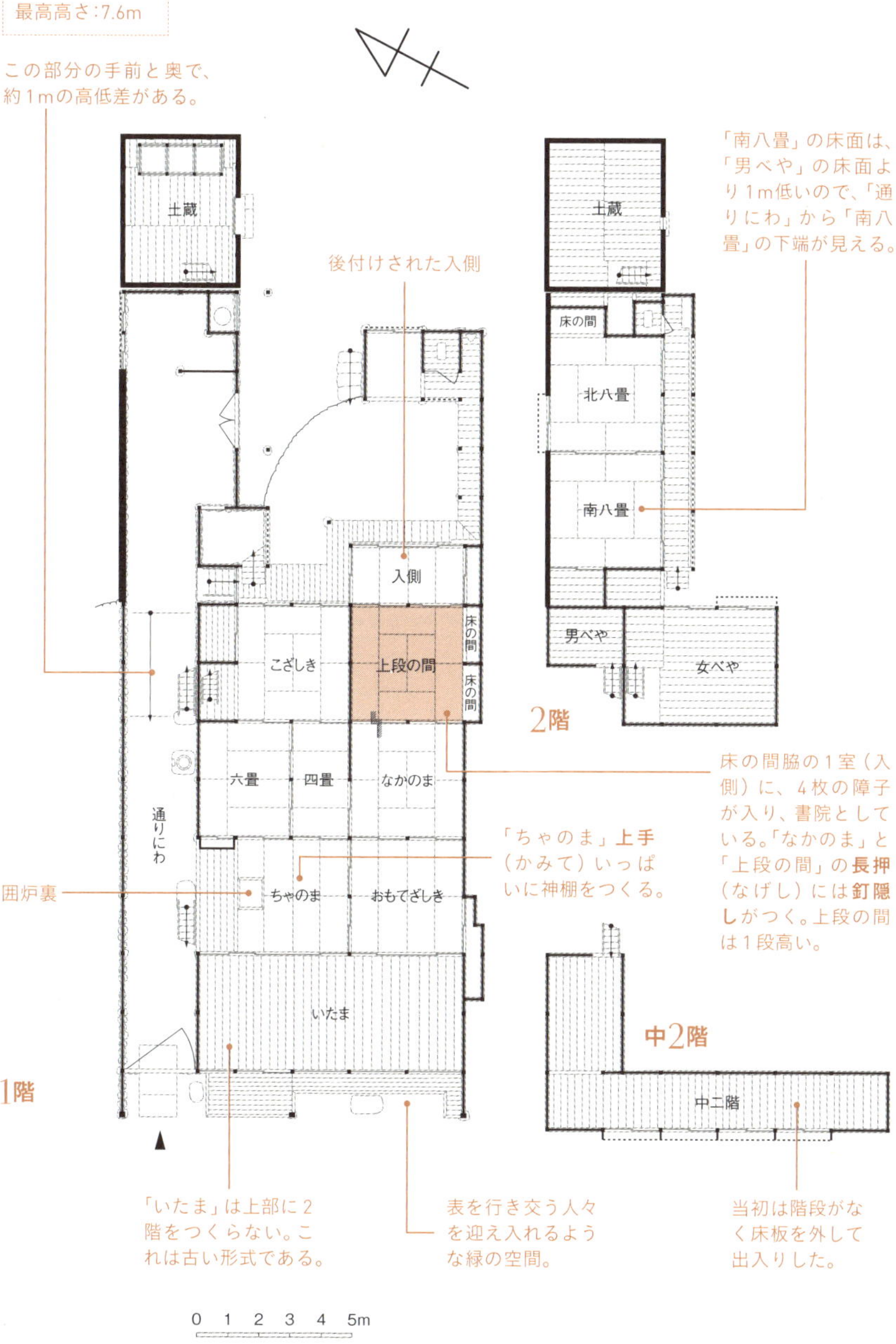
この部分の手前と奥で、約1mの高低差がある。
土蔵
後付けされた入側
入側
こざしき
上段の間
床の間
床の間
六畳
四畳
なかのま
通りにわ
囲炉裏
ちゃのま
おもてざしき
いたま
1階
「ちゃのま」上手（かみて）いっぱいに神棚をつくる。
「いたま」は上部に2階をつくらない。これは古い形式である。
表を行き交う人々を迎え入れるような縁の空間。
土蔵
床の間
北八畳
南八畳
男べや
女べや
2階
「南八畳」の床面は、「男べや」の床面より1m低いので、「通りにわ」から「南八畳」の下端が見える。
床の間脇の1室（入側）に、4枚の障子が入り、書院としている。「なかのま」と「上段の間」の長押（なげし）には釘隠しがつく。上段の間は1段高い。
中2階
中二階
当初は階段がなく床板を外して出入りした。
0 1 2 3 4 5m

藩主も立ち寄る旧武田家家臣縁者の家

長野

馬場《ばば》家《け》住宅《じゅうたく》

馬場家住宅は、松本城の南約8㎞の内田地区にある。ここは、江戸中期以降は内田村といって主に諏訪《すわ》藩に属した。馬場家は旧武田家臣の縁者で、江戸初期には隠遁《いんとん》生活を強いられたが、5代・甚兵衛《かんべえ》高政《たかまさ》の時代に、隣村の百瀬《ももせ》氏（徳川側）と縁組をして百瀬を名乗り徳川からの追及を逃れた。そして、幕府の勢力が衰えた幕末に、再び馬場姓に戻したのだという。馬場家は諏訪藩主が立ち寄るほどの家柄で、年貢を立替えるなどして村の人から評判も良く、百姓一揆の対象にもならなかった。

馬場家住宅の敷地は旧道に面し、そこから後退して表門・長屋・塀を構え、他を土《ど》塁《るい》が囲む。表門を抜けた正面が主屋《おもや》で、そ

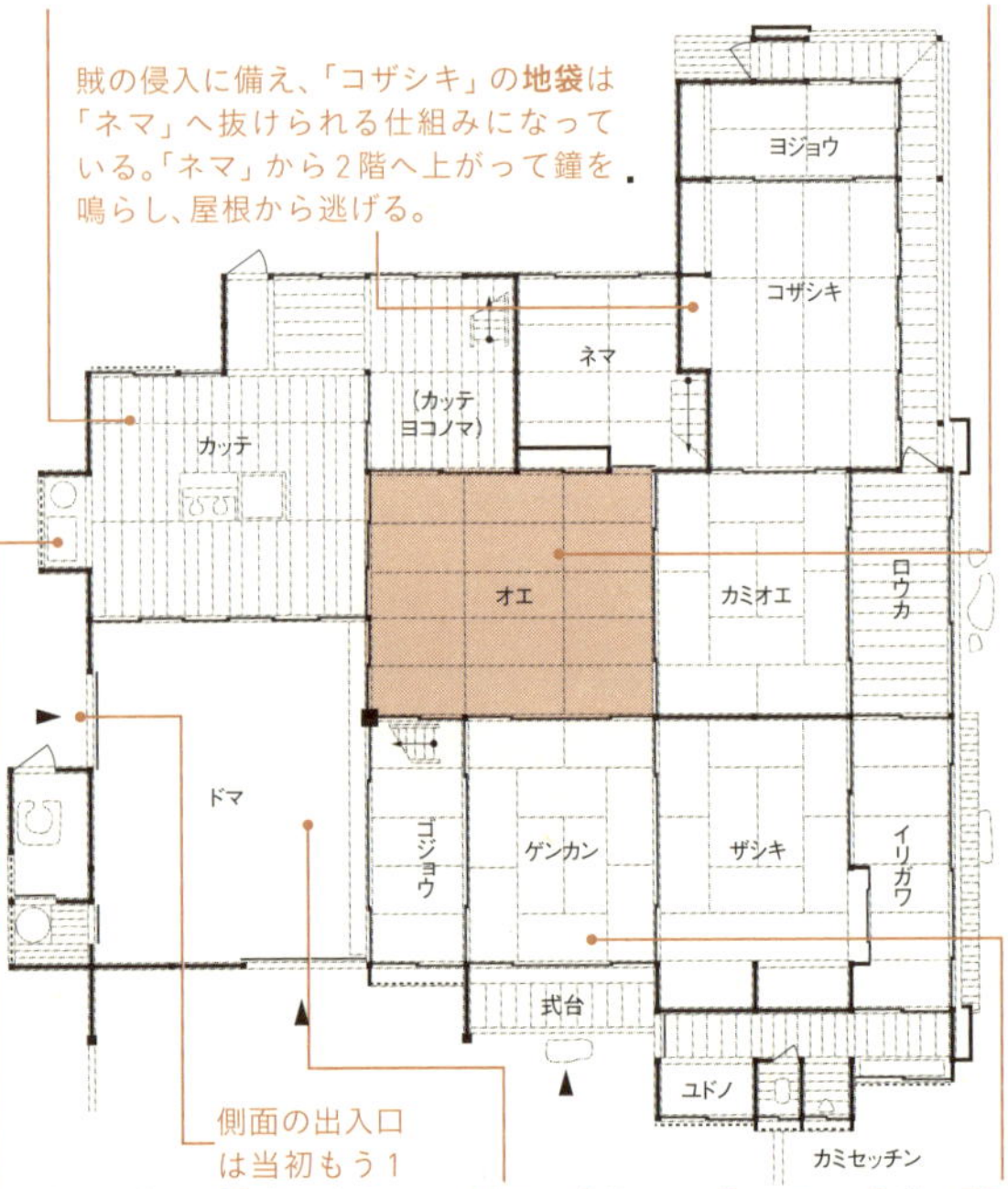

「カッテ」は当初、「カッテヨコノマ」も含む範囲であった。
「オエ」中央には当初囲炉裏があり、奥の「カッテヨコノマ」境は引戸ではなく戸棚があった。中央に広く「オエ」を取るのは「本棟造」の特徴である。
賊の侵入に備え、「コザシキ」の**地袋**は「ネマ」へ抜けられる仕組みになっている。「ネマ」から2階へ上がって鐘を鳴らし、屋根から逃げる。
1階
ヨジョウ
コザシキ
ネマ
（カッテヨコノマ）
カッテ
オエ
カミオエ
ロウカ
ドマ
ゴジョウ
ゲンカン
ザシキ
イリガワ
式台
ユドノ
カミセッチン
突出した流しは、明治28年頃の増築である。
側面の出入口は当初もう1間奥にあり、その位置まで「カッテ」の左半分は後退していた。
当初は、「ドマ」に入って左手にうまやがあった。手前にある**下屋**（げや）は、**釜場**と風呂で明治14年頃の増築である。
身分の高い客人は「ゲンカン」を通り「ザシキ」へと通された。

ゆるい屋根勾配と「雀おどし」などと呼ばれる棟飾りが「本棟造」の特徴。

の右手に藩主訪問時のみ開いたという中門、背面に複数の蔵や隠居屋、さらに茶室、墓地を配した屋敷構えである。切妻造、**妻入り**の形式で、**棟**に「雀おどし」と呼ばれる棟飾りをのせる。このような造りは、長野県西南部に分布する「**本棟造**《ほんむねづくり》」の典型である。

間取りは、中央に広く「オエ」をとり、そこに日常の客を迎える「カミオエ」、接客空間の「ゲンカン」「ザシキ」が接する。奥の「コザシキ」は主人の居間で、「カッテ」「ネマ」は日常生活に供する部屋。「ヨジョウ」は化粧室などに使用したと思われる。2階「ハチジョウ」は当初からあるが、続く板敷きの部屋とその開口部は後補《こうほ》である。

馬場家は、明治28（1895）年に東京へ移住し、この家に戻ったのは昭和20（1945）年で、その間主な改造はなく旧態をよく残す。現在は「本棟造」の典型として国の重要文化財に指定され、現在は松本市の博物館施設にもなっている。

正方形に近い本棟造の間取り

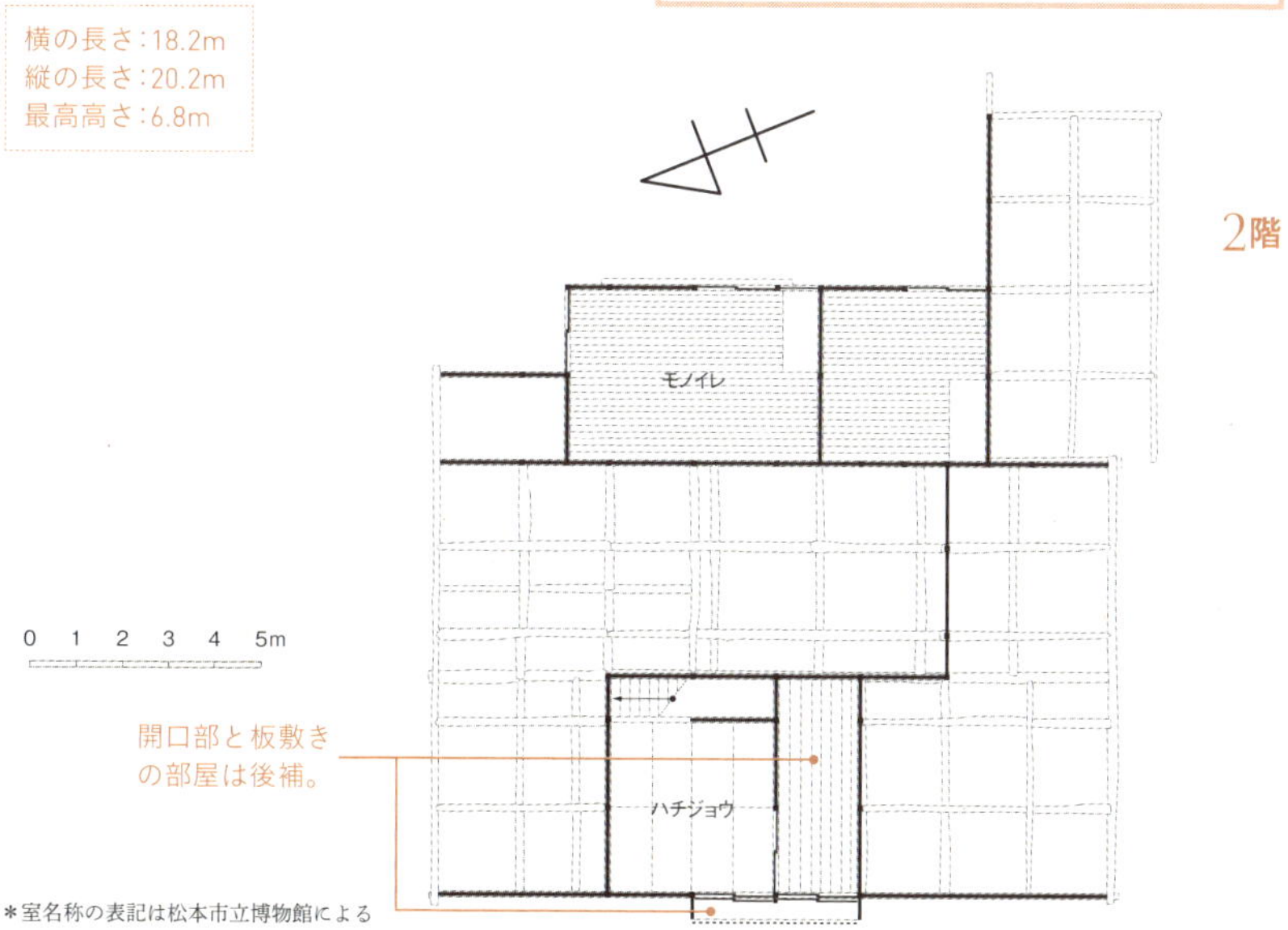
横の長さ:18.2m
縦の長さ:20.2m
最高高さ:6.8m
2階
モノイレ
ハチジョウ
0 1 2 3 4 5m
開口部と板敷きの部屋は後補。

＊室名称の表記は松本市立博物館による

data **国指定重要文化財**

建築年:1851年（墨書・ただし間取りは明治28年頃の様子）・延床面積:310.3㎡
住所:長野県松本市大字内田357-6
アクセス:JR松本駅より徒歩で30分
公開:9:00～17:00・休館日:月曜日、祝日の翌日、年末年始

小江戸・川越最古の店蔵《みせぐら》

埼玉

大沢家住宅《おおさわけじゅうたく》

享《きょう》保《ほう》5（1720）年、「**土蔵造**《どぞうづくり》」を奨励する触書《ふれがき》が出ると、それまで遠慮がちに建てられていた「土蔵造」が、商家などでおおっぴらに建設されるようになる。江戸では、特に明和《めいわ》9（1772）年や文化《ぶんか》3（1806）年の大火後に普及率が上昇したようで、これが関東一円の地域に広まっていくと、やがて大正期まで続く商家の中心的様式として定着したのである。川越の場合は、川越大火（1893）がその契機となったわけだが、大沢家住宅はそれより100年も前に建設されたもので、川越で最も古い土蔵造である。

　では、**店蔵**の間取りを見てみよう。まず、手前の柱間1列は庇《ひさし》で、中央を開放して、左右は腰壁（ただし現在は管理上建具が入る）。1階は1室の「みせ」とし、手前半間幅が土間である。庇境の大断面の柱内には**摺揚戸**《すりあげど》を入れ、背面中央には間口3間にもおよぶ神棚と2つの出入口を設けている。側壁は半間毎《ごと》に柱が立ち、その外側は**大壁**《おおかべ》である。2階への階段は2つあり、どちらも**箱階段**。2階は、中央2本の柱に従って、床の間を含めて16畳の「ひろま」と他4室を設けている。一般的に店蔵の2階は使用人室や倉庫とすることも多いが、大沢家においてはそうした使用の跡は見られない。

　店蔵背面の居住部分は川越大火後の建設で「土蔵造」でない。このように、店のみ「土蔵造」とすることは一般的で、その理由は建設に大変な手間と費用がかかるためである。

　大沢家住宅は現在、店蔵1階を中心に当初の姿に復原されている。川越大火以前の「土蔵造」を伝える貴重な建築である。

店蔵だが、一般的な町家にも似た外観。古い店蔵は派手さがなく上品な味わいがある。

data **国指定重要文化財**

建築年：1792年（祈祷礼・店蔵・居住部分は川越大火後）
住所：埼玉県川越市元町1-15-2
アクセス：西武新宿線本川越駅より徒歩で16分
公開：13:00〜16:00・休館日：月曜日

間口6間、巨大なみせ空間に注目

横の長さ：11.6m
縦の長さ：17.1m
最高高さ：8.1m

2階

ひろま
床の間

窓からは背面の住居の瓦屋根が見える。

銀杏の床柱をもつ「ひろま」の**床の間**。天井は2m程だが表側の開口を天井いっぱいの高さまで設け、圧迫を感じさせない工夫がある。

1階

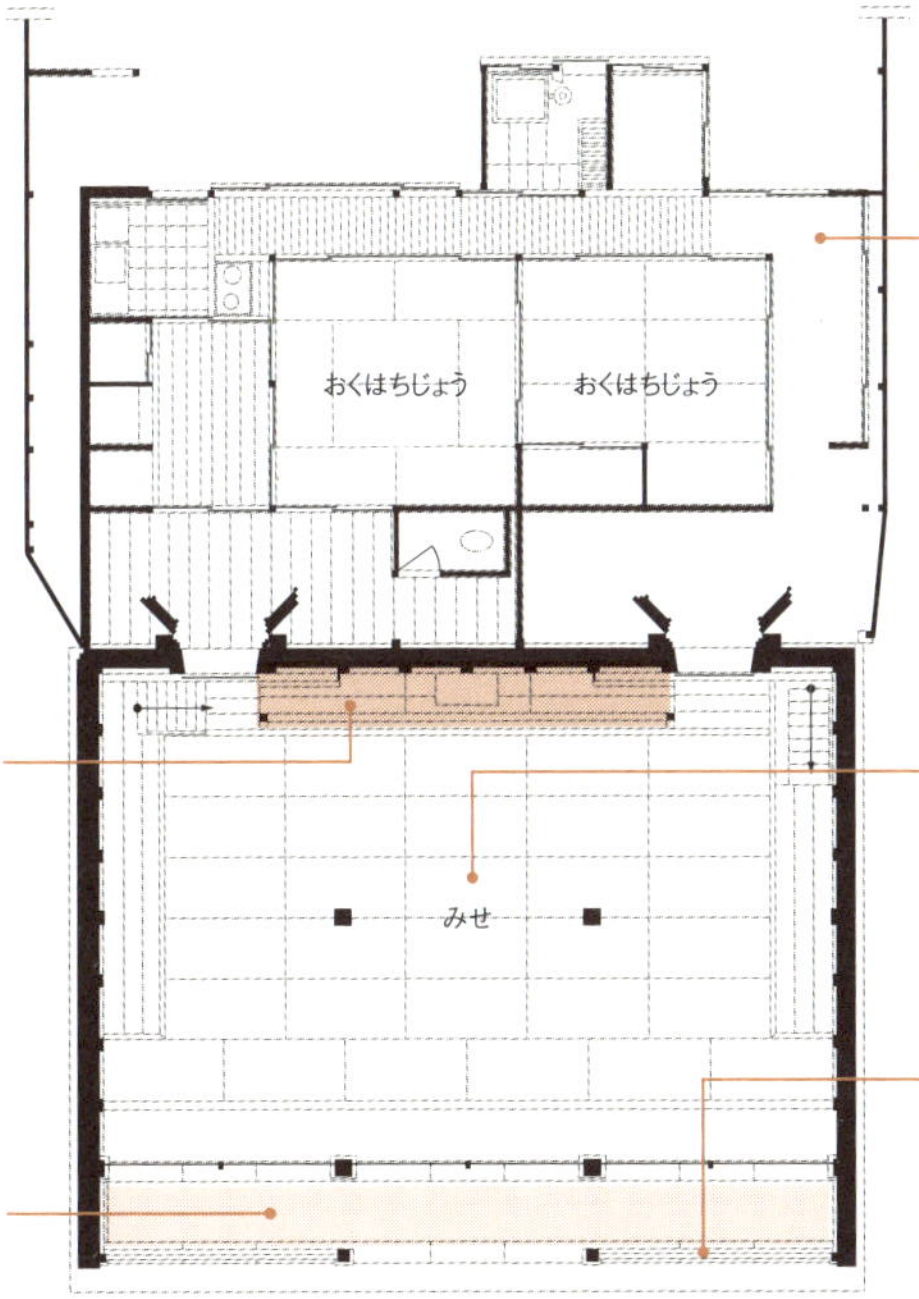
おくはちじょう
おくはちじょう
神棚
みせ
庇

住居部分を土蔵造としないことは一般に見られることである。

「みせ」は間口6間、奥行き4間の一室空間。背面には間口3間を占める神棚があってスケールが大きい。

1階正面の柱や腰壁は白漆喰（しろしっくい）。また、庇内の天井も漆喰仕上げである。当初庇は建物の正面から見て右側にも廻っていた。

0　1　2　3　4　5m

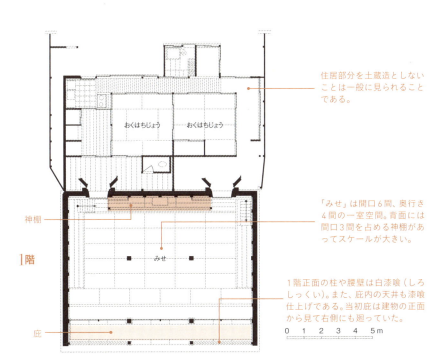

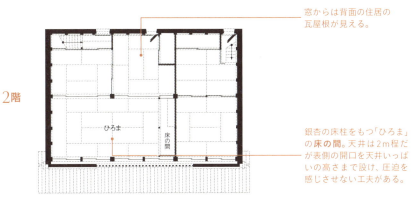

鰯《いわし》漁で栄えた九十九里《くじゅうくり》の網元の家

神奈川（千葉）

旧作田家住宅《きゅうさくたけじゅうたく》

作田家は、九十九里で鰯の網元を務めた家である。これは床上と土間に別々に屋根を架ける「分棟型」の事例で、その間に雨**樋**《あまどい》が設置され（図中点線）、「にわ」に入って天井を見上げると樋の裏が見える。床上部分は17世紀後半頃の建設とされ、土間は**妻側**、床上は**平側**を正面としている。「分棟型」の民家は時代が下るに従って減少傾向を見せる。これは旧作田家住宅も同じで、18世紀後半頃に大改造を受け「**直家**《すごや》」となっていた。ただし、土間と床上の使い方や寿命が異なること、土間より床上の仕上げを丁寧に造ることなどから、「分棟型」には利点もある。そのため「分棟型」の事例では、土間の年代が床上より新しいこともしばしばである。「にわ」に入ると、手前に「かみ」、奥に「ちゃのま」が開放的に置かれている。「にわ」の奥手には竈《かまど》があり、「ちゃのま」にかけての日常生活の様子がうかがわれる。「かみ」は、寝室の「なんど」との境に仏壇と**押板**《おしいた》を設けるなど、民家ならではの格式の高さが感じられる。**上手**《かみて》には正面から「げんかん」「なかのま」「おく」と畳敷の部屋が続く。「おく」には、**床の間**、2段の押入、平書院《ひらしょいん》を設けるが、天井がなく梁組が見える点にも、民家らしさがある。「ふろば」は客用で、幕末に設けられたという。

民家研究の第一人者、今和次郎《こんわじろう》は、九十九里の小さな民家を取り上げ、風呂や竈が屋外に置かれていることを、この地方の民家の特徴として紹介している。旧作田家住宅は比較的上流層の民家として、その地域的な特徴をはっきり伝えているように思われる。

分棟型の民家。九州地方の分棟型と違い、軒を接しているのがポイントである。

data **国指定重要文化財**

建築年：床上17世紀後半頃、土間18世紀後半頃・延床面積：253㎡

住所：神奈川県川崎市多摩区枡形7-1-1（川崎市立日本民家園）・旧所在地：千葉県山武郡九十九里町

アクセス：小田急線向ヶ丘遊園駅より徒歩で13分

公開：9:30～17:00（3月～10月）、9:30～16:30（11月～2月）・休園日：月曜日、祝日の翌日、年末年始

屋内から雨樋を見上げる分棟型

横の長さ：25.0m
縦の長さ：13.1m
最高高さ：8.9m

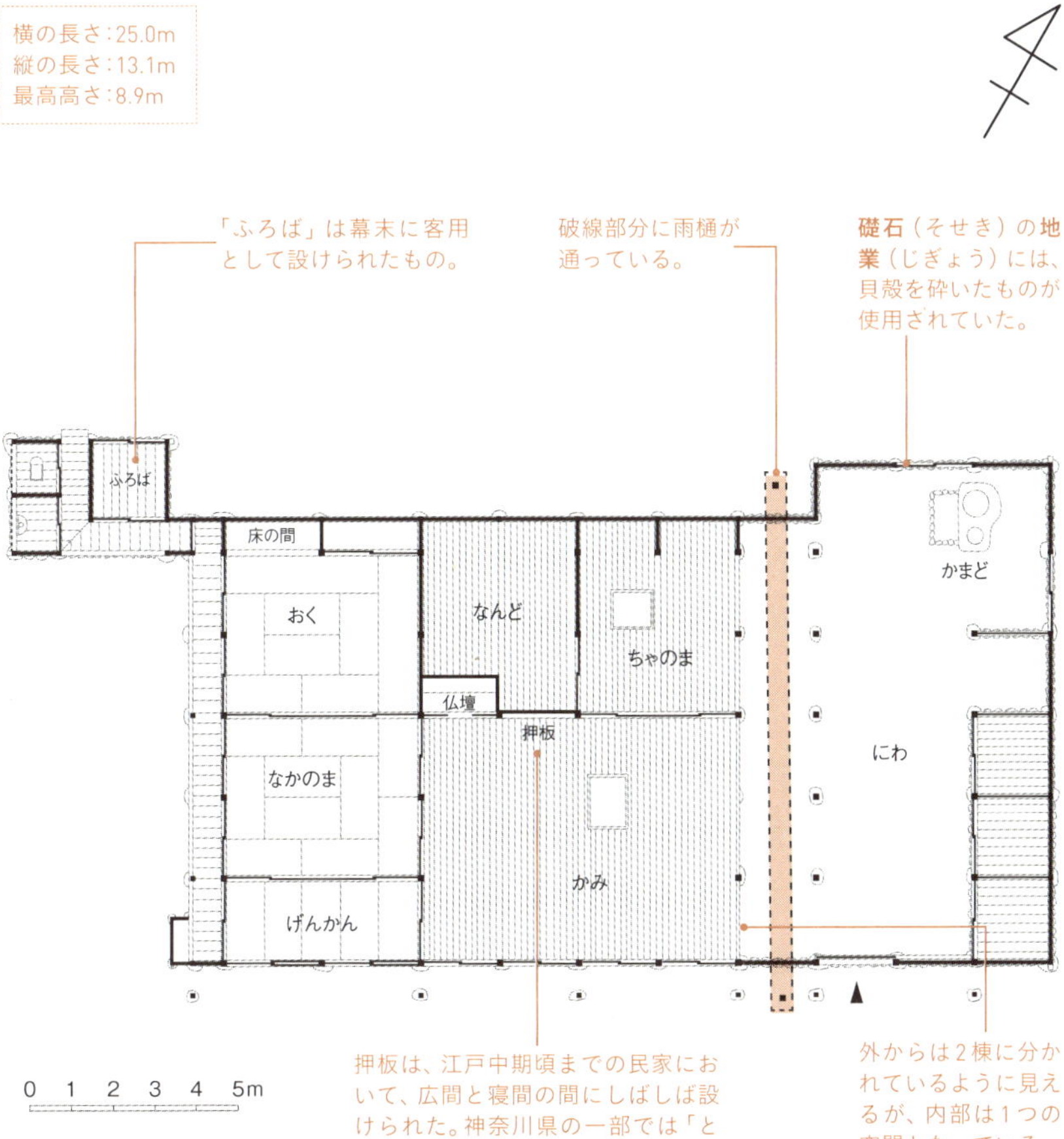

「ふろば」は幕末に客用として設けられたもの。

破線部分に雨樋が通っている。

礎石（そせき）の**地業**（じぎょう）には、貝殻を砕いたものが使用されていた。

押板は、江戸中期頃までの民家において、広間と寝間の間にしばしば設けられた。神奈川県の一部では「とこのま」と呼ばれるほか、山梨県では「てっぽうどこ」、富山県では「よろいだな」などと呼ばれる。

外からは2棟に分かれているように見えるが、内部は1つの空間となっている。

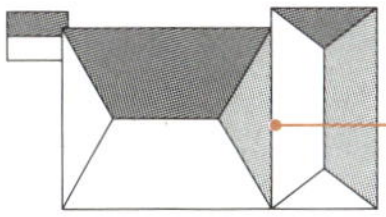

屋根

どちらも寄棟屋根だが、床上部分は平入り、土間部分は妻入りになっている。この屋根の向きは「分棟型」の民家では一般的に見られるものである。

川崎市立日本民家園

奈良

寺内町《じないちょう》・今井最古の町家

今西家住宅《いまにしけじゅうたく》

近畿地方の町家の主な系統として、「京都型」と「今井型」が知られている。一般に、中世以来の町家を基本に1列で居室を並べたものが、京都や奈良の「京都型」、近世以降に入って農家を基本として2列で居室を並べたものが、今井や堺の「今井型」とされる。ただし、京都は元治元（1864）年の大火などで古い町家を失っている。

今井は、室町末期に称念寺《しょうねんじ》を中心に開かれた寺内《じない》町《ちょう》で、江戸各期の町家が残る。今西家は、今井の**惣年寄**《そうとしより》を務めた家柄で、その住宅は「今井型」を代表するこの町最古の町家である。**入母屋**《いりもや》**屋根**の妻面を複雑化させ、棟がたくさんあるように見えるので「八棟造《やつむねづくり》」とも呼ばれる。まるで城郭のような佇《たたず》まいをもつ。

間取りは、床上を2列6室とし、背面に「ざしき」を突出させている。幅は敷地で決まるため、背面へと室が伸びるところは町家らしい。ただし、「どま」が大きいこと、生活の中心室（ここでは「なかのま」）が大きく、「なんど」に向かって**帳台構**《ちょうだいがまえ》があること、「みせおく」に**床の間**を設け接客に供する室とすることなどは同時代の上層の民家に共通する点として指摘されている。次に2階であるが、通常2階の手前側は、**切妻平入**《きりづまひらいり》であれば屋根の最も下がる場所になるため、物置などに使用される。しかし、今西家では**軒**が高いために「ざしき」としている。手前の「つし」2室は、土間より梯子《はしご》をかけて上がる。

今西家住宅は、同時代の上層の農家との共通点を多く示すとともに、今井の町内支配にあたる家柄として、別格の存在感を示す事例である。

外部は、軒裏部分まで白漆喰（しろしっくい）の塗籠（ぬりごめ）壁としている。

data **国指定重要文化財**

建築年：1650年（棟札）・延床面積：326.2㎡
住所：奈良県橿原市今井町3-9-25
アクセス：近鉄大阪線大和八木より徒歩で10分
公開：10:00～17:00・休館日：月曜日、お盆、年末年始（要予約）

居室を2列で並べる「今井型」

横の長さ：16.1m
縦の長さ：21.1m
最高高さ：10.4m

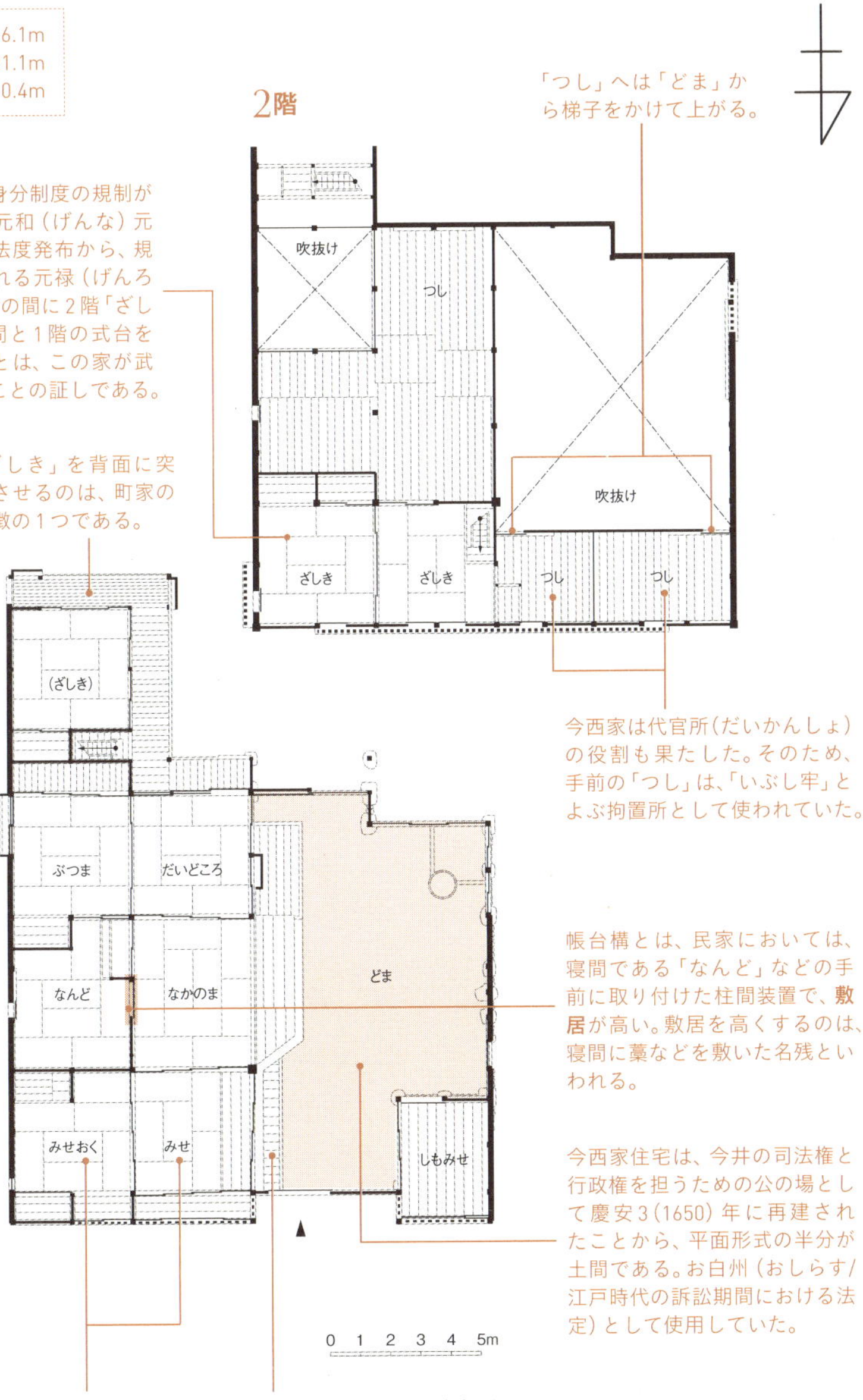

士農工商の身分制度の規制が強化された元和（げんな）元年の武家諸法度発布から、規制が緩和される元禄（げんろく）時代までの間に2階「ざしき」に床の間と1階の式台をつくったことは、この家が武家であったことの証しである。

「つし」へは「どま」から梯子をかけて上がる。

「ざしき」を背面に突出させるのは、町家の特徴の1つである。

今西家は代官所（だいかんしょ）の役割も果たした。そのため、手前の「つし」は、「いぶし牢」とよぶ拘置所として使われていた。

帳台構とは、民家においては、寝間である「なんど」などの手前に取り付けた柱間装置で、**敷居**が高い。敷居を高くするのは、寝間に藁などを敷いた名残といわれる。

今西家住宅は、今井の司法権と行政権を担うための公の場として慶安3（1650）年に再建されたことから、平面形式の半分が土間である。お白州（おしらす/江戸時代の訴訟期間における法定）として使用していた。

「みせ」と「みせおく」は、2階に「ざしき」を設けるためか、他の室より1段床面が低い。

「みせ」の土間側には**式台**がつく。式台は、通常民家には許されない。今西家の式台は、身分上の制約が課される以前の様子を伝えるものと考えられている。

大阪・羽曳野《はびきの》を代表する大庄屋

吉村家住宅《よしむらけじゅうたく》

吉村家住宅は、大阪・羽曳野市にある大和棟《やまとむね》をもつ住宅である。大和棟とは、大和《やまと》、山城《やましろ》、河内《かわち》、伊賀《いが》地方に見られる屋根形式の１つで、床上部分に急勾配の草葺屋根《くさぶきやね》、土間部分に緩勾配で瓦葺の**おち屋根**を架け、両者の勾配の違いから現れる妻面を土壁としたものである。この際、草葺屋根の端部は瓦葺きとなるが、この部分を「高塀《たかべい》」といい、そこから「高塀造」などと呼ばれる。

吉村家は、この地に古くから住む旧家で、享保《きょうほう》13（１７２８）年以降は大庄屋役を務めるなど、高い地位を維持してきた。ただし、この住宅は、大阪夏の陣（１６１５）で焼失していることから、その後間もなく

屋根の勾配の違いが生み出す大和棟

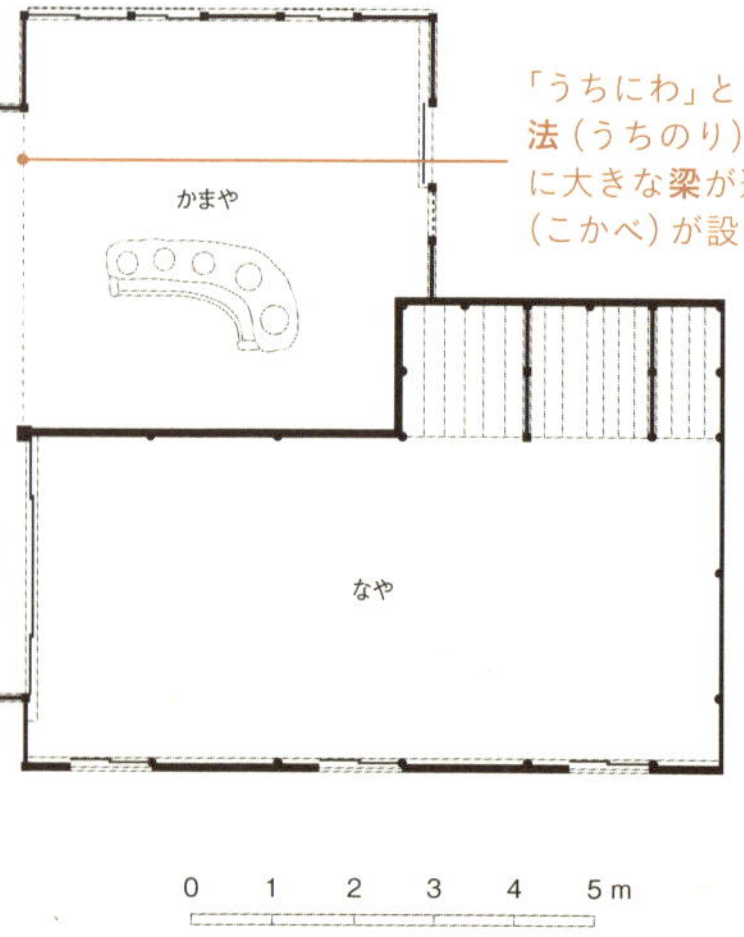

「うちにわ」と「かまや」境には、**内法**（うちのり）高さ（鴨居の高さ）に大きな**梁**が通り、煙返しの**小壁**（こかべ）が設けられている。

横の長さ：25.0m
縦の長さ：13.1m
最高高さ：8.9m

「大和棟」の外観。勾配は、「うちにわ」と「かまや」で切り替わっている。

data **国指定重要文化財**

建築年：17世紀前半
住所：大阪府羽曳野市島泉5-3-5
アクセス：近鉄南大阪線「高鷲駅」より徒歩で15分
公開：不可（春と秋に特別公開あり）

の建設と考えられている。また、寛政《かんせい》10（1798）年に大規模な改造が行われているが、大和棟の採用もこの時だろう。これは一般に、この地において大和棟の民家が登場するのが18世紀後半以降で、当初から大和棟だったとは考えにくいためである。

間取りは、土間として「うちにわ」と「なや」を設け、そこから**桁行**《けたゆき》に室が並ぶ長細い形をしている。「ひろしき」に上がると、一般的に接客用の座敷を示す「でい」、台所の「おいえ」がある。「おいえ」周りの**鴨居**は4本引きで、周囲の室へ広く開放する意図がうかがわれるが、こうした建具の収め方は17世紀の民家によく見られる。**上手**《かみて》には仏壇のある「いま」と寝室の「なんど」、さらに上手に**式台**のある出入口と「げんかんのま」を設け、「おくざしき」や「つぎのま」が続く。民家らしい部分に、数寄《すき》屋風**書院造**《やふうしょいんづくり》の座敷が連続するところは、間取りの1つの発展の仕方を示している。

「おいえ」の周りの建具は4本引きとなっており、建具を片側へ寄せて周囲の室と合わせて広く使えるようになっている。

「さやのま」は、**入側**（いりがわ）のように細長く畳を敷いた室を指す用語。

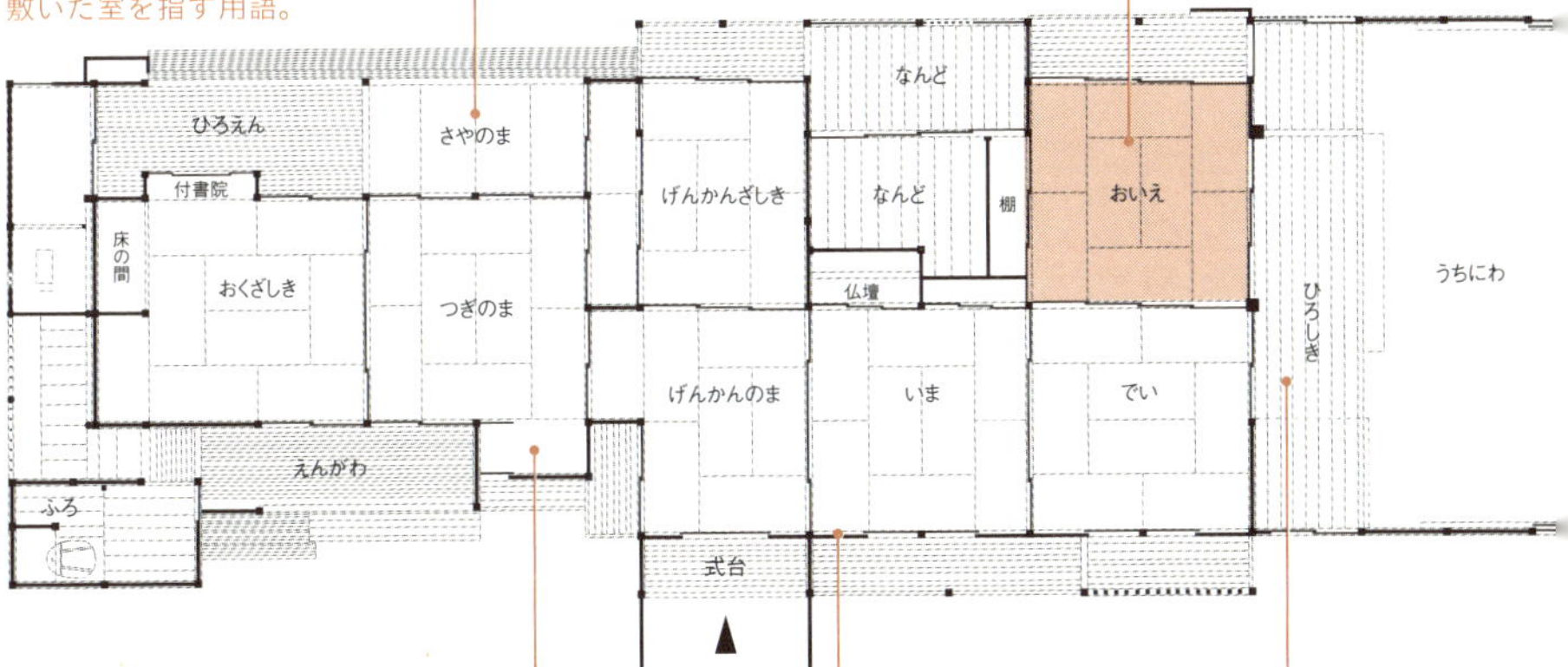

「つぎのま」の手前側には1畳大の**点茶**（てんちゃ）席がつくられている。

「でい」、「いま」、「げんかんのま」の前面は、柱間の半分が壁になっており、古式な一面をみせる。

「ひろしき」は土間から60cm程高く、さらに「でい」などへは20cm程上がる。「ひろしき」の手前側上部には、1間分の吊部屋がある。

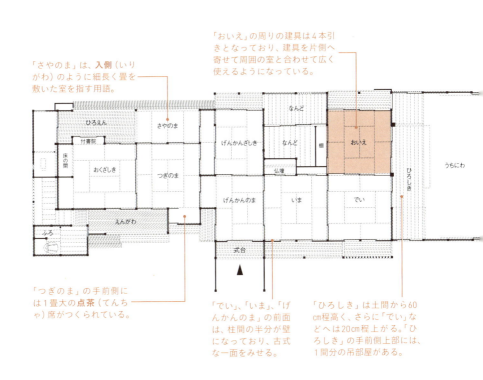

吉野川下流域の藍商の家

徳島

田中《たなか》家《け》住宅《じゅうたく》

田中家は、寛永《かんえい》年間（1624～1643）頃から、吉野川下流域において藍草の栽培・加工を営んできた家柄である。吉野川の氾濫に備え、石垣を高く積んで造成された敷地は40m×50mと広大で、中央にある「四方蓋造《しほうぶたづくり》」の主屋《おもや》を、藍製造に関わる建物が取り囲む。「四方蓋造」とは、草葺屋根《くさぶきやね》の周囲に瓦葺の庇《ひさし》を巡らせたもので、四国の瀬戸内海側に分布している。田中家住宅を見ると「にわ」と「ちょうば」の間のやや手前の柱、「だいどころ」から「おく」にかけての各境の柱、「おもて」の床柱の位置が、草葺屋根の輪郭で、それより外側に瓦葺の庇が架かる。江戸末期、元治《げんじ》2（1865）年の建設である。

間取りは、「にわ」「かまば」の土間と、「ちょうば」から「おく」へかけての6室からなり、〈主屋〉背面の〈座敷〉は明治18（1885）年の増築である。まず、「にわ」に入ると左手上部に「ひろしき」と呼ばれる吊部屋があるが、これは女中室で、大阪の吉村家住宅（→42頁）とは機能が異なっており、徳島の藍屋らしさをみせる。「かまば」は、当初北側が**土庇**《どびさし》になっていたが、後に内部化された。これは「おもてなかのま」や「おもて」に付く畳敷きの縁側も同様で、当初は土庇であった。「おく」は、当初閉鎖的な部屋で、縁側部分は押入れになっていたという。これらの改造は、背面に増築された座敷と関係があるかもしれない。

田中家住宅は、整った「四方蓋造」の事例としてはもちろん、「ちょうば」に残された、**さお秤**、**帳場格子**《ちょうばごうし》、**帳だんす**などから、当時の商いの様子もうかがえる貴重な住宅である。

草葺屋根の四周に瓦葺の下屋庇を巡らせたつくりは、「四方蓋造」と呼ばれる。

data **国指定重要文化財**

建築年：1865年（棟札）
住所：徳島県名西郡石井町藍畑字高畑705
アクセス：JR石井駅より車で10分
公開：10:00～16:30（要予約）

四国・瀬戸内海側に分布する四方蓋造

横の長さ：16.8m
縦の長さ：19.0m
最高高さ：8.7m

井戸と流し場である。「はねつるべ」で水を組み上げる。

座敷は明治18年の増築。この場所に配したことで主屋背面にも公的な意味合いが生まれ、「おく」などに影響を与えたと思われる。

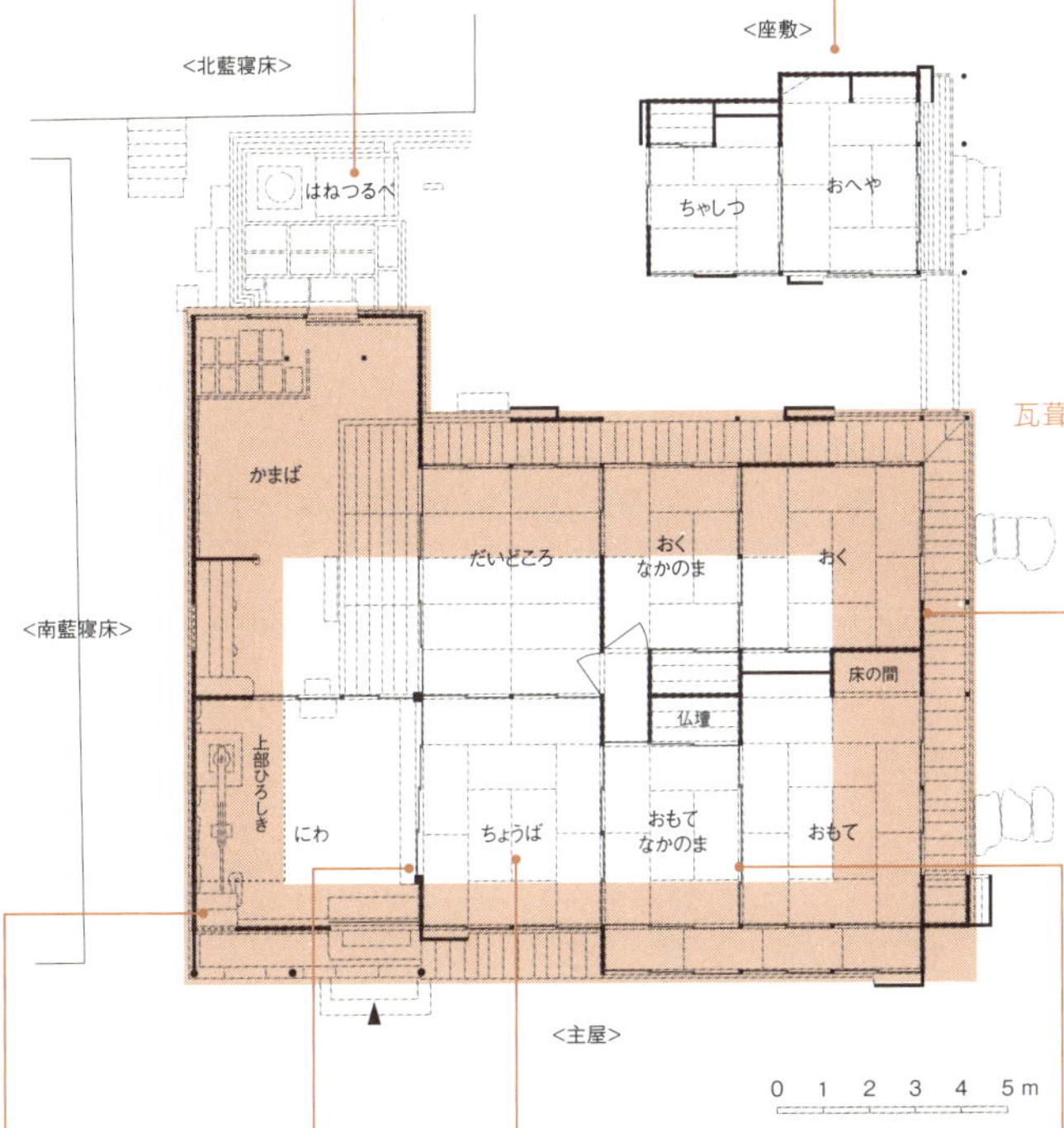

瓦葺屋根の範囲

唐臼の手前側には、唐臼を踏むちょうどよい高さに床板が設けられている。ここから「ひろしき」へのぼる。

「にわ」と「ちょうば」境の上がり段の下は、引出しや戸棚になっている。

「ちょうば」には、さお秤や帳場格子が残されており、当時の商いの様子がうかがわれる。

「おもてなかのま」と「おもて」は、山水画の描かれた襖の上に透かし彫りの**欄間**（らんま）が入いる。主屋内で、居室境に柱がないのは、この2室の間だけである。

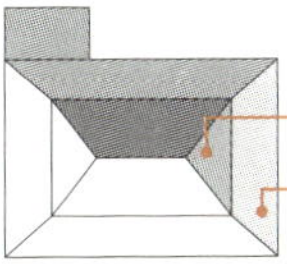

草葺屋根部分

四周は瓦葺き。

屋根

萩《はぎ》藩の御用商人の町家

山口

熊谷家住宅《くまやけじゅうたく》

熊谷家住宅は、明和《めいわ》5（1768）年に建設された、萩を代表する大型町家である。この住宅を建設したのは、熊谷五右衛門《くまやごえもん》という人物で、金融や米の仲買の他、商才に恵まれて、塩田の開墾や鉱山、捕鯨、海運など様々な事業を展開して富を築いた。萩藩の御用《ごよう》商人としても活躍し、たった1代の内に藩政にも参与するようになり、苗字帯刀を許されている。建物の敷地は6200㎡あり、その中に主屋《おもや》の他、離れ座敷2棟、土蔵13棟を構える壮大な屋敷構を見せる。

間取りは、「土間」を通して、床上を2列8室とし、さらに**上手**《かみて》に「玄関」や「茶室」を突出させている。**下手**《しもて》の1列は主に仕事に関係する室で、「みせ」は「おくみせ」側に神棚を飾り、帳場として使用された。「土間」側の板敷き部分には、ちょうど幅が変わる所に衝立《ついたて》があり、開放的な「おくみせ」と隔てている。奥の「三の間」については、浅い床の間と2段の押入れがあり、家族の居間として使用されたと考えられている。次に、上手の「格子の間」や「なんど」は寝室などに使う私室で、手前に1畳大の土間があり直接出入りできる。「本座敷」には、**床の間、違棚**《ちがいだな》**、付書院**《つけしょいん》を設け、「二の間」を従えて2方向に縁を廻している。「玄関」や「茶室」、水廻り部分は増築で、地位が向上するにつれて、接客空間を拡充させていったものと思われる。

熊谷家住宅は大規模で質がよく、意匠も洗練されており、江戸時代中期における地方豪商の富を示す好個の遺構である。国の重要文化財に指定されている。

厨子（つし）2階の正面は真壁（しんかべ）で、塗籠（ぬりごめ）と出格子（でごうし）を組合わせている。これは萩地方の町家の特徴でもある。

data **国指定重要文化財**（主屋、離れ座敷、本蔵、宝蔵）

建築年：1768年

住所：山口県萩市今魚店町47-1（熊谷美術館）

アクセス：JR山陰本線東萩駅から徒歩20分

公開：9:00～16:00・休館日：月曜日

地位の向上に従って増える接客室

横の長さ：22.7m
縦の長さ：18.8m
最高高さ：9.3m

芭蕉が描かれた杉戸が入る。上部の欄間には青海波の透かし彫りが入れられ、縁先の空間を分けている。

座敷の**土庇**（どびさし）の柱を皮付きのままとするのは山口地方の特徴とされる。

1階

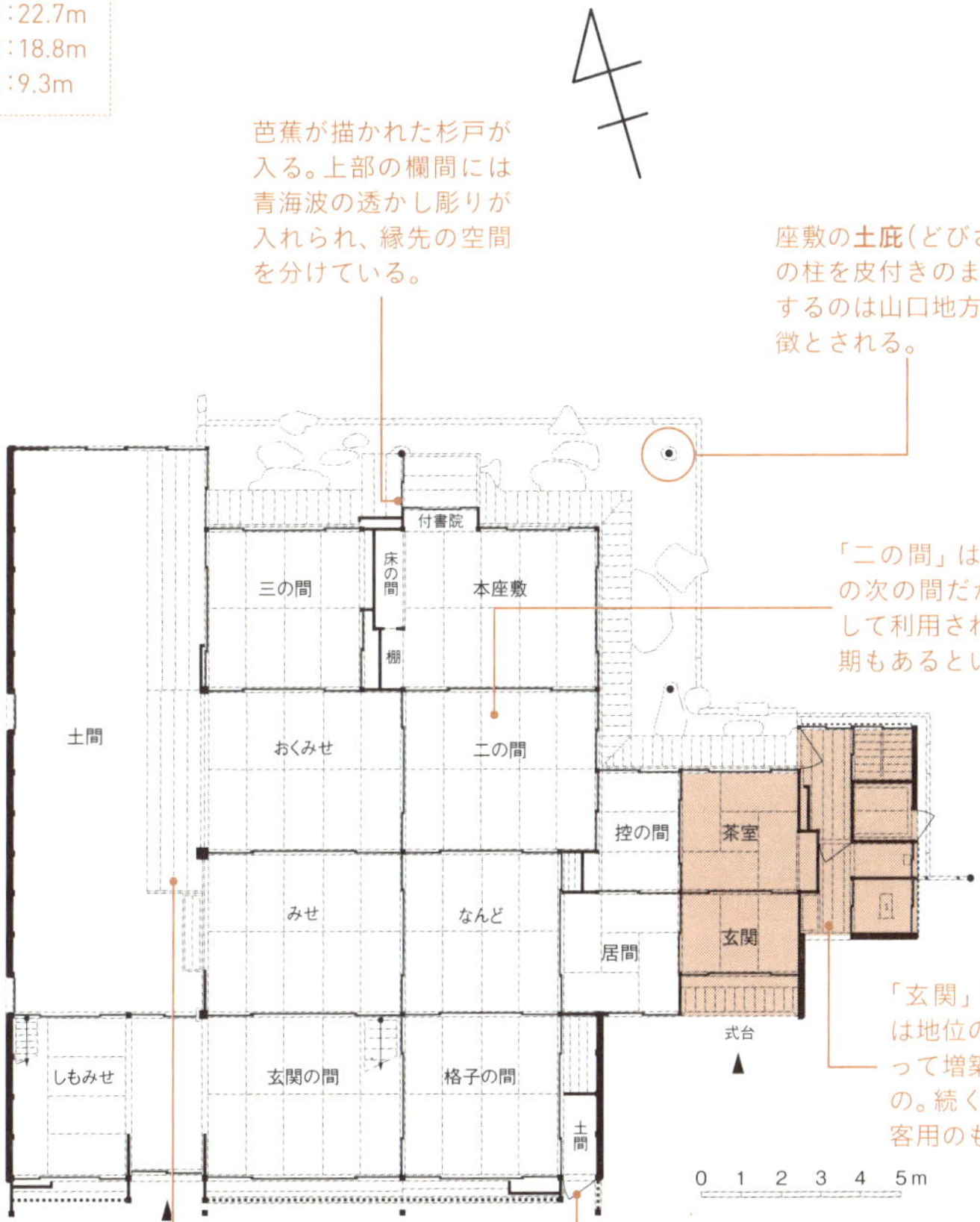

「二の間」は「本座敷」の次の間だが、仏間として利用されていた時期もあるという。

「玄関」や「茶室」は地位の向上に従って増築されたもの。続く水廻りも客用のものである。

衝立は、建設当初からのもので土間空間をゆるやかに分けている。

外部から「格子の間」に直接出入りできた。

2階

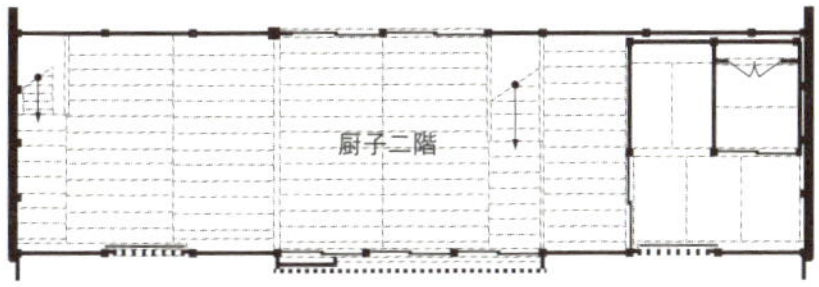

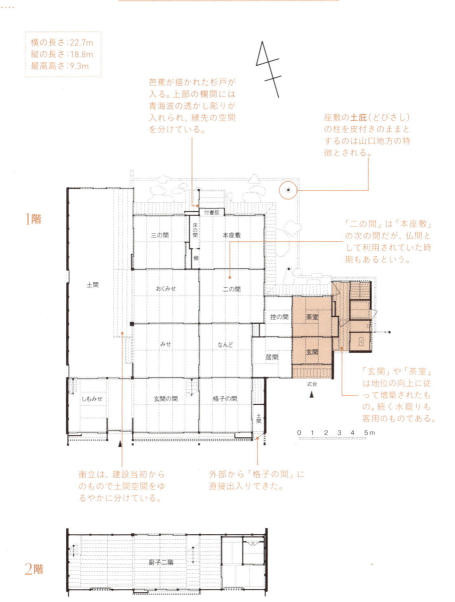

水を中央に集める漏斗造《じょうごづくり》の農家

佐賀

山口家住宅《やまぐちけじゅうたく》

筑《ちく》後川《ごがわ》の河口に、足の甲をピンと伸ばしたような形の三角州がある。その南半分を川副《かわそえ》町大字大詫間《まちおおあざおおだくま》といい、元禄《げんろく》年間（1688～1704）頃から人が住み始めた。山口家住宅は、その中ほどにある「漏斗造」の民家で、一見すると**寄棟屋根**《よせむねやね》の民家に見えるが、上から見るとロの字に屋根が架けられており、雨水が中央に集まる。そのため「漏斗造」と呼ばれる。旧境家住宅（→50頁）もそうであるが、九州地方に限れば、南の地域に代表される「分棟型」と北の「非分棟型」の境界となる地域を中心に、両者が影響しあって豊富な種類の屋根形式が生まれた。山口家住宅は、その中でも最も面白い事例の1つである。

間取りは、その半分が土間、もう半分が居室となる。居室は、手前に「ざしき」、次に横並びで「あがりはな」と「なかのねどこ」、背面に「いたのま」が順に並ぶ。「ざしき」は仏壇と**床の間**をとり、土間側は閉鎖的で、手前に縁がつく。「あがりはな」は、生活の中心室で、半間だけ土間に突き出している。「なかのねどこ」は、そのまま寝室であろう。「いたのま」は6畳程の大きさで、上手《かみて》は物置である。出入口の脇には「うまや」があって便所を背中合わせにしている。ここから入る細長い空間は物置だという。中央に集まった雨水は、「あがりはな」の先からこの細長い物置を抜けて屋外へ排出される。

この住宅は、旧境家住宅と比較すると、よく似た部分をもつものの、間取りは機能に対応して細分化しており、「ざしき」には床の間を構えるなど発展した姿を見せる。

一見すると普通の寄棟屋根に見える。材料は茅葺き（かやぶき）だが、「ざしき」に付く縁や出入口部分は瓦葺きである。

data **国指定重要文化財**

建築年：19世紀初期
住所：佐賀県佐賀市川副町大字大詫間930番地
アクセス：バス停大詫間小学校下車、徒歩5分
公開：佐賀市教育委員会文化振興課（0952-40-7369）まで要事前申し込み

せめぎ合う分棟型と非分棟型

横の長さ：11.1m
縦の長さ：16.5m
最高高さ：6.7m

屋根

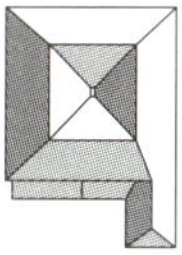

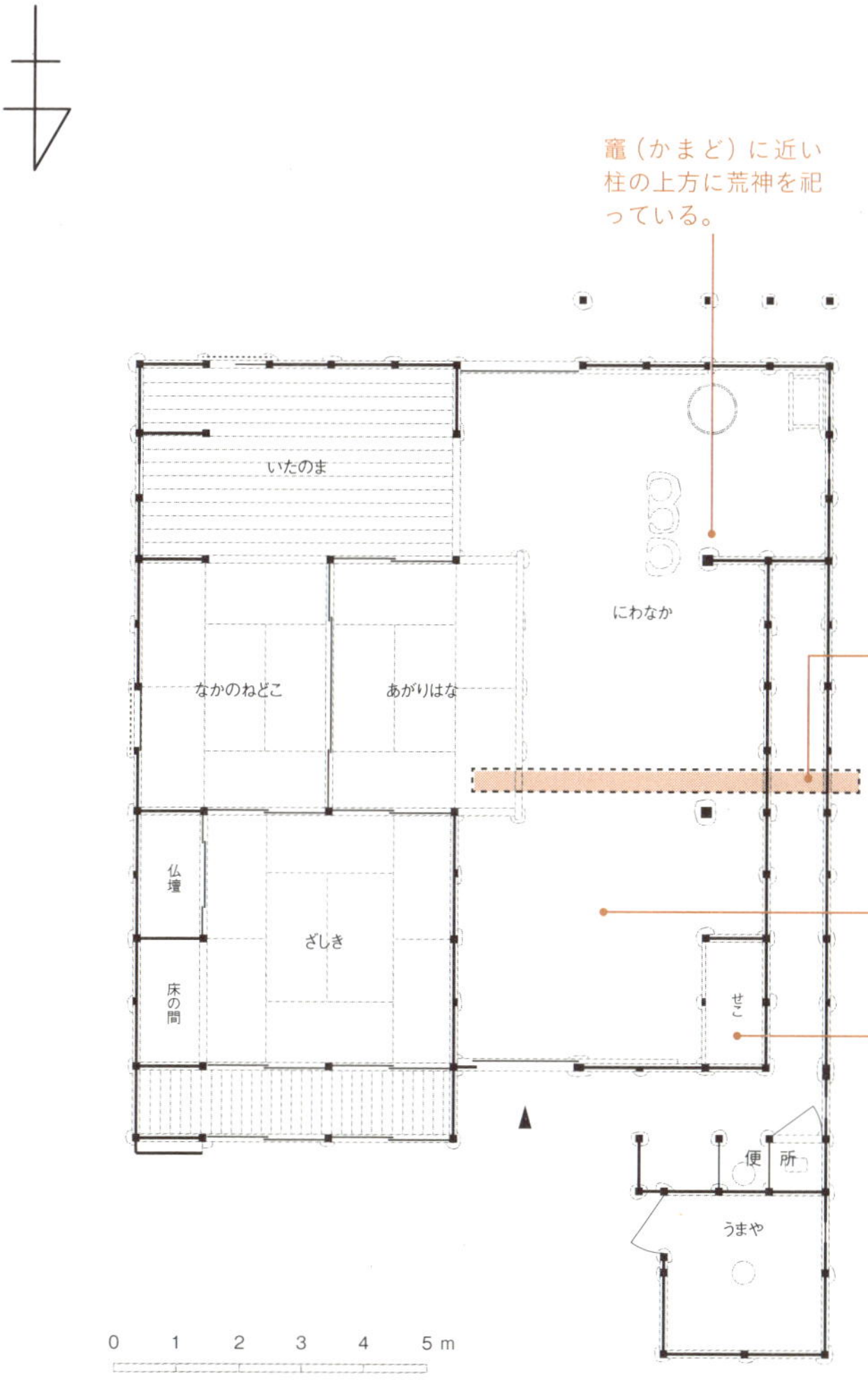

竈（かまど）に近い柱の上方に荒神を祀っている。

雨氷を処理する樋（とい）。

「にわなか」の手前2室は**根太天井**（ねだてんじょう）を張って中2階をつくっている。

出入口脇にある「せこ」は、穀物入れである。「狭所」と書く。

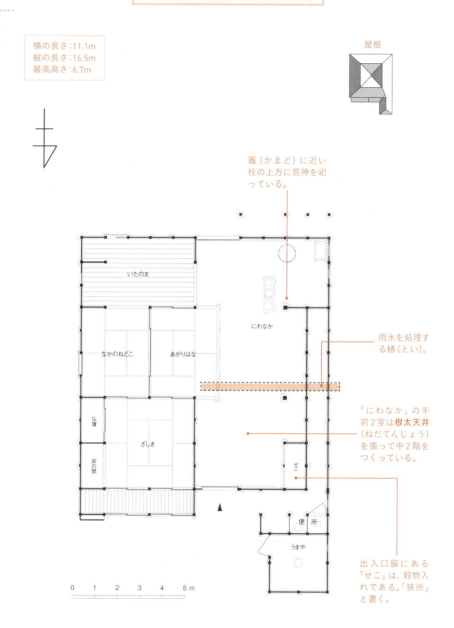

熊本北部の山あいにあったコの字型屋根の農家

熊本

旧境《きゅうさかい》家《け》住宅《じゅうたく》

「分棟型」の住宅は、南西諸島、九州中南部、浜名湖・豊川《とよがわ》流域、房総半島など、太平洋沿岸の地域に分布し、南方系として判断される。一方で日本海側では「分棟型」は見られない。江戸前期の九州を見ると、宮崎南部から熊本を通り、福岡と佐賀の南部を含む地域に、両者の境界線があったようである。この「分棟型」は、時代が進むにしたがって「非分棟型」へと変化し、それにしたがって境界線も南下するが、そこでは両者が互いに影響しあい、バリエーション豊かな屋根形式が生まれていった。

旧境家住宅もそうした事例の1つで、以前は熊本県北部に建っていた。平面は一体的に見えるが、屋根を見ると、コの字型に折り曲げた**寄棟屋根**《よせむねやね》になっており、「分棟型」の民家の発展過程がうかがわれる。

間取りを見ると、全体の半分を占める「どま」に、「ざしき」「おまえ」「へや」の3室が接して並ぶ、いわゆる「縦割型」の間取りである。これに対して屋根は、「へや」から「ざしき」、「ざしき」から「どま」の手前、「どま」の手前から奥へと凹形に架けられており、「どま」から屋根裏を見上げると、瓦製の**樋**《とい》が見える（破線部分）。また、旧境家住宅では、柱と壁が分けて作られていることも注目され、特に「どま」の**下手**《しもて》では、壁が柱から離して作られている。これは、柱が壁に接しない方が腐朽《ふきゅう》しにくいこと、柱に水平材をわたして、農作物などを乾燥させるのに便利であることなどが理由として説明されており、旧境家住宅があった玉《ぎょく》東町《とうまち》では一般的なつくり方だったようだ。

正面から住宅を見ると、一般的な寄棟屋根に見えるが、裏側からは図のように2棟が接しているように見える。

data **国指定重要文化財**

建築年：1830年・延床面積：112.2㎡
住所：熊本県玉名郡和水町江田302（肥後民家村）・旧所在地：熊本県玉名郡玉東町
アクセス：JR玉名駅よりバスで25分
公開：9:00〜17:00・休館日：月曜日

柱壁の分離と屋内に走る雨樋に注目

横の長さ：10.9m
縦の長さ：11.2m
最高高さ：6.7m

「へや」上部に中2階をつくるため、「へや」側の屋根は切り上げられている。

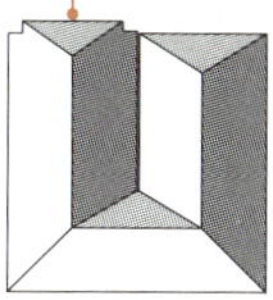

屋根

「へや」には**根太天井**（ねだてんじょう）が張られており、中2階を設けている。

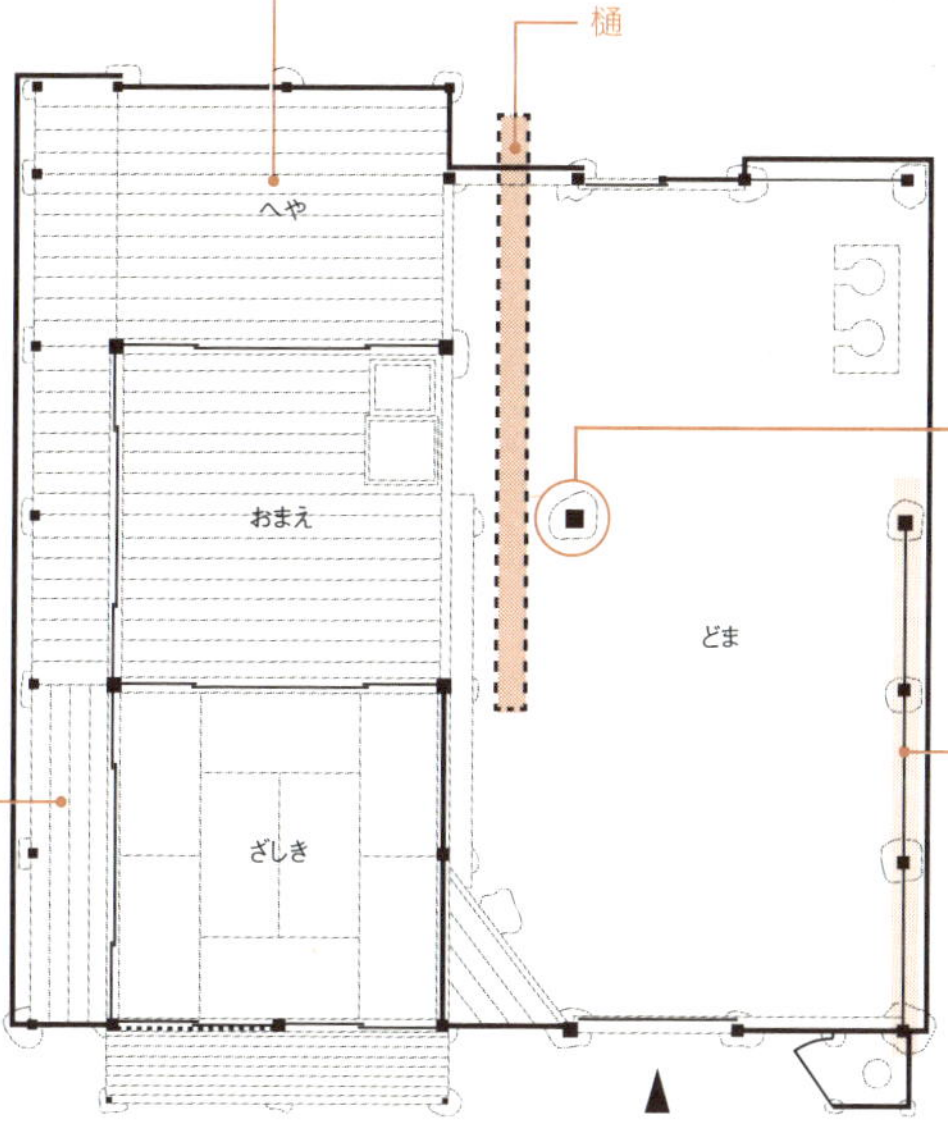

「どま」中程の柱に文政13（1830）年の**墨書**（ぼくしょ）があり、年代が判明した。

3室の西側にある半間の細長い部分は、仏間や物入などに利用された。

柱と壁が分かれている。柱相互に水平材を渡して農作物などをかけておける。

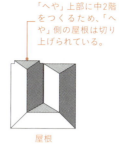

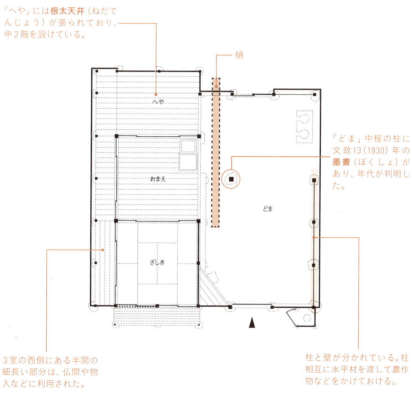

宮崎

日向《ひゅうが》に残る薩摩藩の郷士《ごうし》の家

旧《きゅう》黒《くろ》木《き》家《け》住宅《じゅうたく》

旧黒木家住宅は、鹿児島・宮崎の県境にある霧島山の宮崎側にあった住宅で、現在は宮崎県総合博物館に復原・移築されている。そもそもこの地域は日向国に属するが、豊臣秀吉《とよとみひでよし》の九州征伐の際に功のあった大名によって分割され、江戸期に薩摩藩領の一部となった。そのため、黒木家は薩摩藩の**郷士**の家柄である。主屋《おもや》は、天保《てんぽう》5（1834）年から7年にかけて建設されたことが**墨書**《ぼくしょ》から判明している。**平側**を正面に向ける〈おもて〉と**妻側**を向ける〈なかえ〉の2棟を、中央の「てのま」でつないだ「分棟型」の住宅で、「てのま」上部に半割りした竹を並べ、両者の屋根からの雨水を処理する。また、「ぬれえん」に竹瓦《たけかわら》葺《ぶき》の庇《ひさし》をかける点などは、南九州の民家らしい特徴をもち、鹿児島から宮崎南部にかけての「分棟型」を代表する事例の1つとなっている。

まず、〈なかえ〉を見よう。床を張った「なかえ」は囲炉裏が切られ、炊事、食事、日常の接客に用いられる多用室で、「てのま」との間に建具がなく、空間的に一体化している。一方の〈おもて〉は、〈なかえ〉より1段床が高く、「なかのま」「かしらのま」「なんど」の3室からなる間取りをもつ。「なかのま」には囲炉裏が切られ、手前には踏段《ふみだん》があって、そこから出入りができる。「かしらのま」には**床の間**や棚を設けるが、床の間の壁面は板材を用いており、民家らしさがある。

旧黒木家住宅は、「分棟型」の事例として建設年代がはっきりしており、当初材もよく残っている。棚、竈《かまど》などもあり昔の暮らしを想像させる貴重な事例である。

鹿児島の典型的な「分棟型」民家。雨水は屋根の谷間に半割の竹を並べて処理している。

data **国指定重要文化財**

建築年：1836年（墨書）・延床面積：131.9㎡
住所：宮崎県宮崎市神宮2-4-4（宮崎県総合博物館）・旧所在地：宮崎県西諸県郡高原町
アクセス：ＪＲ宮崎神宮駅より徒歩で11分
公開：9:00～17:00

せめぎ合う分棟型と非分棟型

横の長さ：17.9m
縦の長さ：10.5m
最高高さ：8.2m

<〈なかえ〉は板壁で覆われており、閉鎖的な印象がある。上部は、断面の大きな梁組を見せる。

「なんど」と「なかえ」の床面は竹座である。

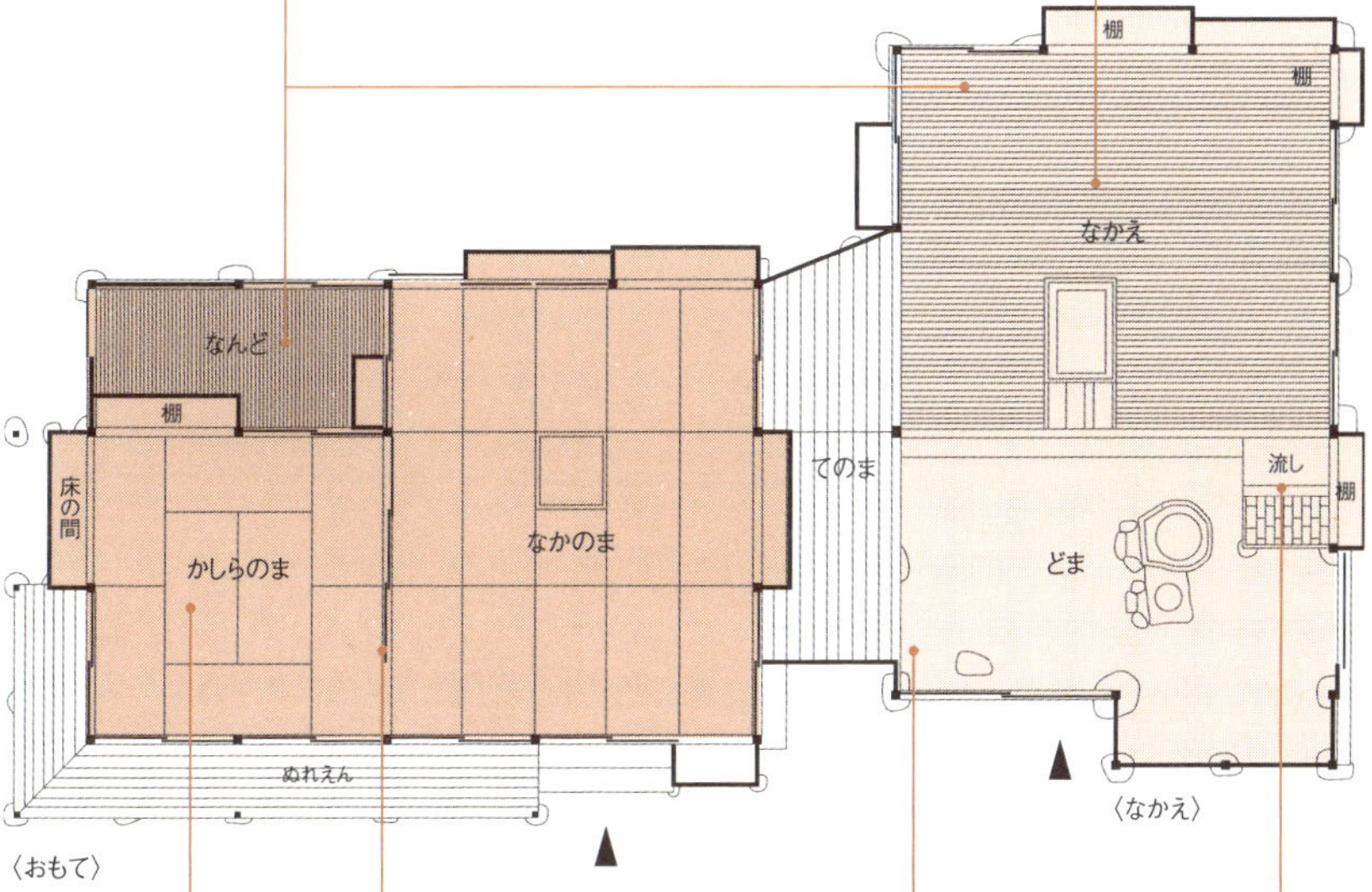

「かしらのま」は天井を張っている。

〈なかえ〉と〈おもて〉の柱の数はどちらも16本で同じである（ただし縁側部分は数えない）。

「流し」部分は枠と同じ高さに竹材が並べられている。現在のように凹形のものではない。

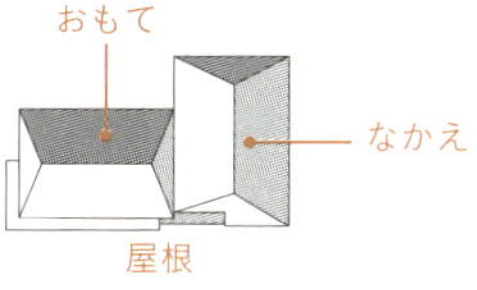

0　1　2　3　4　5m

宮崎県総合博物館

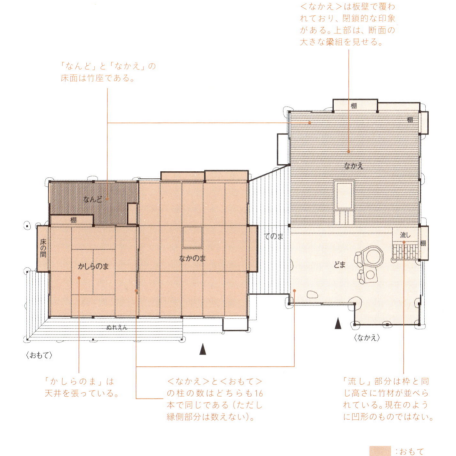

鹿児島

大隅《おおすみ》に残る薩摩藩の郷士《ごうし》の家

二《に》階堂《かいどう》家《け》住宅《じゅうたく》

二階堂家住宅は、大隅半島の中程、高山川《こうやまがわ》沿いにあり、緑の深い山を背負って建つ。〈おもて〉と〈なかえ〉からなる「分棟型」の事例である。二階堂家は、藩政時代には**郷士**を務めた家柄で、この地に定まって住むようになったのは元和《げんな》9（1624）年のことである。その先祖が、源《みなもとの》頼朝《よりとも》によって鎌倉へ招かれ、二階堂（鶴岡八幡宮の東側にある）に邸宅を賜《たまわ》ったことがこの苗字の由来である。二階堂家住宅の建設年は、文化《ぶんか》7（1810）年頃と伝えられるが、〈なかえ〉は明治22（1889）年の建替えである。当初の〈なかえ〉の間取りについては不明だが、同程度のものがあったようだ。この住宅は「分棟型」の形式が明治中期に入っても依然として維持されたことを示す事例として、貴重な存在である。

まず〈おもて〉は**平入《ひらい》り**で、「おもて」「とこのま」「なんど」からなる。「おもて」と「とこのま」は畳敷きであるが、春や秋の養蚕《ようさん》の時期には畳を上げて、作業場として使用したという。また、「なんど」は一般的には寝室や物置だが、ここでは産室としても使ったそうだ。一方、〈なかえ〉は〈おもて〉より10尺ほど後退させて**妻入《つまい》り**とし、手前に11畳半の「なかい」、奥に「うすにわ」を配し、2棟を「といのま」がつなぐ。「なかい」は、家族生活の中心となる室である。

二階堂家住宅は鹿児島地方の「分棟型」の典型である。ただし、二階堂家はより格式を重んじたせいか、通常手前にある〈なかえ〉の土間が奥に配置されており、それがこの住宅の特徴となっている。

旧黒木家住宅（→52頁）によく似た「分棟型」だが、土間が奥にあり手前が開放的な点が異なる。

data 国指定重要文化財

建築年：1810年頃（おもて）、1889年（なかえ）
住所：鹿児島県肝属郡肝付町新富5595
アクセス：バス停高山下車、徒歩10分
公開：9:30～17:00・休館日：月曜日

鹿児島にみられる分棟型住宅

横の長さ：17.8m
縦の長さ：13.0m
最高高さ：7.9m

「うすにわ」で、板敷き部分が斜めであることは珍しい。四角形だと、土間部分の作業が制限されたためだと考えられている。

「なかい」の囲炉裏脇の板部分は、中が日常使用する小物入れになっている。

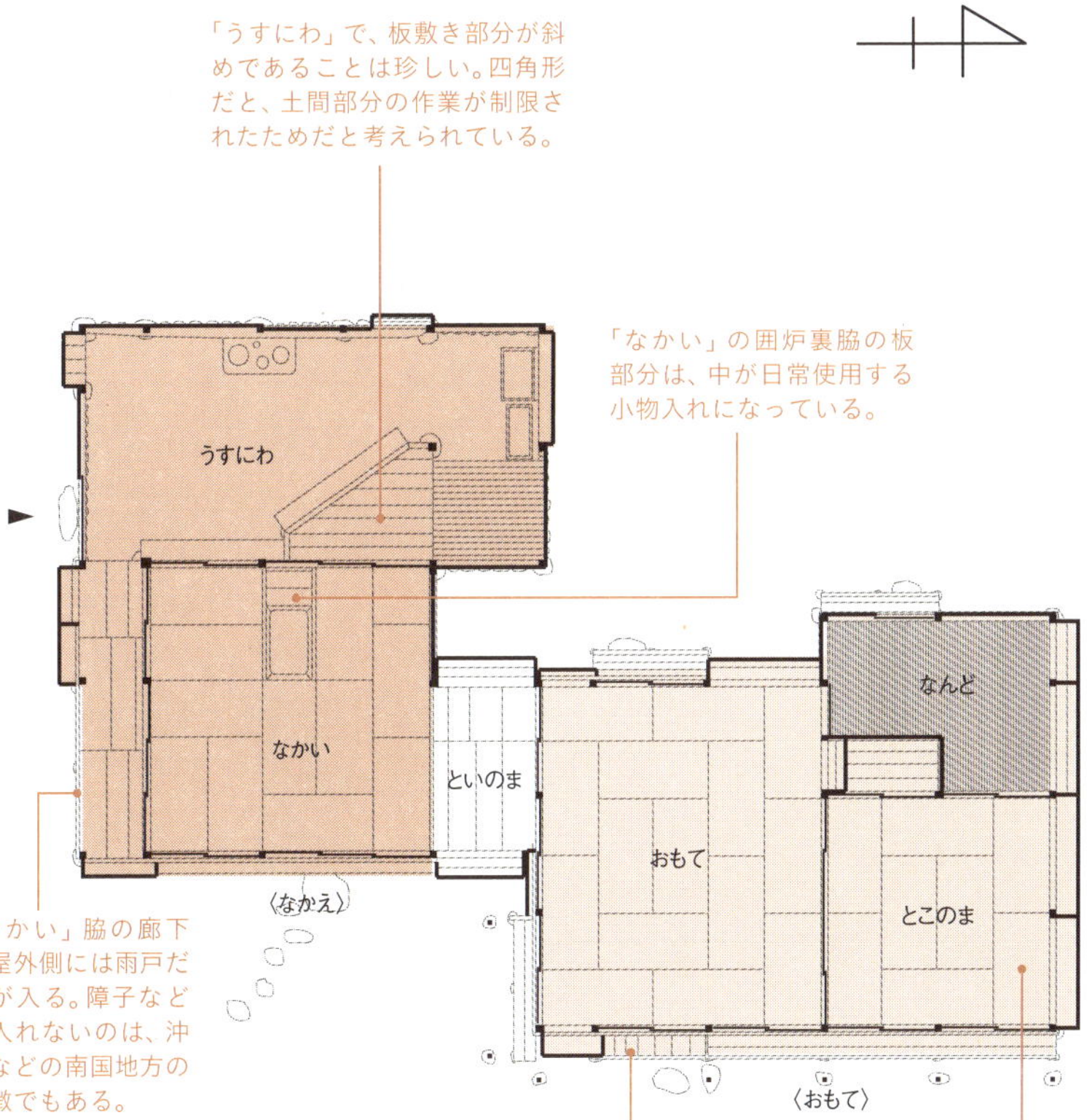

「なかい」脇の廊下の屋外側には雨戸だけが入る。障子などを入れないのは、沖縄などの南国地方の特徴でもある。

：なかえ
：おもて

0　1　2　3　4　5m

<おもて>前面には縁が付くが、「おもて」側の一部だけ張り方を変え、高さも1段低くしてある。正客（しょうきゃく）の玄関口かもしれない。

「とこのま」は客間兼主人室として使用されたという。床の間と、**天袋・地袋**を備える他、**長押**（なげし）を付けて天井も張られている。

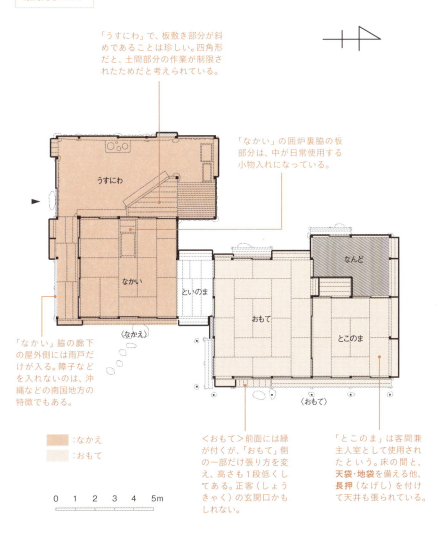

沖縄・久米島の地頭の家

沖縄

上《う》江《え》洲《ず》家《け》住宅《じゅうたく》

上江洲家住宅は、那覇の西約100㎞の久米島にある。上江洲家は、代々この地で地頭職を務めた家柄で、現在の住宅は、七代目当主が宝暦4（1754）年に建てたものと伝えられる。主《おも》屋《や》周囲を石垣が巡り、さらに**内塀**《ひんぷん》が南庭をつくる。現在は一棟の住宅に見えるが、当初は〈うふや〉と〈とんぐわ〉が別棟で、**茅葺屋根**《かやぶきやね》が架けられていた。明治24（1891）年に〈とんぐわ〉を改築した後、「合いの間」を設けて〈うふや〉と連結し、瓦葺となった。したがって、もともとは「分棟型」の住宅である。

まず〈とんぐわ〉は、主に女性や子供が使用した部分で、「じーる」と呼ばれる地炉《じろ》があるため、「南東板間」を生活の中心としたようである。次に〈うふや〉は、南側3室、北側2室からなり、周囲を縁側や収納が囲む。「1番座《ばんざ》」は9畳で、室内へ向かって「とこ」をつくり、「2番座」は「仏だん」と同じ幅で仏間としている。「3番座」は「じーる」を切って居間としているが、「1番座」と「2番座」の境には柱があるのに、「2番座」と「3番座」の境には柱がないので、「2番座」も居間の延長として使用したのかもしれない。通常裏座《うらざ》は狭くとられ、そのため寝室や収納室になるが、「1番裏座」には**長押**《なげし》に**釘隠し**、取手の飾《かざり》金具《かなぐ》などの設《しつら》えがみられ、首里からの役人の寝室にあてたようである。また、「2番裏座」は出産室にも使われたという。

上江洲家住宅は、〈うふや〉部分が沖縄地方最古の住宅と考えられており、「分棟型」から1棟へと統合されていく過程を示す貴重な事例である。

漆喰で塗り固めた赤い瓦と目隠し塀「内壁（ひんぷん）」が特徴的な沖縄地方らしい民家。

data **国指定重要文化財**

建築年：1754年・延床面積：304.7㎡
住所：沖縄県島尻郡久米島町西銘816
アクセス：久米島空港より車で20分
公開：9:00～18:00（不定休）

沖縄に見られる分棟型住宅

横の長さ:22.4m
縦の長さ:13.0m
最高高さ:6.6m

「台所」脇の石敷き部分は流しである。

「1番座」は「ざー」、「2番座」は「ぐりーじんめー」と呼ばれる。

「とこ」は**床框**（とこがまち）が高く**押板**（おしいた）風である。

全体を雨はじが巡る。

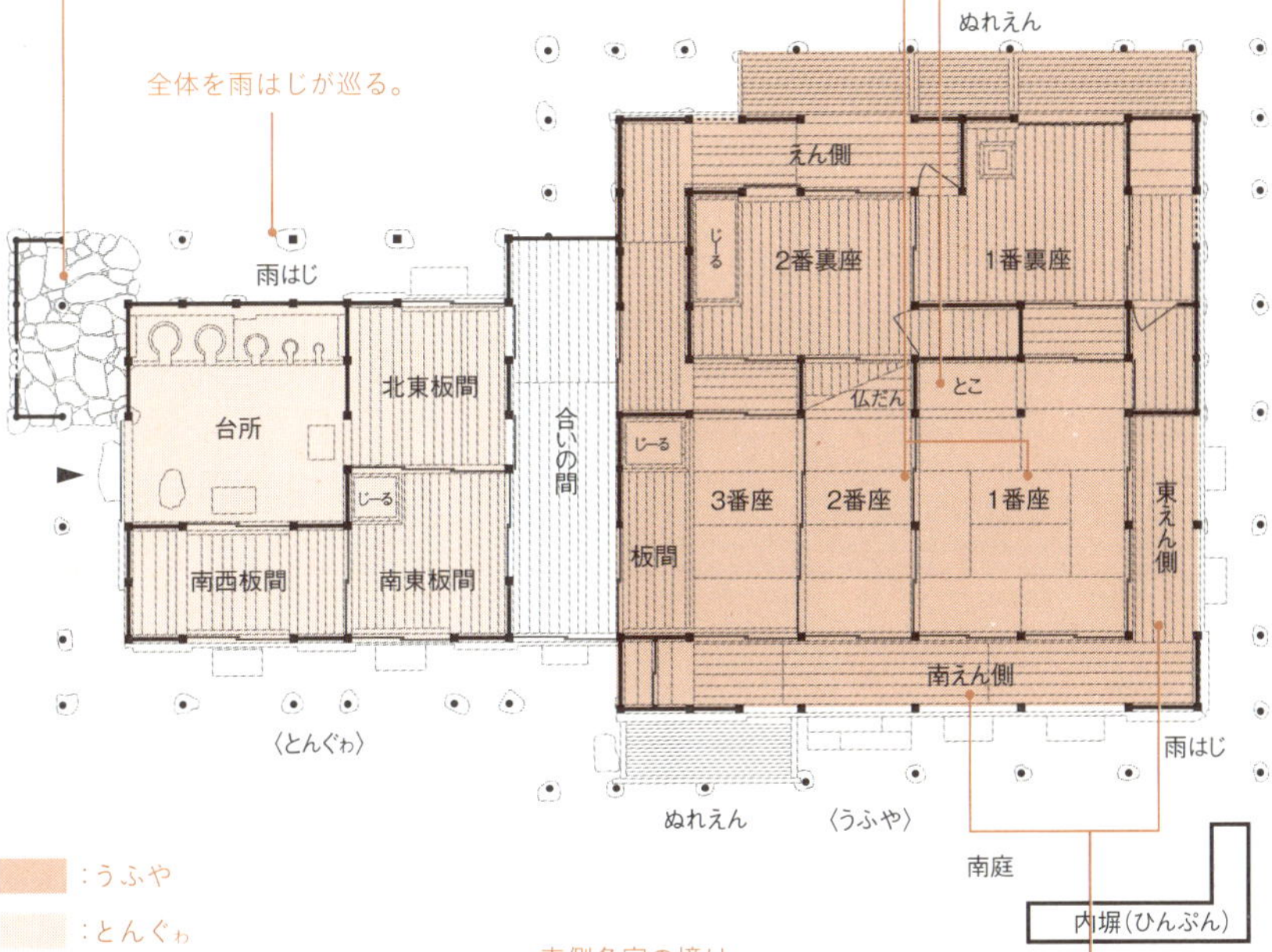

:うふや
:とんぐゎ

0 1 2 3 4 5m

表側各室の境は板戸、縁側との境には**腰障子**が用いられ、周囲は雨戸を巡らせている。

＜うふや＞への出入りは「南えん側」を使用するが、「1番座」の東に**手水石**（ちょうずいし）があるので、より改まった接客の場合は、「東えん側」を使用したと考えられている。

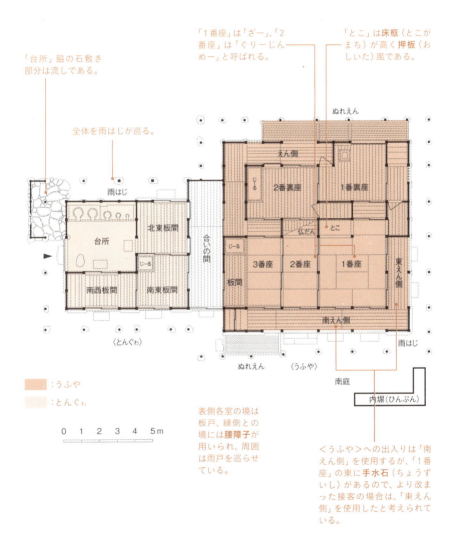

日本の近代化に影響を与えた英国商人の家

長崎

旧《きゅう》グラバー住宅《じゅうたく》

現存する日本最古の木造洋風住宅である。この住宅の主、トーマス・グラバー（1838〜1911）は、幕末から明治にかけて活躍した英国商人で、西洋からは武器や船、日本からは茶や絹などを買い付けて貿易業を営んだ。

現在の旧グラバー住宅は、当初（1863）の姿とはずいぶん異なる。当初は「客用寝室」から「応接室」にかけてのL字部分と、「夫人室」の棟のみであった。しかし、まもなく2つの連続する「食堂」がおおよそ現在の「大食堂」の位置に加わり、1877年頃にはこれが「大食堂」にまとめられる。その際、現在の「食堂」部分は通路だったが、これが1887年頃に「食堂」となり、「広間」や「温室」が増築され現在の姿となった。

この住宅は、以上のような変遷を経たわけだが、「ベランダ」が巡る**コロニアル様式**の特徴は当初のままである。もちろん**和小屋**《わごや》や**竹小舞**《たけこまい》を用いた壁、日本瓦の使用など、日本的な要素も多く見られるが、ペンキ塗の壁や**鎧戸**《よろいど》、アーチ形の**スパンドレル**など洋館らしい佇まいに当時の人々は驚いたことだろう。中でも土間と床上の区別がない点は日本の住宅とは大きく異なり、「ベランダ」に面したほとんどの開口部から靴のまま出入りできる。当初は「広間」もなく、訪れた日本人は戸惑ったことだろう。

このように旧グラバー住宅は、従来の構法や材料を用いつつ、洋館、さらに植民地的な要素が交わった洋風住宅であるが、隣接する旧オルト住宅、旧リンガー住宅をはじめ、泉布観《せんぷかん》（大阪）など、よく似た手法をもった事例が各地へ展開しており、その影響の大きさがうかがわれる。

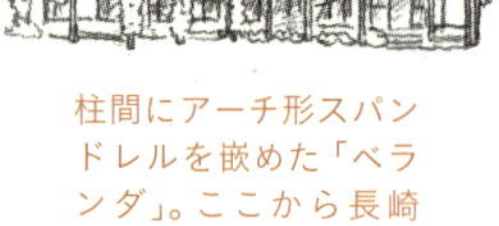

柱間にアーチ形スパンドレルを嵌めた「ベランダ」。ここから長崎港が一望できる。

data **国指定重要文化財**

建築年：1863年・建築面積：510.8㎡

住所：長崎県長崎市南山手町8-1（グラバー園）

アクセス：路面電車大浦天主堂下駅もしくは石橋駅より徒歩で8分

公開：8:00〜18:00、夏季夜間ライトアップ（8:00〜21:30）あり

現存する日本最古の木造洋風住宅

横の長さ:32.3m
縦の長さ:33.7m
最高高さ:6.2m

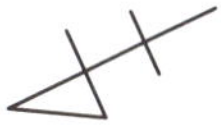

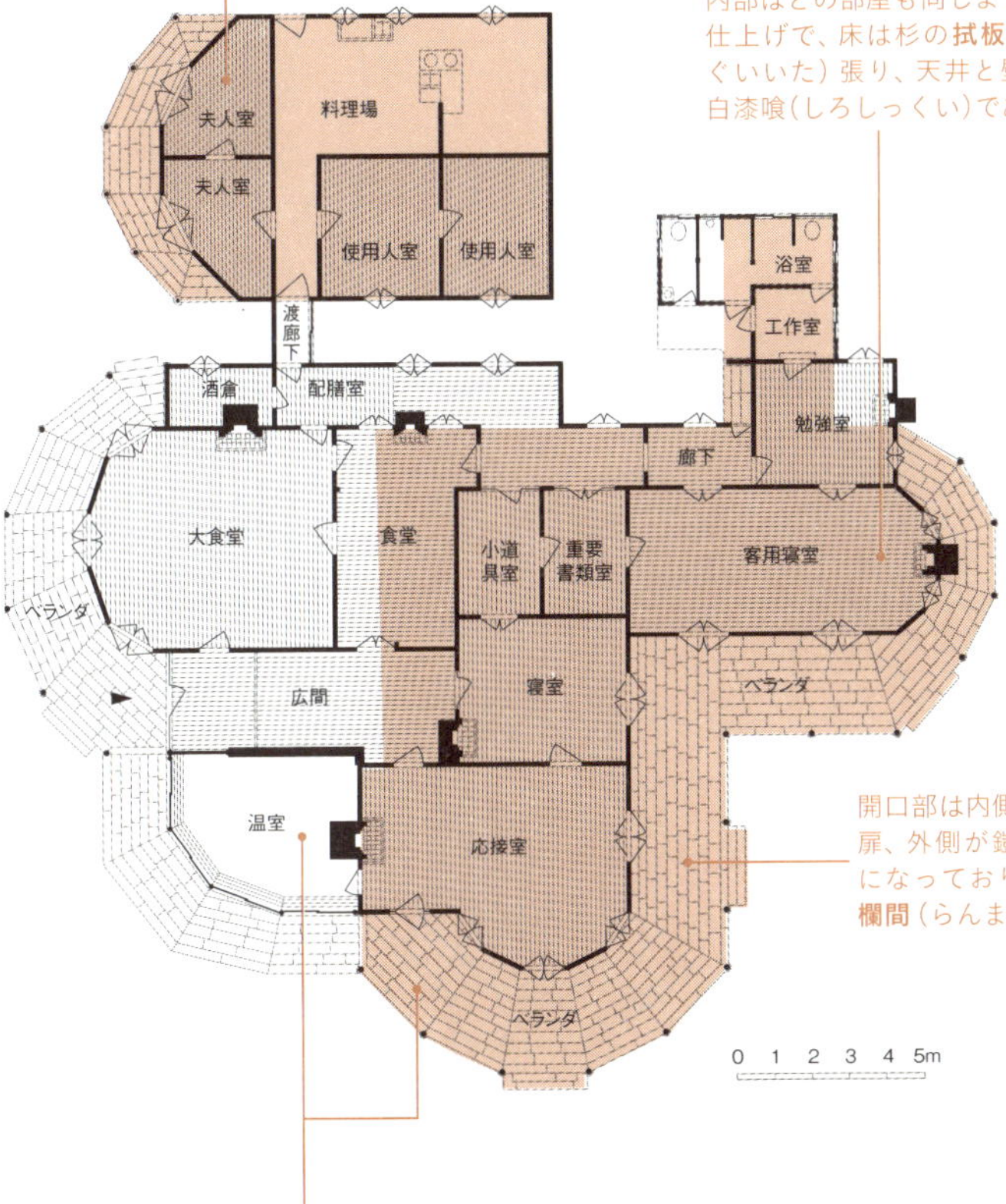

夫人室を使用したのは日本人女性。グラバーは親日家であったとされ、日本人と結婚している。

内部はどの部屋も同じような仕上げで、床は杉の**拭板**(ぬぐいいた)張り、天井と壁は白漆喰(しろしっくい)である。

開口部は内側がガラス扉、外側が鎧戸と2重になっており、扇形の**欄間**(らんま)をもつ。

一般に「ベランダ」は温暖な地域、「温室」は寒冷な地域に適している。両方あることは日本における洋風住宅の展開を考える上で興味深い。

:建設当初のおおよその範囲

Column

民家分布と略図

地方色豊かな展開を見せる江戸期の住宅。ここでは屋根の形と間取り図を示し、農家を中心にその分布を確認してみよう。

江戸期の住宅は、全国各地で異なる気候風土や生産体制を反映し、地方色豊かな展開を見せる。また、時代と共に、建築技術が発達し、生活様式も変化していく。第1章では、江戸期の住宅を全国から取り上げ、その多様な現れ方を紹介した。前頁の図は、1章のまとめとして、主に農家の平面・屋根伏図《ふせず》を地図に配置している。ただし、旧三戸部《みとべ》家住宅は明治期の事例である。

北から順に見てみよう。北海道には江戸期の住宅事例がほとんどなく、①旧三戸部家も明治期の建設である。②旧笠石《かさいし》家は直屋《すごや》の事例として紹介したが、直屋は長方形の屋根を架けたもので、全国に分布する。また、『建築大辞典』(彰国社)では、東北地方における曲家《まがりや》と中門造《ちゅうもんづくり》に対する用語として説明されている。曲家は、③旧工藤《くどう》家のように「うまや(まや)」と土間を主屋《おもや》から突出させ、L字の輪郭をもつもので、栃木の一部や茨城にも分布する。19世紀中頃から明治期にかけての事例が多く、直屋の発展した姿の1つと考えられている。一方中門造は、④旧奈良《なら》家のように主屋に対して「中門」と呼ばれる突出部を設けたもので、それが厩《うまや》なら厩中門、部屋ならへや中門などという。旧奈良家の場合は、それが両方なので両中門である。中門造は、主に秋田、山形、福島の西部、新潟に分布する。曲家は出入口がL字の入隅《いりすみ》部分、中門造は突出部正面に付く点で区別する。

⑤旧渋谷《しぶや》家、⑥富沢《とみざわ》家、⑦旧江向《えむかい》家は、養《よう》蚕《さん》に関係した事例である。旧渋谷家は、妻側を切り上げ、平側にも窓を設けた高八方《たかはっぽう》と呼ばれる複雑な屋根形状をもつ。富沢家は寄棟《よせむね》屋根《やね》の平側一方だけを切り上げ、旧江向家は急勾配の切妻屋根《きりづまやね》を架けた合掌造《がっしょうづくり》の事例である。いずれも養蚕に供する上階に、光や風を取り入れる工夫として現れたものである。

⑧旧作田《さくた》家は、土間の「にわ」部分と居室部分を別棟とする分棟型の事例である。一見すると、雨水の処理に難点があるように思えるが、使い方や仕様の違いからくる土間と居室の耐用年数の違いを反映した合理的な一面ももつ。分棟型の事例は、主に宮城の一部、茨城、千葉、愛知の一部、九州南部、沖縄で見られる。⑨旧黒木《くろき》家や⑩二階堂家、⑪上江《うえ》洲《ず》家もそれに該当する。一般に分棟型の事例は、時代が下ると共に減少し、非分棟型が優勢となる。では、両者の境界線上にはどのような事例が登場するのか、気になる所であろう。そこで、九州の事例として紹介したのが、コの字の屋根の⑫旧境《さかい》家、ロの字の屋根の⑬山口《やまぐち》家である。分棟型と非分棟型、双方の影響がうかがわれる事例だが、他に梁間《はりま》に関する規制(三間梁規制《さんげんはりきせい》)を受けてなお拡張を試みたもの、との説明もされる。分棟型は、幅広い分布をもつため、各地方で異なる傾向を示す。例えば、南では2棟が離れて建つ傾向があり、北では屋根が分棟になっているだけで、平面的には非分棟型と大きく変わらない、などの傾向がある。

この本では、以上の他、本棟造《ほんむねづくり》の⑭馬場《ばば》家、四方蓋造《しほうぶたづくり》の⑮田中《たなか》家、高塀造《たかべいづくり》の⑯吉村《よしむら》家などを紹介した。各地方で「○○造」と呼ばれるものは、まだまだたくさんあるわけだが、この僅かな事例からでも、江戸期の住宅がもつ地方色の豊かさが見て取れよう。

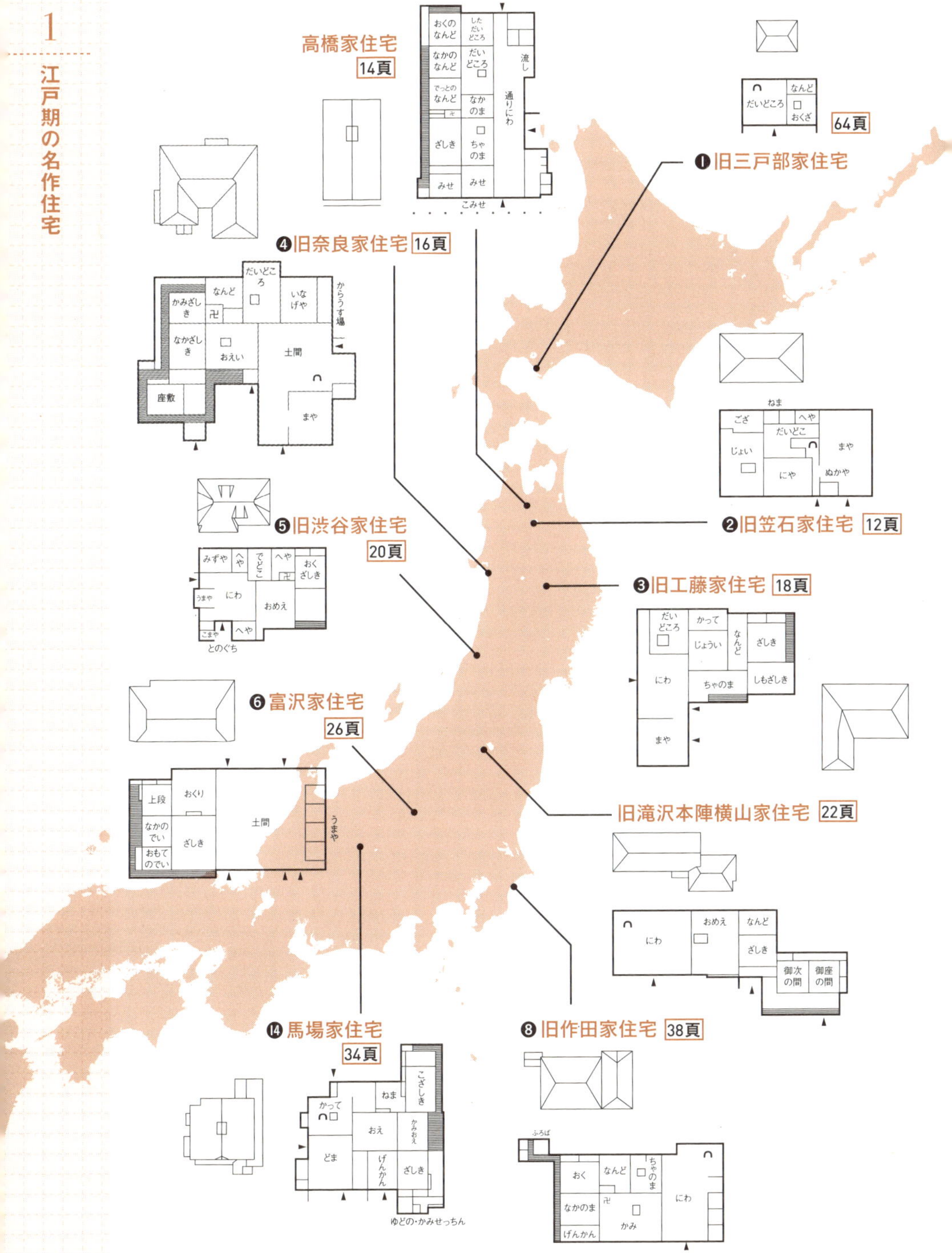
高橋家住宅
14頁
おくのなんど
したいだいどころ
なかのなんど
だいどころ
でっとのなんど
なかのま
ざしき
ちゃのま
みせ
みせ
流し
通りにわ
こみせ
64頁
だいどころ
なんど
おくざ
❶旧三戸部家住宅
❹旧奈良家住宅
16頁
だいどころ
なんど
いなげや
からうす場
かみざしき
なかざしき
おえい
土間
座敷
まや
ねま
ござ
へや
だいどこ
じょい
まや
にや
ぬかや
❷旧笠石家住宅
12頁
❺旧渋谷家住宅
20頁
みずや
へや
でどこ
へや
おくざしき
うまや
にわ
おめえ
こまや
へや
とのぐち
❸旧工藤家住宅
18頁
だいどころ
かって
じょうい
なんど
ざしき
にわ
ちゃのま
しもざしき
まや
❻富沢家住宅
26頁
上段
おくり
なかのでい
ざしき
土間
おもてのでい
うまや
旧滝沢本陣横山家住宅
22頁
にわ
おめえ
なんど
ざしき
御次の間
御座の間
⓮馬場家住宅
34頁
こざしき
ねま
かって
おえ
かみおえ
どま
げんかん
ざしき
ゆどの・かみせっちん
❽旧作田家住宅
38頁
ふろば
おく
なんど
ちゃのま
なかのま
にわ
げんかん
かみ

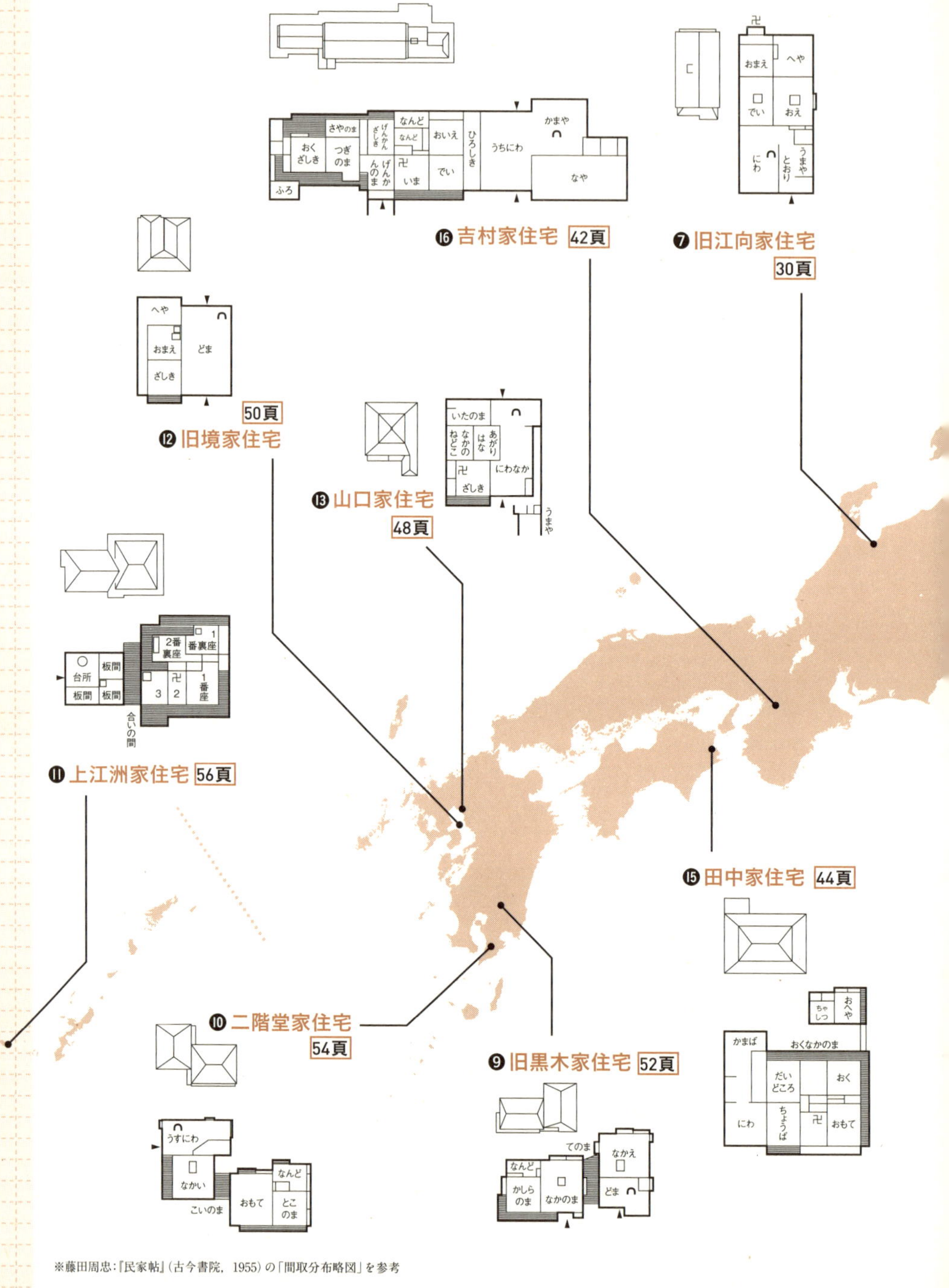

※藤田周忠：『民家帖』（古今書院，1955）の「間取分布略図」を参考

2

明治期の名作住宅

新たに建設の進む洋館と、変わりゆく伝統的な住宅。
そして、多様な展開を見せる和と洋の融合。
明治期の住宅は大変革をとげてゆく。

kyu-mitobe-ke-jutaku

kyu-nakamura-ke-jutaku

kyu-aoyama-ke-jutaku

higashi-yamate-yofu-jutaku-A

yoshijima-ke-jutaku

kyu-shinohara-ke-jutaku

kyu-tohmatsu-ke-jutaku

matsushiro-ke-jutaku

kyu-uchida-ke-jutaku

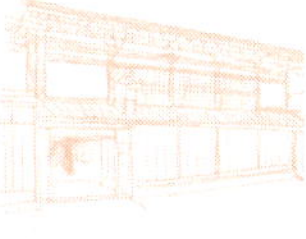

kyu-mori-ke-jutaku

kyu-nakano-ke-jutaku

kyu-hunter-jutaku

kyu-hayashi-ke-jutaku

kyu-hassam-jutaku

kyu-matsumoto-ke-jutaku

kyu-ringer-jutaku

mori-ougai/natsume-souseki-jutaku

kami-haga-tei

mekaru-ke-jutaku

北海道開拓民が暮らした家

北海道

旧《きゅう》三戸部《みとべ》家《け》住宅《じゅうたく》

戊《ぼ》辰《しん》戦争の結果、多くの領地を失った仙台藩亘理伊達《わたりだて》家は、朝敵の汚名返上と多くの家臣を養うために、北海道開拓を決意した。移住は明治3（1870）年から明治14年にわたって9回行なわれ、延べ2700余人が移住した。三戸部家がこの地へ移住したのは明治6年のことである。この住宅の建設は、聞き取り調査や、**洋釘**の使用（北海道では明治17年頃から洋釘使用が始まる）を踏まえ、明治10年代後半と考えられている。

旧三戸部家住宅は、土間も含めて畳30枚程の広さで（畳を1.8m×0.9mで計算）、間取りは土間の「だいどころ」と、「なんど」「おくざ」の2室からなる。「だいどころ」は、正面に1間の出入口を設けて**大戸**《おおど》が入る。この「だいどころ」は炊事や作業の場である。手前の「おくざ」は、囲炉裏が切ってあり、接客と生活を兼ねた室である。土間側に3枚の板戸を引き違いでおさめ、全部開くと1間幅で「だいどころ」と繋がる。正面側は2枚の板戸を入れており、客の出入りはここから行われた可能性もある。「おくざ」の背面は「なんど」で、寝室や収納の他、出産時の産室としても使用されたようである。「おくざ」と1間幅で繋がる他は、一切開口部がない。建物正面は**真壁**《しんかべ》で、2つの開口部を設けるものの、残りの3面を全て開口部のない**大壁**《おおかべ》とした、閉鎖的な住宅である。

旧三戸部家住宅は、道内最古級の開拓農家で、同じく亘理から移住した大工が下級武士の住宅にならって建設したものと伝えられる。北海道各地の**屯田兵**《とんでんへい》屋《おく》と間取りが似ていることもあって重要視されている建物である。

「おくざ」や「なんど」は地面からの床高が低く、「おくざ」と「だいどころ」の開口部は正面からみても同じような高さに見える。

data **国指定重要文化財**

建築年：明治10年代後半・延床面積：58.2㎡
住所：北海道伊達市梅本町61-2（伊達市開拓記念館）
アクセス：JR伊達紋別駅より徒歩で20分
公開：外観のみ、内部非公開

道内最古級の開拓農家

横の長さ:9.3m
縦の長さ:6.5m
最高高さ:5.9m

外側は大壁だが内側は真壁で柱が見える。

「だいどころ」の奥にあるのは流しで、壁の背面に排水する。

「おくざ」東面の「なんど」側に神棚を設けている。

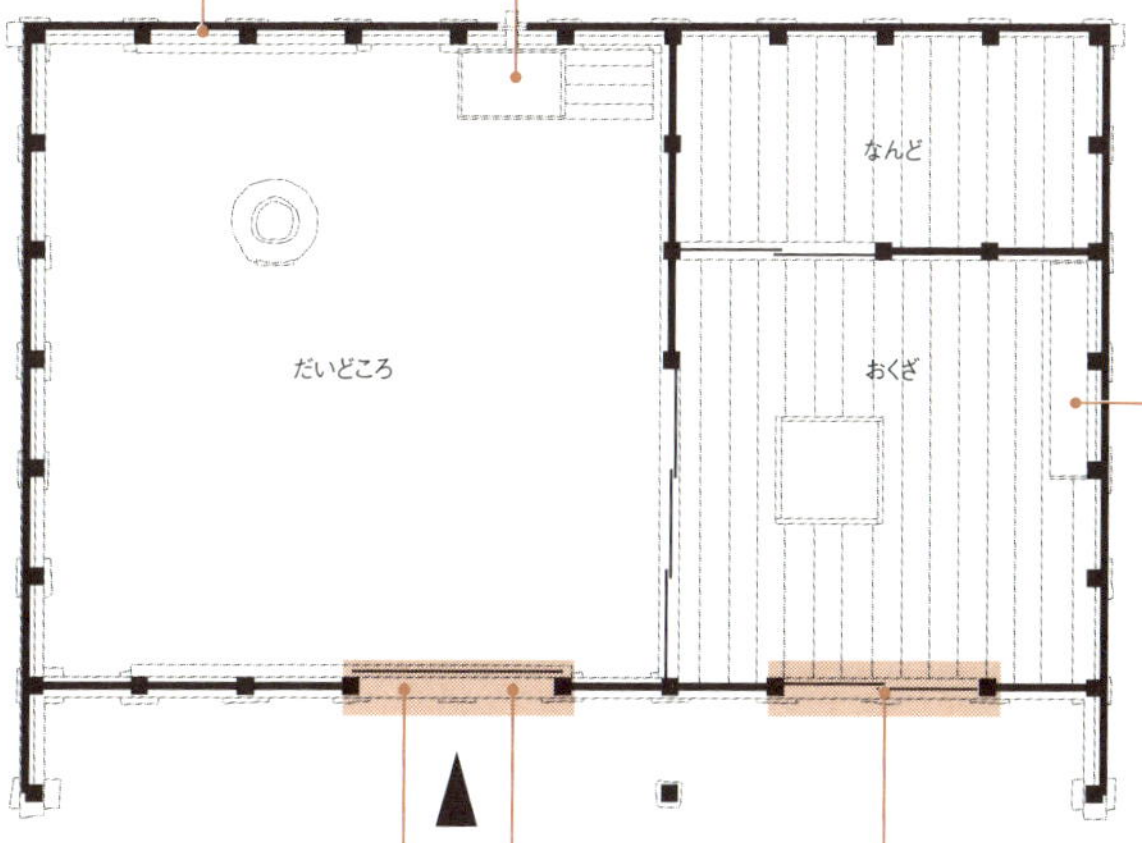

「だいどころ」正面の建具は1枚の大戸。大戸は、もともと幅半間よりも広い戸のことであるが、特に民家の表に用いられるものをいう。

建物正面は真壁で、2カ所に開口部があるが、他3面は開口のない大壁。

伊達市蔵

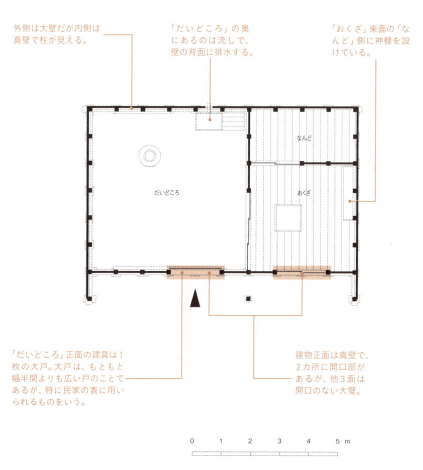

海産物を扱う近江《おうみ》商人の家

北海道

旧中村家住宅《きゅうなかむらけじゅうたく》

旧中村家住宅は、渡島《おしま》半島の日本海側に位置する町、江差《えさし》にある。18世紀の江差は、函館と並ぶ港町であったと言われる。この住宅はもともと、海産物の仲買や鰊漁《にしんりょう》を行なっていた近江商人・大橋宇兵衛《おおはしうへい》が、明治21（1888）年頃に建設したものである（「下の蔵」は江戸末期）。しかし、明治30年代に鰊《にしん》漁が下火になると、大橋家は江差から引き上げ、当時番頭をしていた中村米吉《なかむらよねきち》にこれを譲ったのだという。

では、間取りを見てみよう。まず、平面の輪郭から分かるように、この住宅は「土蔵造《どぞうづくり》」である。正面いっぱいに「みせにわ」を設け、間仕切りのある「通りにわ」を通している。「みせにわ」の奥に16畳の「みせ」があり、「通りにわ」の手前部分までが1つのまとまりをつくる。「ちゃのま」と「だいどころ」は、どちらも囲炉裏が切られているが、囲炉裏の大きな「だいどころ」が家族生活の中心となった室だろう。**上手《かみて》**の「ぶつま」には、仏壇と**床の間**、さらに書院もつく。2階は、手前に8畳の「ざしき」を2室、奥に「女中室」がある。仕事に関係する接客は、「通りにわ」手前の階段を使って、2階の「ざしき」を利用したのだろう。上手くまとまった間取りである。

ところで、敷地の高さは手前と比べ「文庫蔵」部分で2m以上、「はねだし」部分で3m以上低くなっている。現在は、海岸線が沖の方向へ移動しているが、当初「はねだし」から先は海であった。かつて江差の海沿いには、「はねだし」が並ぶ風景がみられたが、旧中村家住宅の屋敷構えは、それを今に伝える貴重な遺構である。

2階正面側に独立柱が並ぶ。2階は1階から正面側へはね出しになっている。

data 国指定重要文化財

建築年：1888年頃
住所：北海道檜山郡江差町字中歌町22番地
アクセス：JR函館本線函館駅よりバスで2時間
公開：9:00～17:00・休館日：4月1日～10月末までは無休、11月1日～12月30日は月曜日・祝日の翌日、12月31日～3月31日は全休

土蔵造と海沿いの風景をつくる「はねだし」

横の長さ：11.9m
縦の長さ：36.7m
最高高さ：8.7m

「のざや」脇の階段から「はねだし」へ下りる。船から「はねだし」へ荷を下ろす。

北陸や東北地方において、土蔵の外側に構造体を造り、藁を架けたり板を張ったものを「鞘（さや）」という。雪国らしい設（しつら）えである。

「通りにわ」の棚上部には明かり取りの窓があり、「ちゃのま」との境も、**内法**（うちのり）上は大きなガラス戸で、光を中へ導いている。

旧中村家は本2階のつくりで、高さが確保できるので、屋根裏を見せず、**棹縁天井**（さおぶちてんじょう）が張られている。

山形

庄内砂丘の鰊《にしん》御殿

旧《きゅう》青《あお》山《やま》家《け》住《じゅう》宅《たく》

旧青山家住宅は、北海道に渡り鰊漁で成功を収めた青山留吉《あおやまとめきち》が、明治23（1890）年に、故郷の青塚《あおつか》に建設した本邸である。青塚は、酒田の北側、日本海に面した庄内砂丘にある漁村集落の1つである。幕末以降、東北各地の漁村からは、北海道へ多くの出稼ぎ者を出した。その内、早い時期に出稼ぎに出た者の中からは、鰊漁で成功を収め、一代で莫大《ばくだい》な富を築く者が現れる。青山留吉はその一人であり、酒田の本間家に次ぐほどの富豪だったとも言われる。本間家といえば、「本間様には及びもせぬが、せめてなりたやお殿様」の歌が有名である。

〈主屋〉の間取りは、「茶の間」から「上

土間部分の小ささに注目

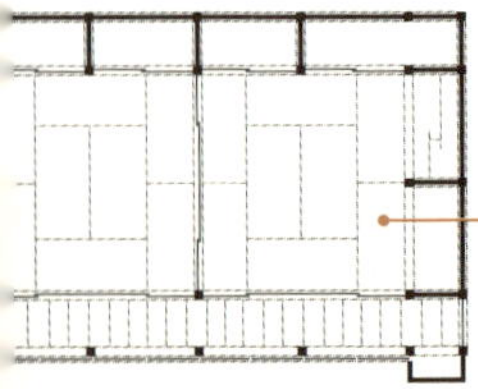

〈離れ〉

「離れ」部分は、明治29年の増築である。

横の長さ：32.6m
縦の長さ：23.3m
最高高さ：7.6m

明治末期に増築した出入口のある「台所」突出部が、どこか「中門造」を連想させる。

data **国指定重要文化財**

建築年：1890年（柱建）・延床面積：327.2㎡
住所：山形県飽海郡遊佐町大字比子字青塚155番地（旧青山本邸）
アクセス：JR遊佐駅より車で15分
公開：9:30〜16:30・休館日：月曜日、年末年始

座敷」までの6室を中心に考えると分かりやすい。6室の手前をみると、「茶の間」には出入口、「中の間」には「帳場」、「下座敷」には出入口および「玄関室」が設けられている。**下手**《しもて》にある「台所」の突出部分は、明治41年に増築されたもので、正面に出入口を設けているから、どこか旧奈良家住宅（→16頁）で確認した「中門造《ちゅうもんづくり》」にも似ている。この部分までは、庄内地方の上層民家に類例が存在するが、内部は、「台所」「勝手」、奥の2室と、ほとんどが床上になっており、土間が非常に小さい。このことが、庄内地方に残る上層民家の類例と比較して大きく異なる点であり、先進的にもみえる点である。なお〈離れ〉は明治29年の増築である。

小樽《おたる》の祝津《しゅくつ》には「旧青山家別邸」も残されている。青山家が残した遺構は、庄内地方の民家の伝統のみならず、遠く離れた北海道の鰊漁の繁栄をも伝えている。

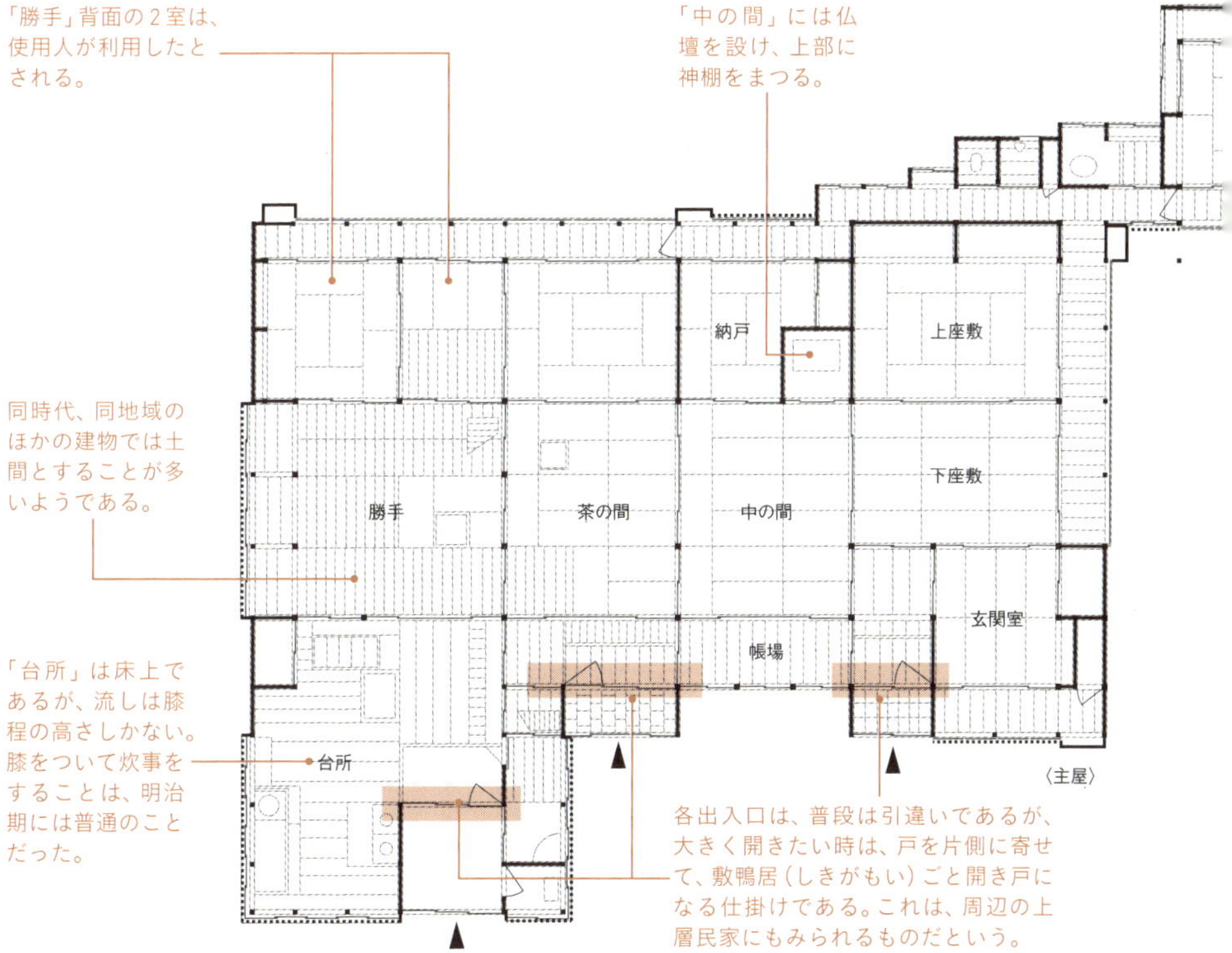
「勝手」背面の2室は、使用人が利用したとされる。
「中の間」には仏壇を設け、上部に神棚をまつる。
納戸
上座敷
同時代、同地域のほかの建物では土間とすることが多いようである。
下座敷
勝手
茶の間
中の間
玄関室
帳場
「台所」は床上であるが、流しは膝程の高さしかない。膝をついて炊事をすることは、明治期には普通のことだった。
台所
〈主屋〉
各出入口は、普段は引違いであるが、大きく開きたい時は、戸を片側に寄せて、敷鴨居（しきがもい）ごと開き戸になる仕掛けである。これは、周辺の上層民家にもみられるものだという。

北前船《きたまえぶね》の廻船問屋《かいせんどんや》

富山

旧森家住宅《きゅうもりけじゅうたく》

旧森家住宅は、富山市・東岩瀬にある**北前船**廻船**問屋**の旧宅である。東岩瀬は、富山市を東西に分ける神通川《じんづうがわ》の河口に位置する。神通川の河口は、江戸初期の大洪水でこの地に移動してきたもので、東岩瀬はそれ以降、河口港《かこうこう》として発展し、江戸後期には、北海道との交易を中心に廻船問屋が成長した。森家は、元禄《げんろく》の頃からこの地に住み、江戸後期から廻船問屋を営む家柄である。主屋《おもや》背面の土蔵2棟の先には、かつては米蔵などが続き、裏門を抜けると船着場があった。

この住宅の外観は、左手に土間への**大戸**《おおど》を開き、居室に割竹《さきたけ》を編んだ目の細かい出格子《でごうし》窓を構える。庇《ひさし》は起りのある**柿葺**《こけらぶき》で、**厨子**《つし》**2階**は**軒**が高くて出も深い。明治初期としては進んだ構えである。

間取りは、手前に「ミセノマ」と「チャシツ」をとり、土間沿いに「オイ」「チャノマ」「ダイドコロ」を並べる。土間は3分割され、特に「オイ」と、それに接する土間部分には一体感がある。「チャノマ」と「ダイドコロ」は家族生活の中心であっただろう。一方、**上手**《かみて》には整然と6室を配し、中央3室は全て「ヒカエノマ」である。「ザシキ」**下手**《しもて》の「ヒカエノマ」のみ**床の間**が設《しつら》えてあり、独立した接客室にも使用できる。中庭側には「サヤノマ」があり、雪国らしく**土縁**《どえん》を設けている。2階は手前側が「番頭部屋」で男性が使用し、奥は「女中部屋」として使用したようである。

旧森家住宅は、整然とした間取りに対して、町家らしいダイナミックな**梁組**や、書院風、数寄屋《すきや》風の意匠を見せ、東岩瀬の最盛期の繁栄を伝える見所の多い事例である。

正面の竹簀（たけす）を用いた出格子は「すむしこ」と呼ばれるが、これは簀虫籠格子（すむしこごうし）の略である。この地方特有の設えで、より繊細な表情を見せる。

data **国指定重要文化財**

建築年：1878年頃・延床面積：352.5㎡
住所：富山県富山市東岩瀬町108
アクセス：富山ライトレール富山港線東岩瀬駅より徒歩で12分
公開：9:00～17:00（入館は16:30まで）・休館日：年末年始

人の動きを想像させる間取り

横の長さ：14.5m
縦の長さ：34.5m
軒高さ：4.7m

土蔵には左官彫刻が施されており、中庭の背景としての気配りがある。

2階は男女で使用する室が分かれている。

土縁は雪国で多くみられる設えである。

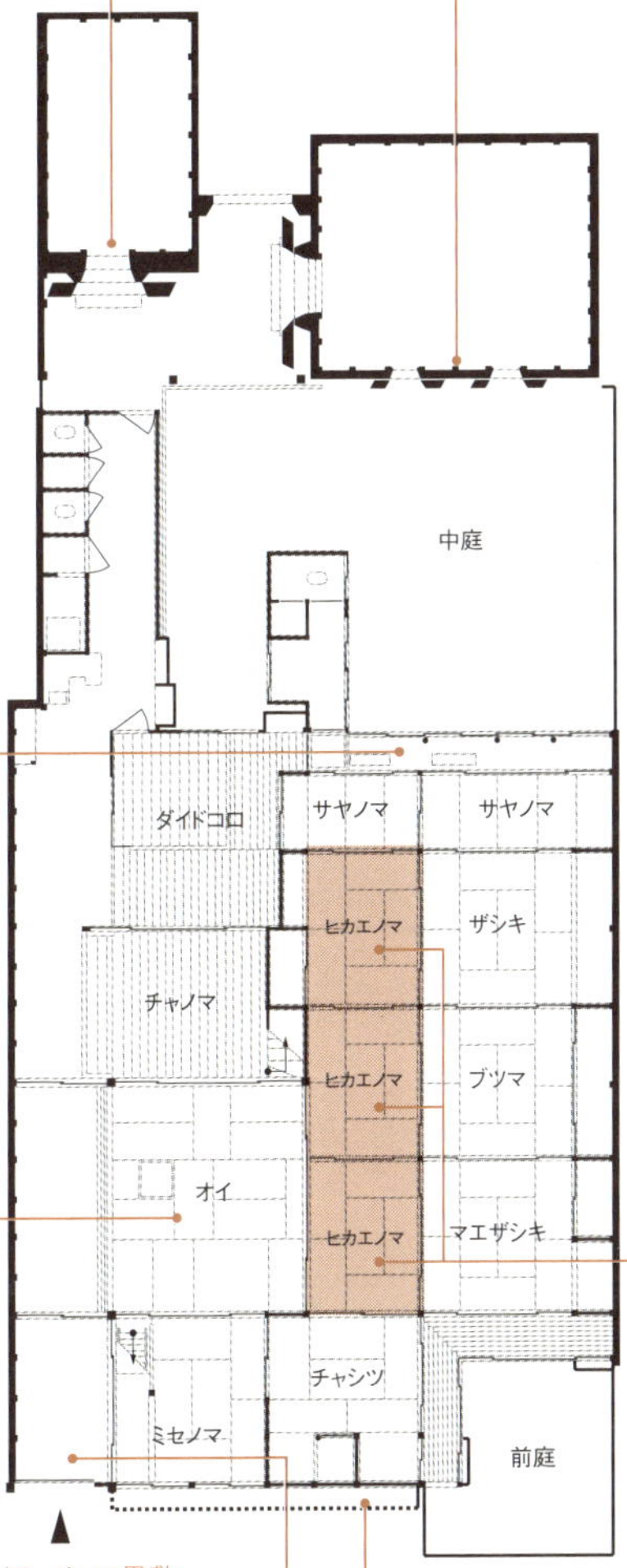

1階

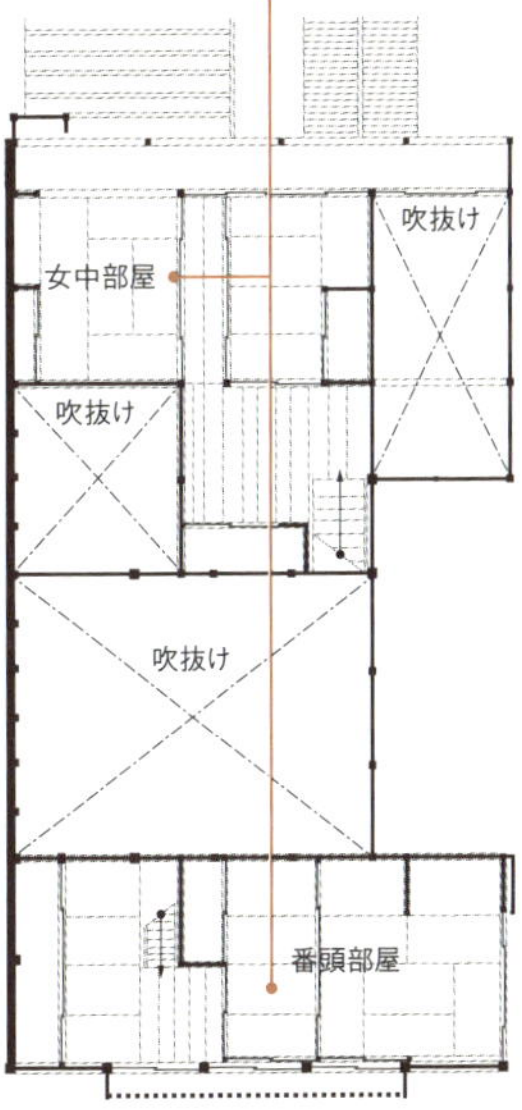

2階

3室連続する「ヒカエノマ」は、各室への移動にも利用されただろう。そう考えると、この並びには中廊下としての発展的な性格も生じているようにみえる。

0 1 2 3 4 5m

出格子

「オイ」は、炉を切った15畳敷の室で、商取引の場であったという。「オイ」は、「おえ」や「おうえ」から出た用語である。ただし、能登半島鹿島（かしま）郡の民家では、居間兼用の台所を指す。

土間を用途に応じて分割することは、間取りの新しさを感じさせる。

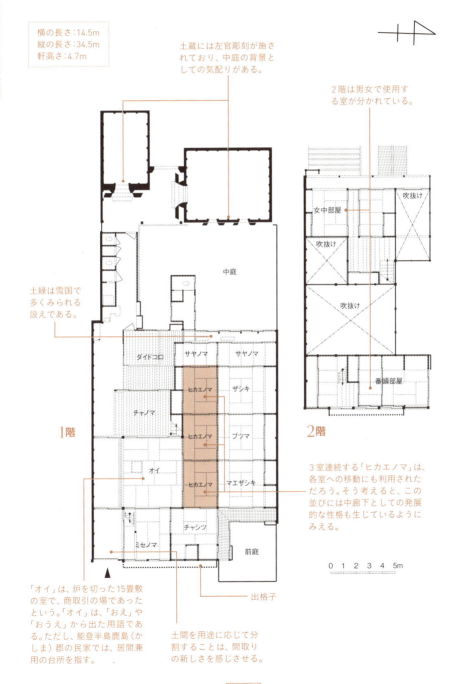

栃木

旧奥州街道《おうしゅうかいどう》沿いに建つ商家

旧《きゅう》篠原《しのはら》家《け》住宅《じゅうたく》

旧篠原家住宅は、宇都宮駅の北、旧奥州街道沿いの角地に立地している。旧奥州街道は、江戸五街道の1つで、日本橋を起点に白河宿《しらかわしゅく》（現・福島県）へ向かう街道である。篠原家は、醤油醸造業《じょうぞうぎょう》を中心に、質屋、肥料商などを営んだ家柄で、創業は文政《ぶんせい》8（1824）年とされる。主《おも》屋《や》は、明治28（1895）年の建設で、5代・友《とも》右衛門《えもん》（1869〜1920）の頃である。現在敷地には、主屋の他3棟の石蔵が残されているが、かつては醤油醸造蔵群、浴室、台所、使用人部屋などの別棟があった。

主屋は、「**土蔵造**《どぞうづくり》」で建設された店舗兼住宅で、いわゆる**店蔵**《みせぐら》である。屋根は**切妻平入**《きりづまひらいり》で**軒蛇腹**《のきじゃばら》を付け重厚感がある。外壁は黒漆喰《くろしっくい》で、観音扉を用いるなど、関東に現存する店蔵との共通点も多い。ただし、1階の側面腰壁や塀にこの地方で採れる大谷石《おおやいし》を用いている点は地方色を示している。

間取りを見てみよう。1階で店舗に使用したのは「ちょうば」と「どま」の手前側で、大黒柱と小黒柱が正面に見える。住居に使用したのは、「ちゃのま」「ぶつま」と2つの「六畳」で、表通り側にも居室がある珍しい配置である。2階は、表通り側に3つの私的な居室、庭のある奥側に「ざしき」「きゃくま」を設ける。2階からダイナミックに中庭を鑑賞できる座敷配置はこの住宅の大きな特徴である。

宇都宮には、明治期の店蔵が多く残されていたが、空襲によってほとんどが失われた。旧篠原家住宅は、江戸後期から明治期にかけての宇都宮における有力商家の姿を伝える貴重な遺構である。

正面は、両側半間が戸袋（とぶくろ）で、残りは格子と出入口、内側に上下式の揚戸（あげど）が入る。

data **国指定重要文化財**

建築年：1895年・延床面積172.2㎡
住所：栃木県宇都宮市今泉1-4-33
アクセス：JR宇都宮駅より徒歩で3分
公開：9:00〜17:00・休館日：月曜日、祝日の翌日、年末年始

2階「ざしき」からのダイナミックな眺め

幅：14.6m
奥行き：11.8m
高さ：11.8m

2階

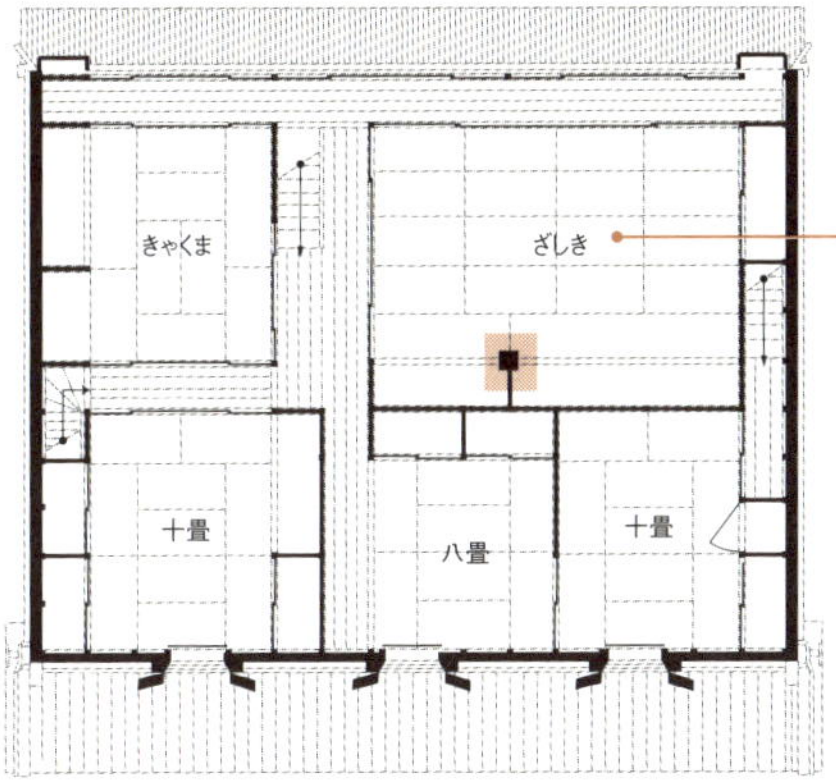

庭をながめるために家の奥に設けられた座敷。

石蔵の背後にもう1棟石蔵がある。石蔵は、風向きを考えて配置されている。主屋背後は庭とし、防火を意識した配置計画になっている。

1階

「だいどころ」は、正月などの行事で使用する室である。普段の食事は別の台所棟でまかなわれ、家族は「ちゃのま」で食事をした。

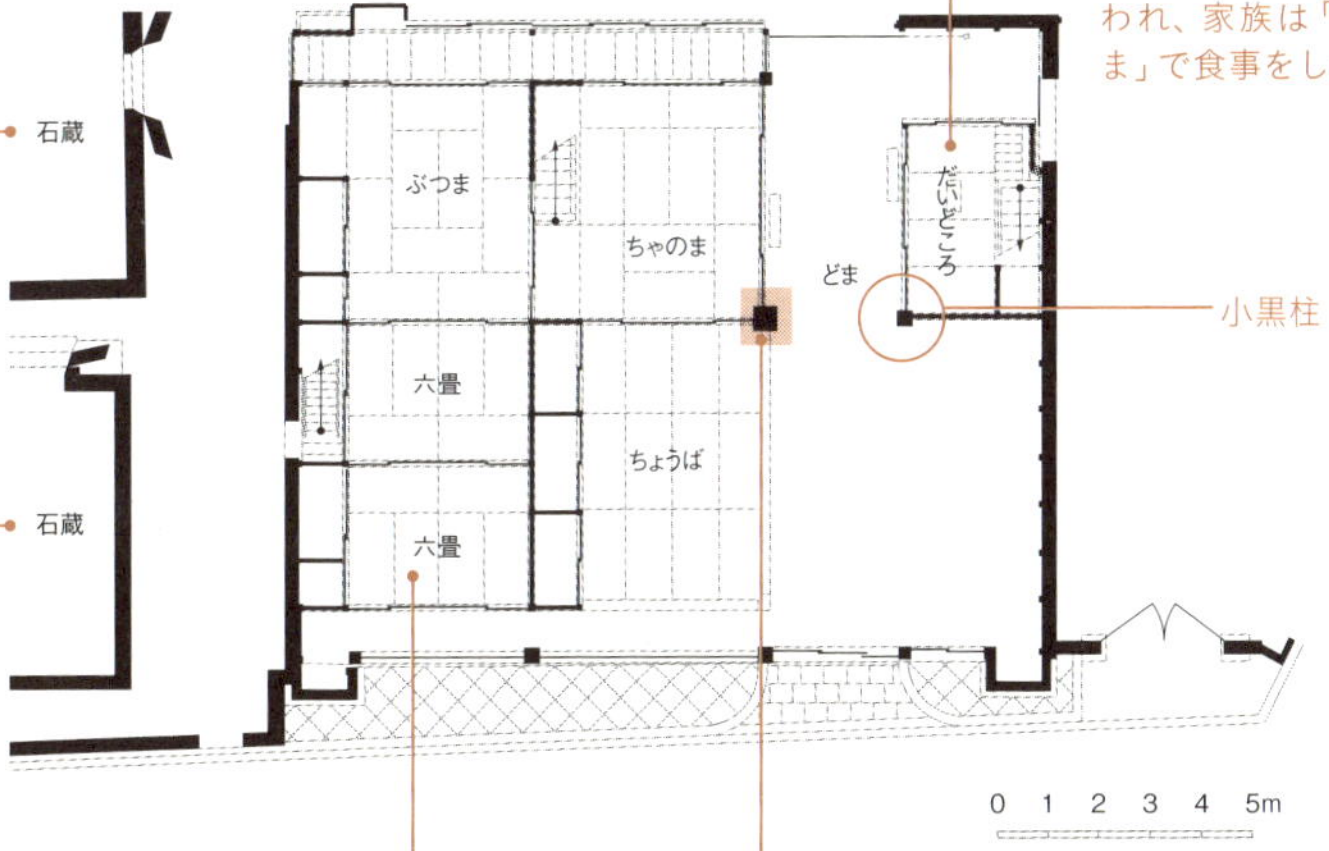

小黒柱

6代・友右衛門の頃は、1階「六畳」で女中が寝起きしていたという。

大黒柱は1辺が45cmもある。これは棟木に達しており、2階では「ざしき」の床柱になっている。

『吾輩は猫である』が書かれた家

愛知（東京）

森鷗外《もりおうがい》・夏目漱石住宅《なつめそうせきじゅうたく》

森鷗外・夏目漱石住宅は、明治20（1887）年頃、東京・千駄木《せんだぎ》に建設された約39坪の住宅で、現在は博物館明治村に移築されている。明治23年から約1年は森鷗外、明治36年から39年まで夏目漱石が借りて住んだことで知られている。漱石がここで『吾輩は猫である』を執筆したこと、本の中でこの住宅を描写していることから、「猫の家」と呼ばれ親しまれている。

では間取りを見てみよう。「玄関」に入ると、そこから「中の間」「座敷」「寝室」の3室と「上便所」が一直線に並んでいる。「玄関」の手前には住宅から突き出す形で「書斎」、奥には「炊事場」と「風呂場」を設けている。家族生活の場である「茶の間」は「座敷」の奥にある。玄関から次の間（ここでは中の間）を通って座敷に入る配置の順序や、家族生活の場が北側にあること、便所（上便所）を縁側の先に設けたことなどは、江戸時代の武家住宅の特徴を示している。そうした中、この住宅で最も注目されるのは「中廊下」があることである。もちろん、「玄関」と「中廊下」が分離していたり、縁側の面積が大きいことなど、「中廊下型」としては未発達な段階を示すが、「炊事場」から「茶の間」に直接食事を運べるなど、各室の連絡がスムーズになっている（103頁『コラム・中廊下型住宅』参照）。

この住宅は、森鷗外や夏目漱石という2人の文豪が暮らした住宅としてはもちろん、江戸時代の武家住宅が、明治期に入って中流住宅へと引き継がれ、やがて「中廊下型」が成立していく過程を伝える重要な事例である。

「八畳」が突き出す外観。「八畳」部分を洋風に変えれば「ミニ和洋館並列型」になる。

data **国登録有形文化財**

建築年：1887年頃
住所：愛知県犬山市大字内山1（博物館明治村）・旧所在地：東京都文京区千駄木町
アクセス：名鉄犬山駅よりバスで約20分
公開：9:30 〜 17:00（季節によって変動あり）・休館日：公式サイトで要確認

「中廊下」の芽生え

横の長さ：14.8m
縦の長さ：12.7m
最高高さ：5.8m

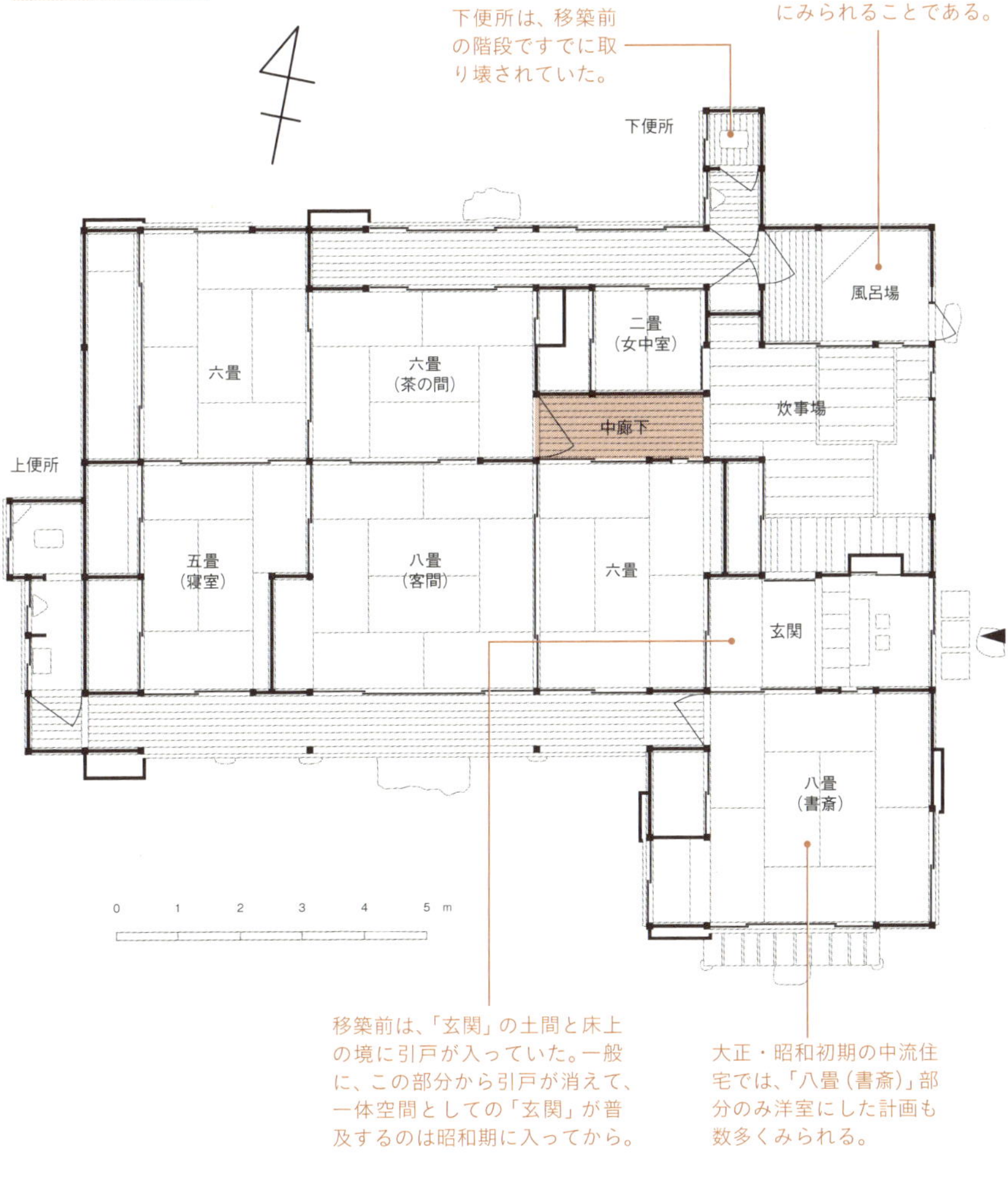
下便所は、移築前の階段ですでに取り壊されていた。
「風呂場」が「炊事場」とつながっていることは、明治期はもちろん、昭和期に入っても普通にみられることである。
下便所
風呂場
二畳
（女中室）
六畳
六畳
（茶の間）
中廊下
炊事場
上便所
五畳
（寝室）
八畳
（客間）
六畳
玄関
八畳
（書斎）
0 1 2 3 4 5 m
移築前は、「玄関」の土間と床上の境に引戸が入っていた。一般に、この部分から引戸が消えて、一体空間としての「玄関」が普及するのは昭和期に入ってから。

大正・昭和初期の中流住宅では、「八畳（書斎）」部分のみ洋室にした計画も数多くみられる。

＊カッコ内の室名は『吾輩は猫である』から推測したものである

博物館明治村

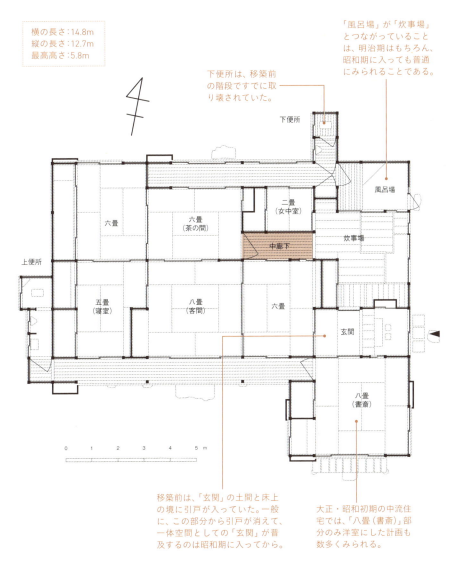

プチャーチンの娘が訪れた家

静岡

松城家住宅《まつしろけじゅうたく》

松城家住宅は、西伊豆の戸田港にある。明治期の書物『日本之名勝《にほんのめいしょう》』には、嘉永《かえい》7年、プチャーチン提督のロシア軍艦が下田港近くで難破した際、修繕のため戸田港に寄港しようとしたこと、戸田港に到着する前に嵐により沈没したこと、戸田港で船を新造して帰国したこと、プチャーチンの娘が後でお礼に来たことが書かれている。この船の新造で諸用度《しょようど》を担当したのが、江戸期より廻船業を営む松城家であった。

松城家住宅は、主屋《おもや》、ミセ、文庫蔵、東・北土蔵からなり、敷地を伊豆石《いずいし》の塀が囲む。主屋は、明治6年上棟で、1階外廻が**真壁**《しんかべ》であるのに対して、2階は漆喰《しっくい》の**大壁**《おおかべ》になっている。2階の大壁は、**目地**《めじ》を切って

和洋の外部意匠を上下階で分ける

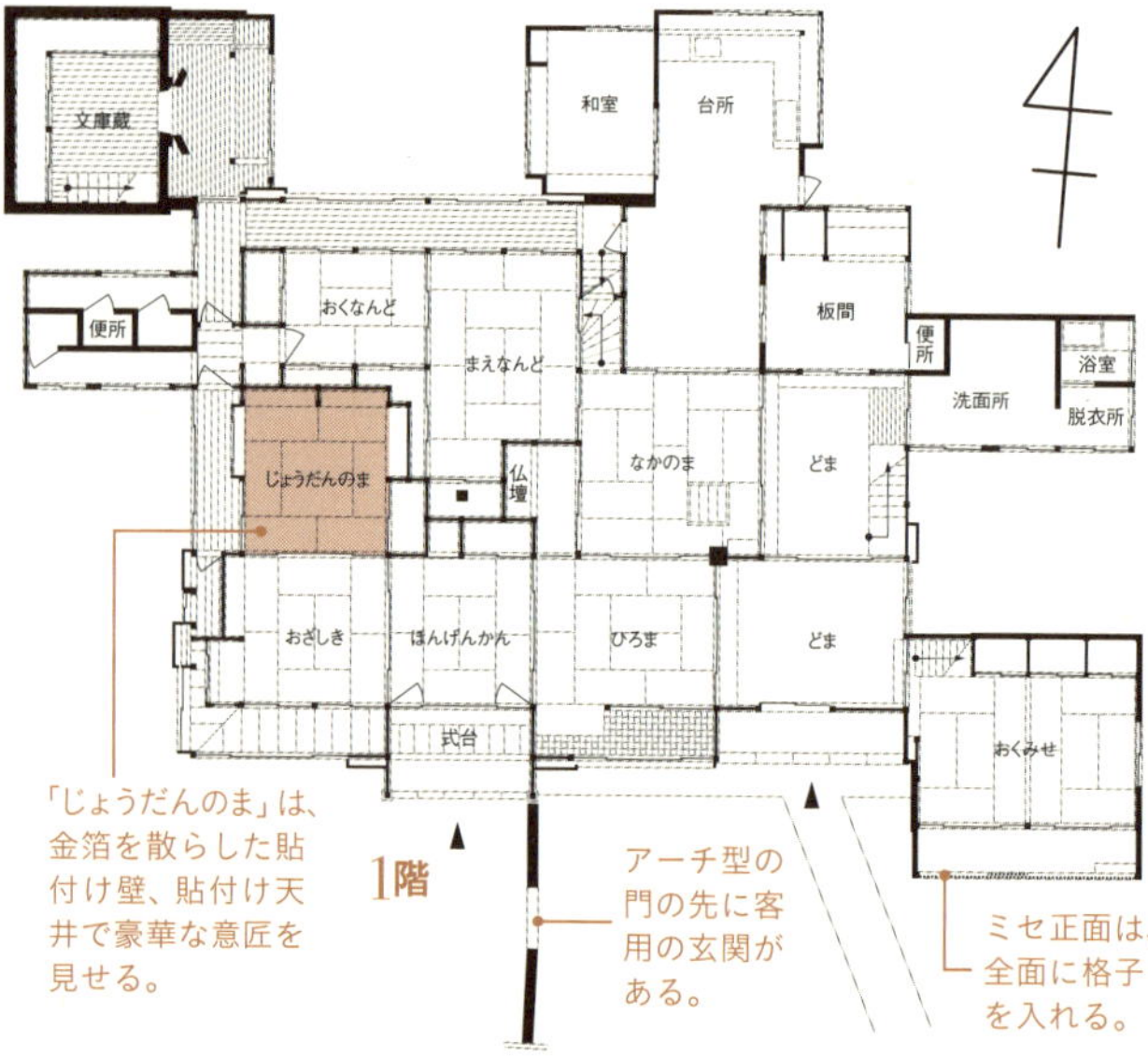

「じょうだんのま」は、金箔を散らした貼付け壁、貼付け天井で豪華な意匠を見せる。

アーチ型の門の先に客用の玄関がある。

ミセ正面は、全面に格子を入れる。

1階は真壁だが2階は大壁。階毎の和洋の組み合わせが印象的な外観。

data 国指定重要文化財

建築年：1873年（上棟）・延床面積：266.8㎡
住所：静岡県沼津市戸田72（戸田造船郷土資料博物館）
アクセス：伊豆箱根鉄道修善寺駅よりバスで約60分、戸田港下車徒歩で約10分
公開：現在保存修理のため非公開

石積みのように見せ、開口部に円柱を並べる。擬洋風建築の手法を用いて、和洋の意匠を階数で分けている。

1階は、東側に土間、**下手**《しもて》から**上手**《かみて》へ3列に居室をとる。手前は、**式台**付き「ほんげんかん」、その下手に「ひろま」、上手が「おざしき」である。「ひろま」奥は、囲炉裏のある「なかのま」で、日常生活の中心になったと思われる。「おざしき」の奥は床が一段高い「じょうだんのま」とし、座敷飾りと共に、近世の接客形式を残す。「おくなんど」「まえなんど」は寝室などの私室だろう。2階は、太い丸柱を中心に4室を整然と並べるが、手前と奥を、茶室の給仕口のように分けている。「なかのま」上部に吹抜け、他に畳敷きが3室ある。

松城家住宅は、明治初期の擬洋風建築の遺構として重要であり、また建物内外に描かれた**漆喰鏝絵**《こてえ》など、高度な左官技術を示す点も注目される。

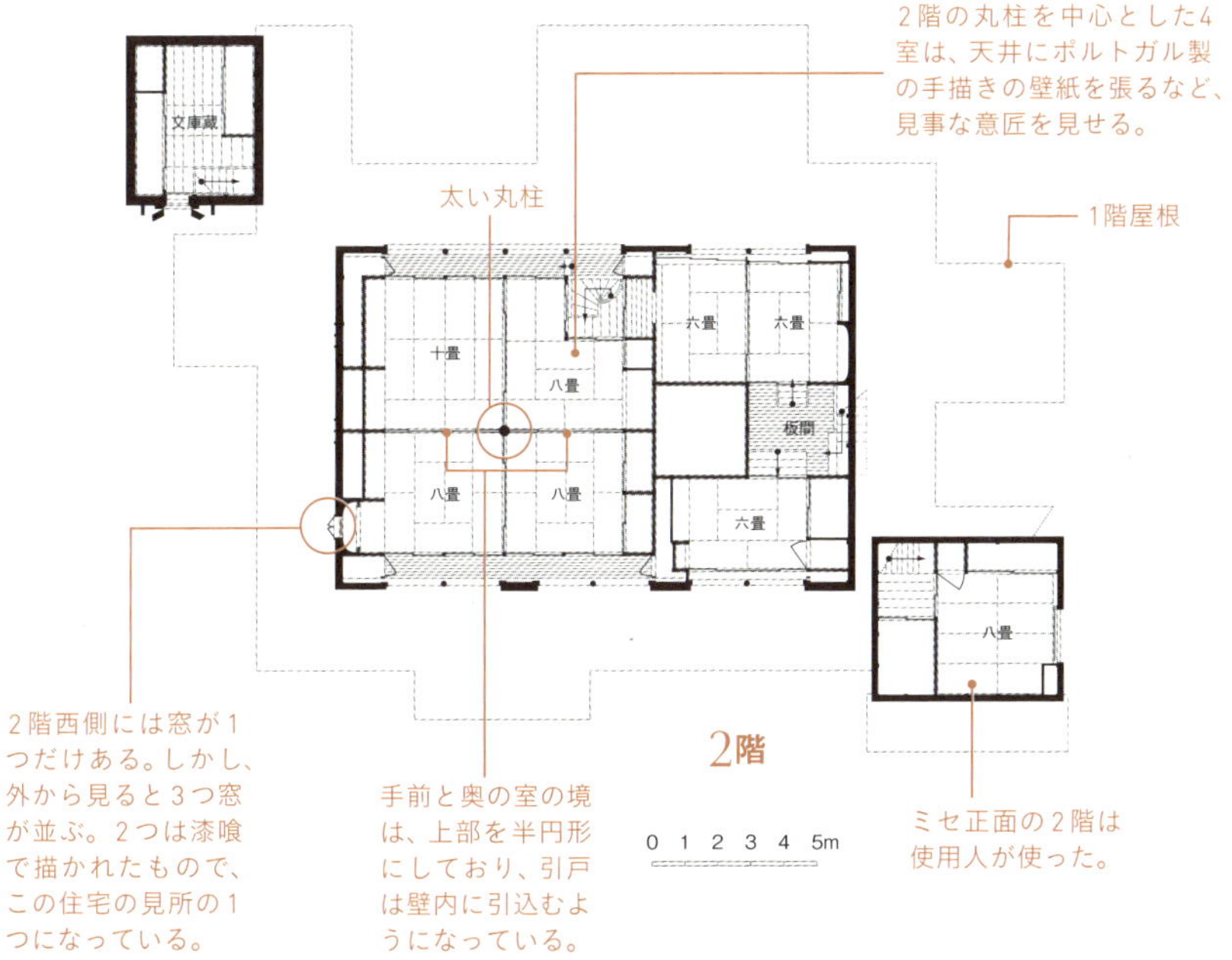
2階の丸柱を中心とした4室は、天井にポルトガル製の手描きの壁紙を張るなど、見事な意匠を見せる。
太い丸柱
1階屋根
文庫蔵
十畳
八畳
六畳
六畳
板間
八畳
八畳
六畳
八畳
2階
0 1 2 3 4 5m
2階西側には窓が1つだけある。しかし、外から見ると3つ窓が並ぶ。2つは漆喰で描かれたもので、この住宅の見所の1つになっている。
手前と奥の室の境は、上部を半円形にしており、引戸は壁内に引込むようになっている。
ミセ正面の2階は使用人が使った。

横の長さ:28.5m
縦の長さ:21.0m
最高高さ:—

飛騨高山の豪商の町家

岐阜

吉島家住宅《よしじまけじゅうたく》

吉島家住宅は、小京都・高山を代表する町家である。吉島家は、重兵衛《じゅうべえ》を初代とし、天《てん》明《めい》4（1784）年に荒城郷《あらきごう》から高山に出て、生糸、繭、金融、造酒で財をなした豪商として知られる。この住宅は、明治8年の高山大火で焼け（明治9年再建）、明治38年にも土蔵、主屋《おもや》の道路沿い2室、建具、畳を残して延焼している。現在の建物は、明治40年の再建だが、軒の低さなど、立面の手法に古さがある。手前2室は、建設年が明治9年に遡《さかのぼ》るようだ。

間取りは、手前中央に「入口どうじ」を設け、左手に「かんじょうば」、右手に「みせ」「茶室」を並べる。「なかどうじ」に入ると、「おうえ」「なかおうえ」「だいどこ」までは、吹抜けの一体空間になっており、漆をすりこんだ見事な梁組が見られる。「おうえ」横の「かづき」は内向きの室で、隣の「とおり」は地味であるが、「ぶつま」「つぎのま」への移動を円滑にする重要な役割をもつ。奥の「ほんざしき」は**床の間**、**違棚**《ちがいだな》、**書院**を備えた、最も格式の高い室である。2階手前の「みせにかい」は、一般には収納や使用人室である。この住宅は屋根が**切妻平入**《きりづまひらいり》なので、奥に向かって屋根は高くなり、その分1・2階とも天井が高くとれる。そのため「みせにかい」から、階段手前で1段、「たかにかい」の手前でもう1段床面が上がる。「たかにかい」の先に見える「裏庭」の緑は続間座敷に瑞々しさを与えている。

吉島家住宅は、建設年代は新しいものの、立面に古さを残し、その構造美や空間構成の面白さは特に評価が高い。

軒の低さなど、立面の手法に古さがある。「入口どうじ」上に見える杉玉は酒屋を示すもの。

data **国指定重要文化財**

建築年：1907年・延床面積：356.9㎡
住所：岐阜県高山市大新町1-51
アクセス：JR高山駅より徒歩で17分
公開：9:00〜17:00（3〜11月）、9:00〜16:30（12〜2月）
休館日：12〜2月の火曜日、年末年始

構造美と空間構成の面白さ

横の長さ：27.3m
縦の長さ：18.4m
最高高さ：8.1m

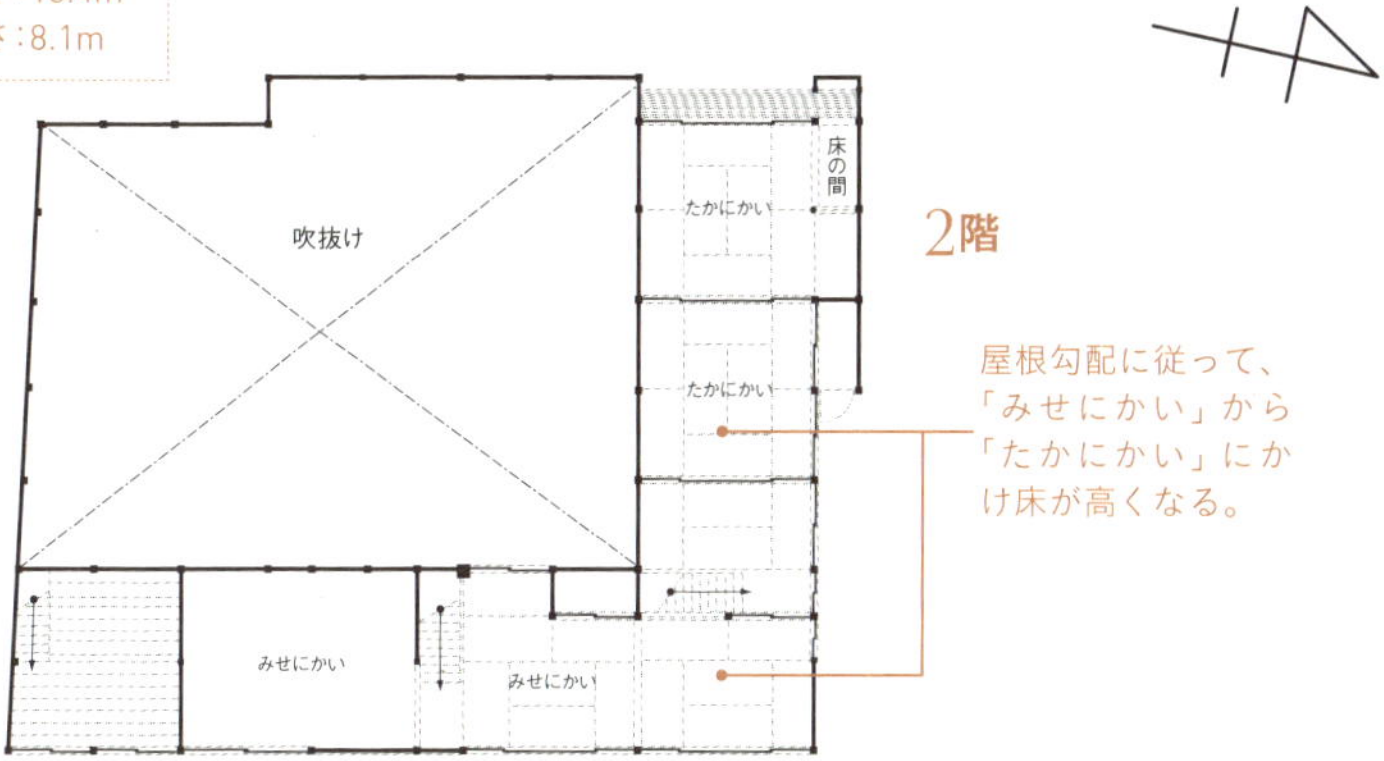

2階

屋根勾配に従って、「みせにかい」から「たかにかい」にかけ床が高くなる。

吹抜け空間は大胆かつ繊細な梁組でつくられ、上部の高窓から差し込む光が柱や梁の美しさを際立たせる。

「とおり」は地味な室だが動線上重要な役割を果たしている。

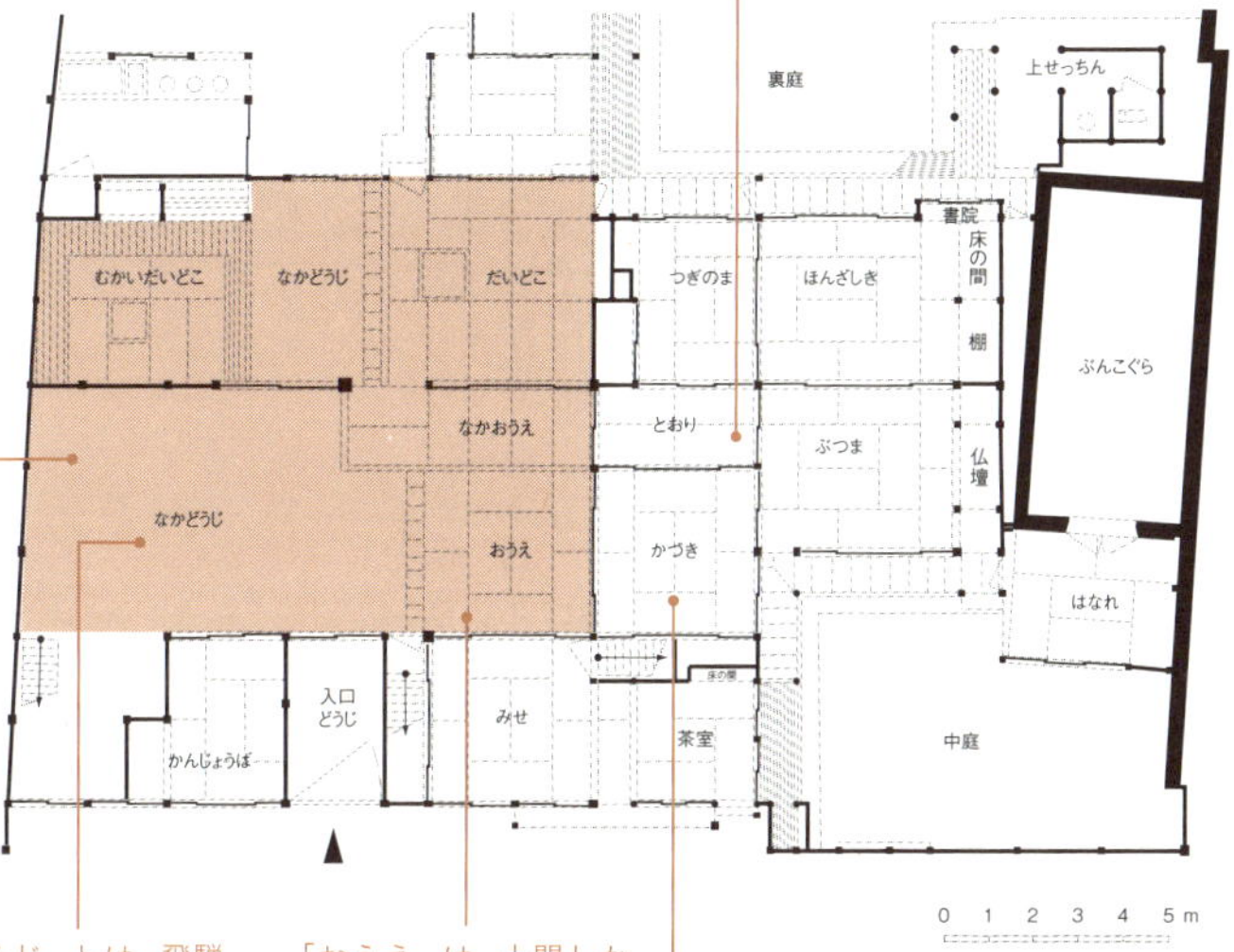

1階

「どうじ」とは、飛騨地方の他、山梨県、宮崎県椎葉(しいば)地方などでみられる用語で、土間の意味である。

「おうえ」は、土間しかない住宅に初めて板敷きの床面が生まれた時に、土間に対して用いるようになった用語だと考えられている。

「かづき」は、飛騨地方や能登地方でみられる用語で、主婦の私室であったり、家族の寝室であったりする。

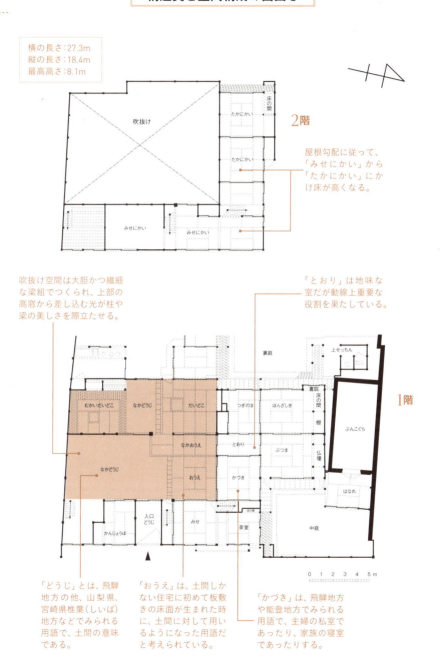

油問屋の3階建て町家

愛知

旧東松家住宅《きゅうとうまつけじゅうたく》

旧東松家住宅は、立体的な空間構成に最大の見所がある。1階の「通りにわ」こそシンプルな土間の通し方であるが、2階の角度のある張り出し通路、3階8畳間の縁は、屋外へ向かうように突き出しており、見ていて楽しい。また3階は、手前から奥へ向かって床面が2m弱も上がり、切妻平入《きりづまひらいり》屋根の町家における上階のとり方を顕著に示している。

さて、この住宅は、もともと舟入《ふないり》町といって、名古屋城下と熱田《あつた》海岸とを結ぶ運河・堀川に面し、明治期には食料品関係の**問屋**《とんや》が多い町にあった。東松家は、その舟入町の油問屋で、建設は棟札《むなふだ》より明治34（1901）年である。ただし、材料が古いために、年代が遡《さかのぼ》る可能性も指摘されている。

間取りは、店舗と生活に供する室とを3層に展開させたもので、1階には「みせ」「仏間」「座敷」の他2室がある。「座敷」の奥には「浴室」と「便所」があるが、「座敷」の縁の下手《しもて》には階段があり、2階からの連絡も容易である。「みせ」の2階部分に「女中部屋」があるのは町家では普通である。「茶室」と奥の3畳は板廊下から1段上がっており、その先に6畳と10畳が続く。この辺りが家族の集まる室だろうか。3階へは、**上手**《かみて》の階段から手前方向へ上がり、4畳に入ってまた板敷きの廊下に出る面白い動線で、そこから8畳、6畳へと上がる。

3階建の住宅建設は、江戸期の禁令と大正期の法令によって制限されるため、明治から大正中期の短期間に限られる。その上で、旧東松家住宅は立体的な面白さを存分に発揮した見応えのある事例である。

迫力ある3階建ての外観。手前外壁が黒漆喰で仕上げられているため重厚感もある。

data **国指定重要文化財**

建築年：1901年（棟札）
住所：愛知県犬山市大字内山1（博物館明治村）・旧所在地：愛知県名古屋市中村区舟入町
アクセス：名鉄犬山駅よりバスで約20分
公開：9:30 ～ 17:00（季節によって変動あり）・休館日：公式サイトで要確認

「通りにわ」を屋外に見立てる

横の長さ：7.8m
縦の長さ：25.5m
最高高さ：10.9m

＊現況

3階の8畳には、吹抜けの「通りにわ」上部に縁を張り出している。

手前から奥に向かって床面が2m弱上がる

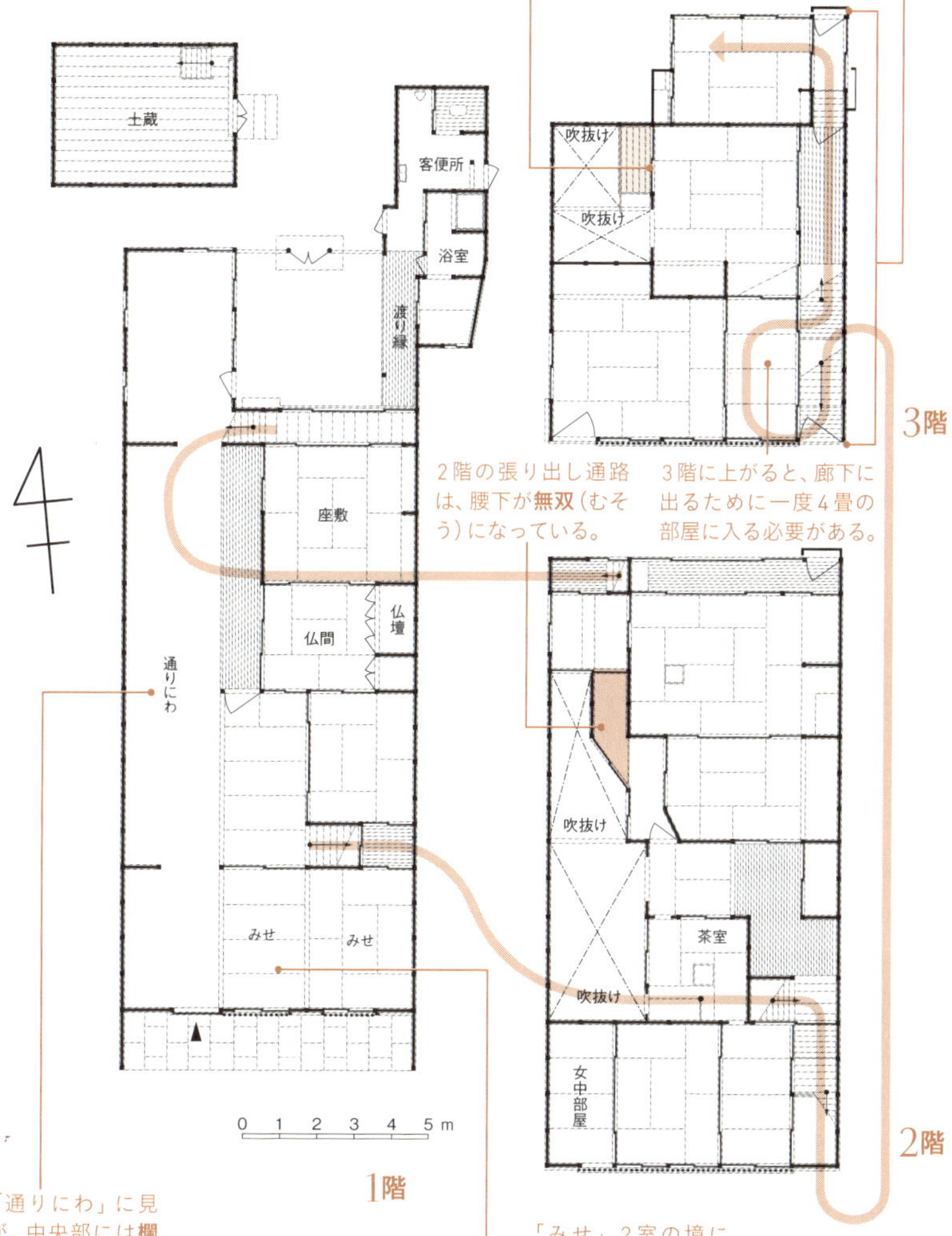

2階の張り出し通路は、腰下が**無双**（むそう）になっている。

3階に上がると、廊下に出るために一度4畳の部屋に入る必要がある。

広い「通りにわ」に見えるが、中央部には**欄間**（らんま）があって、空間は2分されている。

「みせ」2室の境には段差があり、上手が高くなっている。

博物館明治村

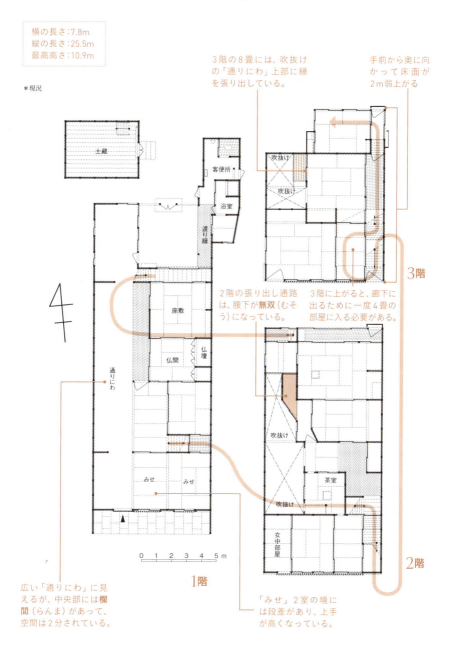

愛媛

木蝋《もくろう》生産で栄えた内子《うちこ》の町家

上芳我邸《かみはがてい》

上芳我邸は、内子にある町家である。内子は、江戸末期から大正期にかけて、木蝋生産で栄えた町だ。木蝋とは、ハゼノキの果皮から採った脂肪で、蝋燭《ろうそく》や化粧品の原料、器具の艶《つや》出しに用いる。上芳我家は、木蝋生産の中心的存在であった本芳我《ほんはが》家（重要文化財・上芳我家から100m程の距離）の分家にあたり、南北に通る旧松山街道に面して、北から主屋《おもや》、**釜場**《かまば》、出店倉《でみせぐら》、物置を順に並べ、主屋背面に中庭を取り囲むように、炊事場、風呂場、離座敷などを配している。

間取りは、まず正面向かって右手に「土間」をとり、2列に5室の構成。「土間」背面の出入口は、炊事場に繋がっており、その脇に物入れがある。**下手**《しもて》は、正面から「店の間」「中の間」「茶の間」の3室を順に並べ、「中の間」は土間側に畳廊下となっている。**上手**《かみて》は、正面側に畳の「廊下」をとり、「奥座敷」「客座敷」を並べる。「廊下」は、かつてあった北側屋敷への繋間《つなぎま》である。「奥座敷」は仏壇や押入れを備え、「客座敷」は**床の間**、**違**《ちがい》**棚**《だな》、**付書院**《つけしょいん》が設えられている。これらのうち、「茶の間」が家族生活の中心となる室で、「中の間」「奥座敷」が寝室に使われたという。

この間取りの最も面白い点は、中廊下をとっていることで、これにより室の通り抜けがかなり避けられている。また、床面が畳敷きのため、隣接室を拡張して使用することもできる。「中廊下型」は、大正・昭和初期にかけて、中流住宅の主要な間取りの1つとして一般化するが、明治期の洋館に常にみられる他、こうした町家にも次第にその姿が現れてくる。

外壁の大部分は大壁（おおかべ）である。腰部は海鼠壁（なまこかべ）で、正面は鼠漆喰（ねずみしっくい）、左右と背面は黄土漆喰（おうどしっくい）。

data **国指定重要文化財**

建築年：1894年（上棟）
住所：愛媛県喜多郡内子町内子2696
アクセス：JR内子駅より車で約5分
公開：9:00〜16:30・休館日：年末年始

各室へのスムーズな動線計画

横の長さ：16.9m
縦の長さ：12.9m
最高高さ：10.3m

居室側の2階は、当初座敷とする計画であったが、間仕切りや造作が未完成のまま現在の状態になっている。

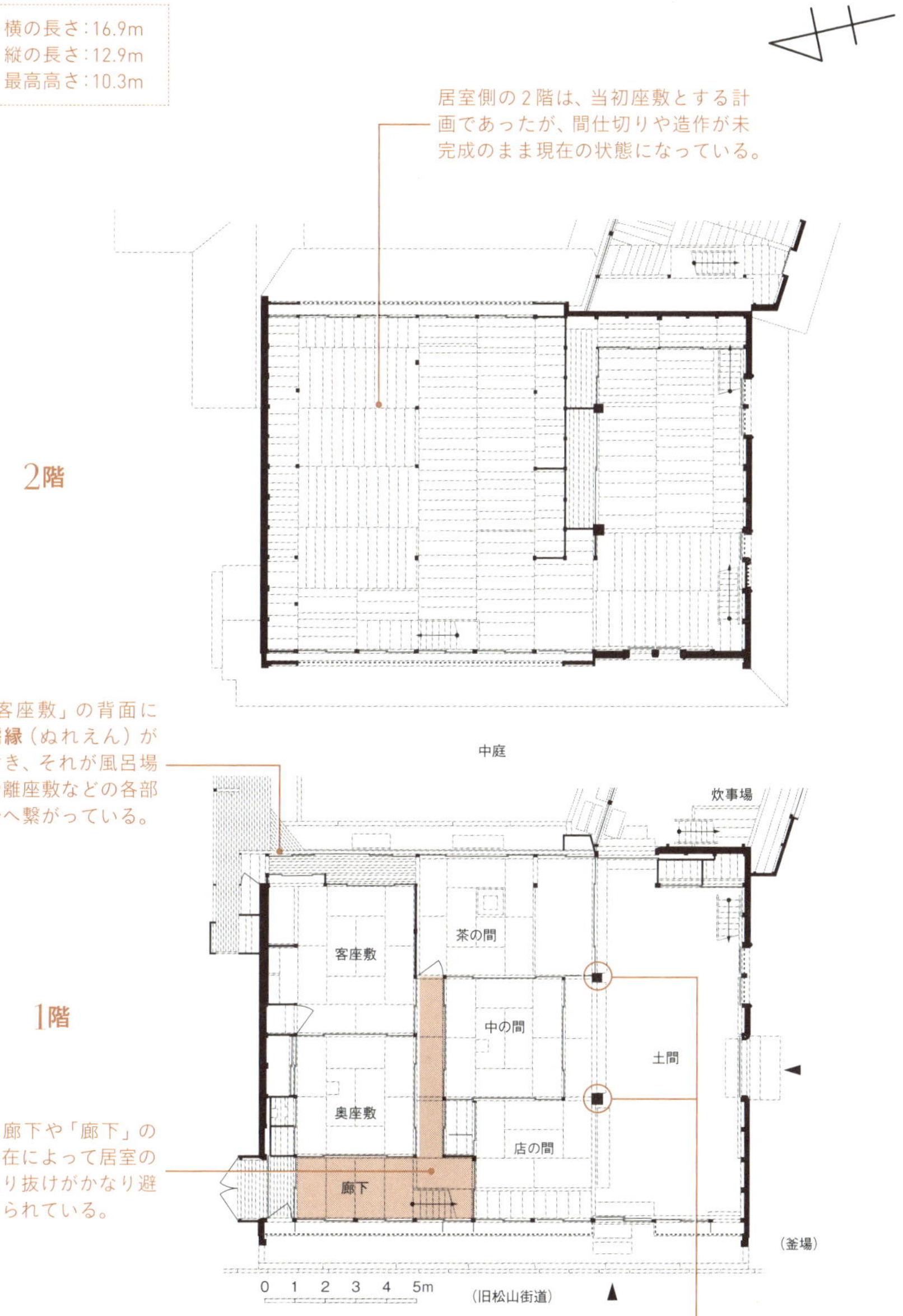

「客座敷」の背面に**濡縁**(ぬれえん)が付き、それが風呂場や離座敷などの各部分へ繋がっている。

中廊下や「廊下」の存在によって居室の通り抜けがかなり避けられている。

「土間」には2本の大黒柱がある。

沖縄

伊《い》是《ぜ》名《な》島の総《そう》地《じ》頭《とう》職《しょく》の家

銘《め》苅《かる》家《け》住《じゅう》宅《たく》

沖縄の北約30kmにある伊是名島は、周囲16・7kmの小さな島である。銘苅家住宅は、この島の南に位置し、周囲を石垣が巡る40m×55m程の広い敷地をもつ。南中央部から敷地に入ると、正面には「ひんぷん」と呼ばれる目隠塀《めかくしべい》があり、その向こうに主屋《おもや》、右手の門を抜けた先に〈あさぎ〉がある。どちらも明治39（1906）年の建設だという。主屋の西側には畜舎があり、北側は菜園である。また、かつては高倉や「ふーる」と呼ばれる便所兼豚小屋もあった。

主屋は、居室棟の〈うふや〉、炊事棟の〈とんぐゎ〉からなる。〈うふや〉は、手前に「一番座《ばんざ》」「二番座」「三番座」を並べ、それぞれ対応するように「一番裏座《うらざ》」「二番裏座」「三番裏座」が整然と配置されている。「一番座」は**床の間**と神棚を有し、最も格式が高いが、床背面の壁が**押板**《おしいた》になっていて民家らしさも感じられる。「二番座」は、手前と奥で2分割している。このうち、仏壇のある方を「でぃーじんめー」と呼ぶ。「三番座」は建具で仕切られておらず開放的で、「三番裏座」は囲炉裏が切ってある。この室が生活の中心となる。そこから下手《しもて》が〈とんぐゎ〉で、半分が板敷き、もう半分は土間である。〈とんぐゎ〉と〈うふや〉は、平面図を見ると一体的な建物に見えるが、柱の**番**《ばん》**付**《づけ》は別々になっており、「分棟型」の名残がある。〈あさぎ〉は、床の間のある6畳と2畳2室からなる離座敷である。

銘苅家は、総地頭職を務めた家柄と伝わっており、沖縄に残る数少ない民家の中でも保存状態がよく、格式ある事例として貴重である。

〈とんぐゎ〉〈うふや〉〈あさぎ〉の3棟は全て寄棟造り（よせむねづくり）の屋根で、〈あさぎ〉のみ妻側を南に向ける。屋根自体は連続している。

data 国指定重要文化財

建築年：1906年
住所：沖縄県伊是名村字伊是名902
アクセス：仲田港より車で10分
公開：9:00〜17:00

分棟型住宅の面影を残す家

横の長さ：21.7m
縦の長さ：17.5m
最高高さ：5.4m

「三番裏座」を「じゅーるはた」と呼ぶ。「いろりはた」の意で、ここに囲炉裏を設けるのが通例である。

「二番裏座」は「ふちゃ」、縁部分は「めーうぃん」、土間部分は「しちゃじ」と呼ぶ。

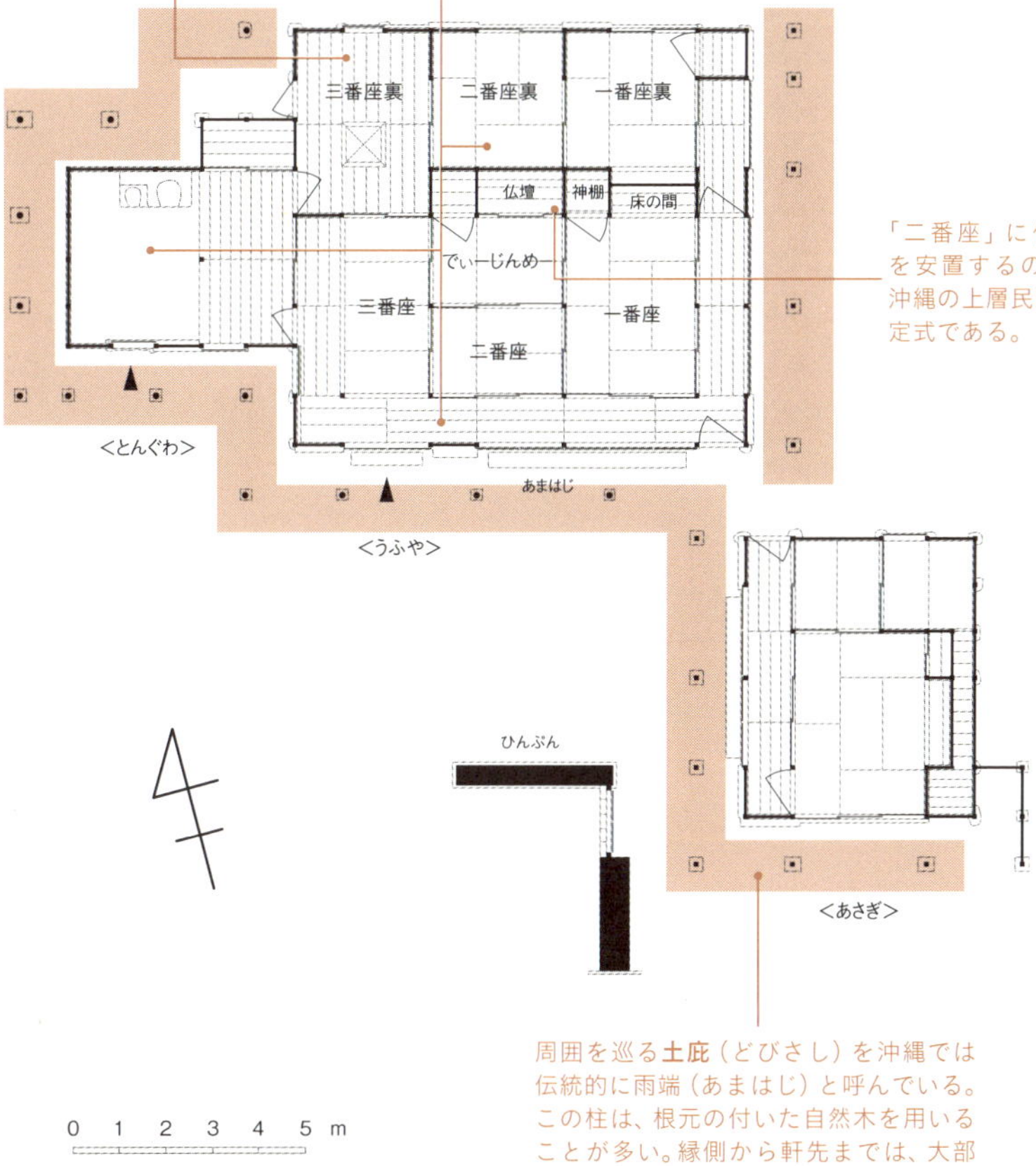

「二番座」に仏壇を安置するのは、沖縄の上層民家の定式である。

周囲を巡る**土庇**（どびさし）を沖縄では伝統的に雨端（あまはじ）と呼んでいる。この柱は、根元の付いた自然木を用いることが多い。縁側から軒先までは、大部分が水平距離で1.5m以上ある。

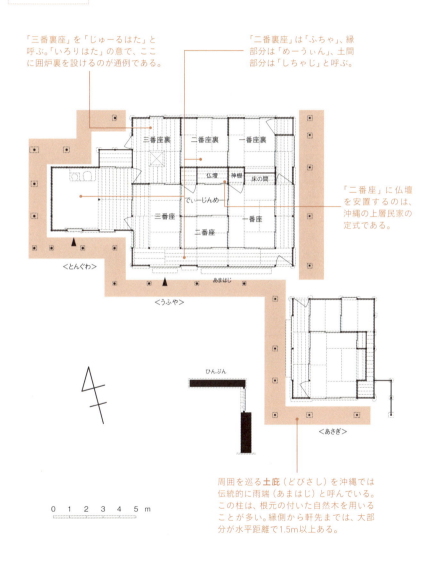

岡谷《おかや》の製糸業を支えた実業家の家

長野

旧林家住宅《きゅうはやしけじゅうたく》

旧林家住宅は、日本一の製糸業地帯であった岡谷にあり、その発展に重要な役割を果たした林国蔵《くにぞう》（1846〜1916）が、明治40年頃建設したものである。林はこの地で、屋号を「一山カ《イチヤマカ》」とした本部工場と、「一山◯《イチヤママル》」とした第二工場を運営していた。この住宅は「一山◯」の一部をなしたもので、現在は主屋《おもや》・離れ・洋館と蔵数棟が残る。

主屋は、「玄関」側に4室、中庭側に6室を設け、3方を縁が囲む。「玄関」は**破風**《はふ》と**式台**を備えた格式の高いつくりで、「内玄関」は今日の玄関に通じる発展した姿を見せつつ、続く「寄付《よりつき》」の名称には古さも残す。「台所」と「茶の間」は隣接し、これが家族生活の中心となる。「座敷」は書斎に用いられ、中庭に沿って接客室が並ぶ。主屋2階は21畳と17畳半の2室が中心。一方離れは「上座敷」と「下座敷」からなり、2階には同規模の2室を設けるが、壁・襖を**金唐革紙**《きんからかわし》で覆う豪華な意匠は見ものである。離れ1階は開放的だが、2階は土蔵の意匠とし、洋館との上手い取合いを見せている。洋館は、全体の顔になる部分で、洋室の「玄関ホール」「応接室」と和室の「茶室」「広間」からなる。

このように、全体としては中庭で暮らしの場と接客の場を分ける明快な構成だが、接客の場は和館と洋館を組み合わせた複雑なつくりになっている。旧林家住宅の使用は大正5年頃までで、その後は管理人が常駐したそうだ。明治末期の姿がそっくりそのまま伝わるという、とても珍しい事例である。

洋館正面。右手は「茶室」なのに外観は統一されている。こうした工夫も見どころの1つ。

data **国指定重要文化財**

建築年：1907年頃・延床面積：219.0㎡
住所：長野県岡谷市御倉町2-20
アクセス：JR岡谷駅より徒歩で5分
公開：9:00〜16:30（3月〜11月）、10：00〜15：00（12月〜2月）・休館日：水曜日、祝日の翌日、年末年始

和洋館の複雑な組み合わせに注目

横の長さ:20.5m
縦の長さ:40.6m
最高高さ:—

「寄付」は、江戸後期に中下級武士の住宅で、「内玄関」は明治以降にみられるようになったとされる。また、住宅内にほとんど土間がないことも注目される。

「台所」の「流し」は床に設置されている。現在では考えられないが、座って台所仕事をすることは当時では普通である。

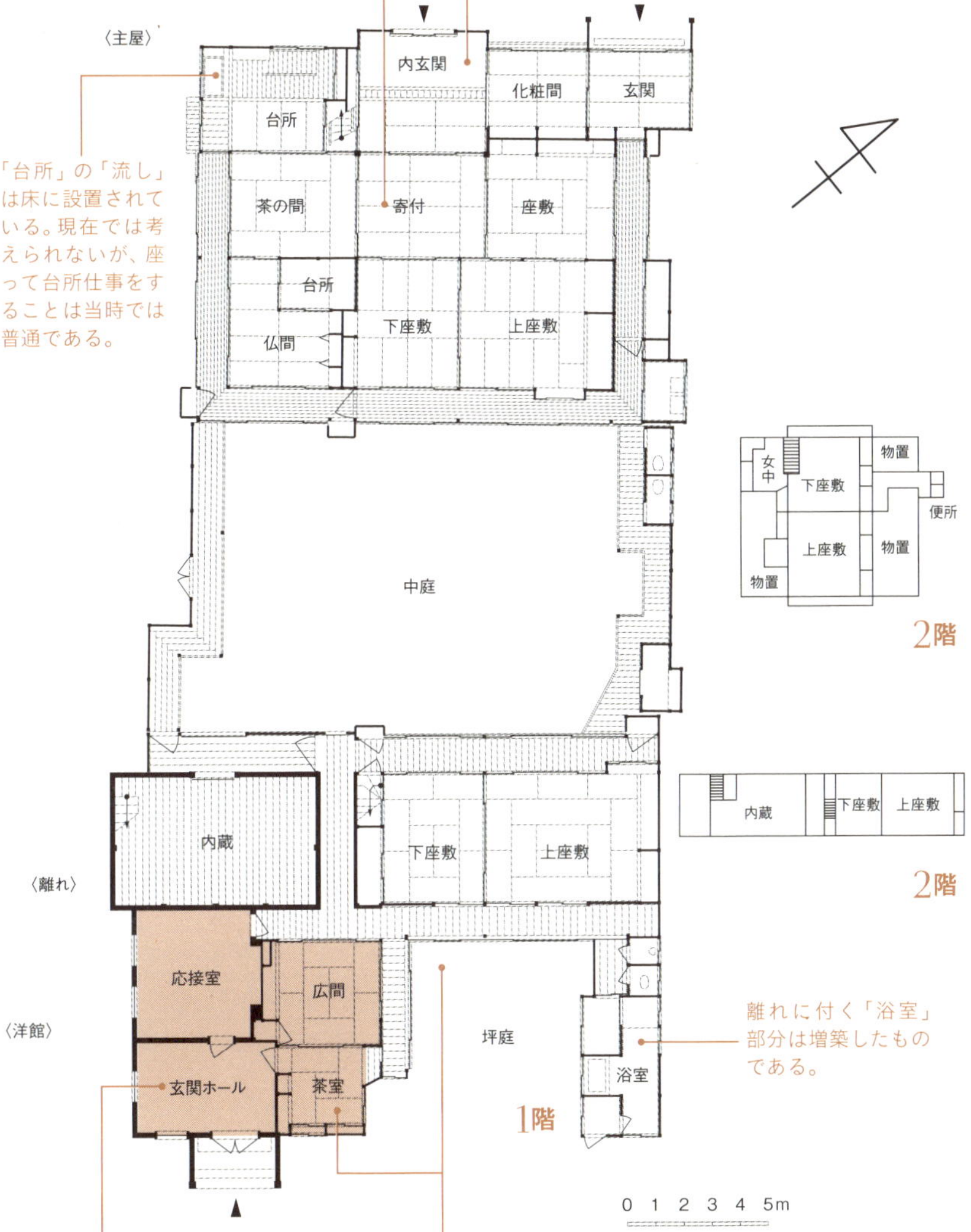

離れに付く「浴室」部分は増築したものである。

洋館部分は、床と腰壁が**寄木張り**（よせぎばり）、壁は漆喰（しっくい）で、天井は金唐革紙を用いている。

洋風の外部意匠は「茶室」側面の棚部分までとし、「坪庭」廻りを和風の意匠でまとめている。「茶室」正面側の窓は2重で、そこで内外の意匠の違いを調整している。

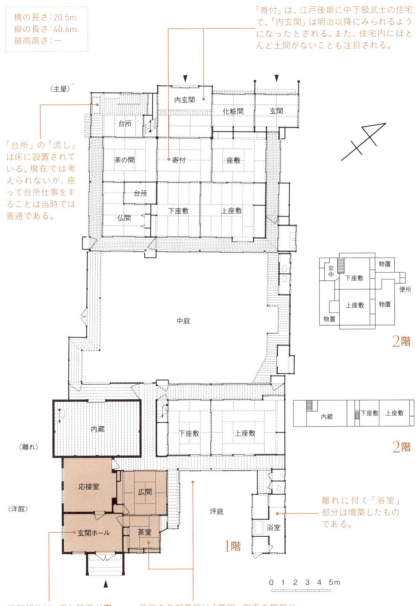

世界中を飛び回る明治期の外交官の家

神奈川（東京）

旧《きゅう》内《うち》田《だ》家《け》住宅《じゅうたく》

旧内田家住宅は、渋谷区南平台《なんぺいだい》にあった、もともと「和洋館並列型」だった住宅である。現在は、横浜・山手イタリア山公園の一角に移築されているが、移築前の時点で既に和館は撤去されていた。この住宅の主・内田定槌《さだつち》は、明治期に活躍した外交官で、ニューヨークやブラジル、デンマーク、トルコなど世界を飛び回り、イタリアにも長期の出張をしている。この住宅が建設されたのは明治43（1910）年で、設計はJ・M・ガーディナーが手がけた。明治村にある京都聖ヨハネ教会も彼の作品で、立教学校（現・立教大学）3代目校長としても知られる。

この住宅は、屋根裏や塔屋《とうや》を含め3階建

生活の場として使う洋館

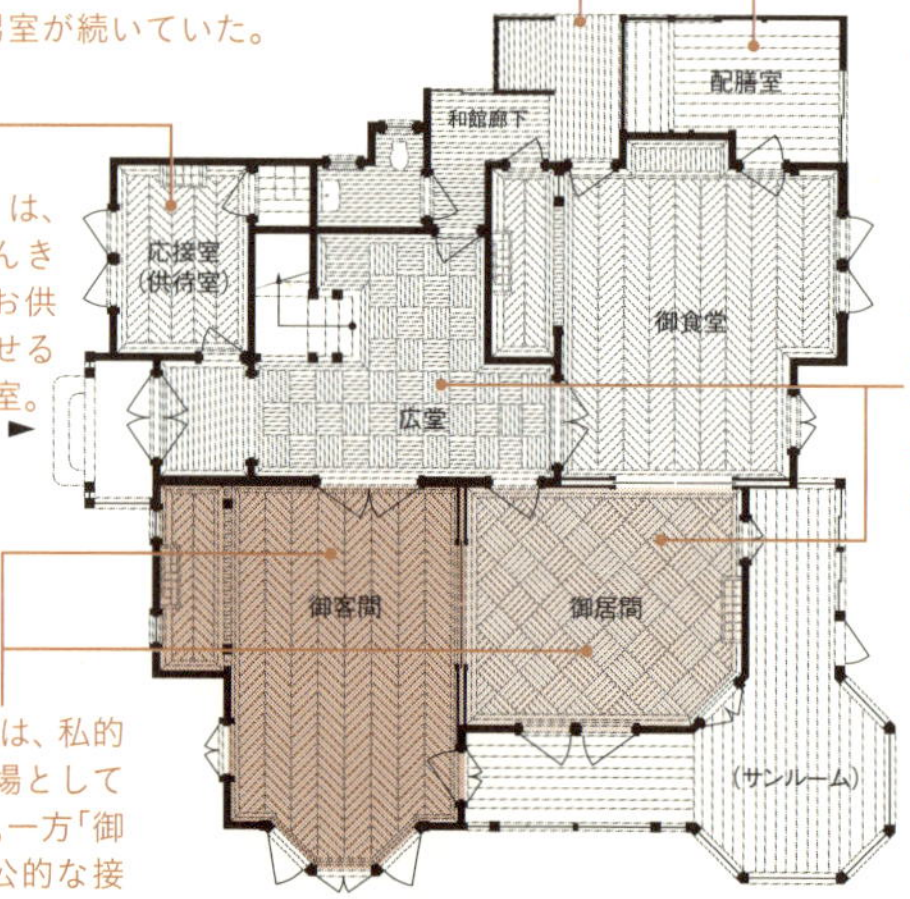

「和館廊下」の先に和館が接続していた。向かって左手前から台所、裏玄関、右手前から浴室、女中・下男室が続いていた。
和館の台所から運んだ料理をここで配膳し、「御食堂」へ出す。
「応接室」は、賓客（ひんきゃく）のお供を待機させるなどした室。
1階の「広堂」や「御客間」などの客をもてなす部屋は寄木(よせぎ)板敷きの床。
「御居間」は、私的な接客の場として機能した。一方「御客間」は公的な接客に用いた。
和館廊下
配膳室
応接室(供待室)
御食堂
広堂
御客間
御居間
(サンルーム)
1階

八角形屋根の塔屋が印象的な外観。かつては洋館の裏に和館が続いていた。

data **国指定重要文化財**

建築年：1910年・建築面積：192.9㎡

住所：神奈川県横浜市中区山手町16（山手イタリア山庭園）・旧所在地：東京都渋谷区南平台町

アクセス：JR石川町駅から徒歩で5分

公開：9:30～17:00（7、8月は18:00まで延長）・休館日：第4水曜日、年末年始

てである。1階は、「広堂」を動線の中心とし、公的な接客に供する「御客間」、私的な接客に供する「御居間」、家族の日常的な食事の場である「御食堂」が接続する。「御居間」をL字に囲む「サンルーム」は家族の憩いの場であったという。2階で最も大きい「御寝室」は、主人夫婦が使用した。これには洋風の浴室（「西洋風御湯殿」）と、夫婦の憩いの場であったという八角形の「サンルーム」（「婦人書斎」）が付属する。「御書斎」は、書棚に囲まれ、外交官らしさが感じられる室である。このほか2階には、「御客寝室」と「御令息室」がある。また、3階の塔屋にもサンルーム（「物見室」）を設けている（和館は150頁参照）。

旧内田家住宅は、開発が続く渋谷のかつての様子を伝える貴重な遺構である。また、創建当初からの史料が数多く保管される点も重要視されており、現在は和館の一部（和館廊下と配膳室）も復原されている。

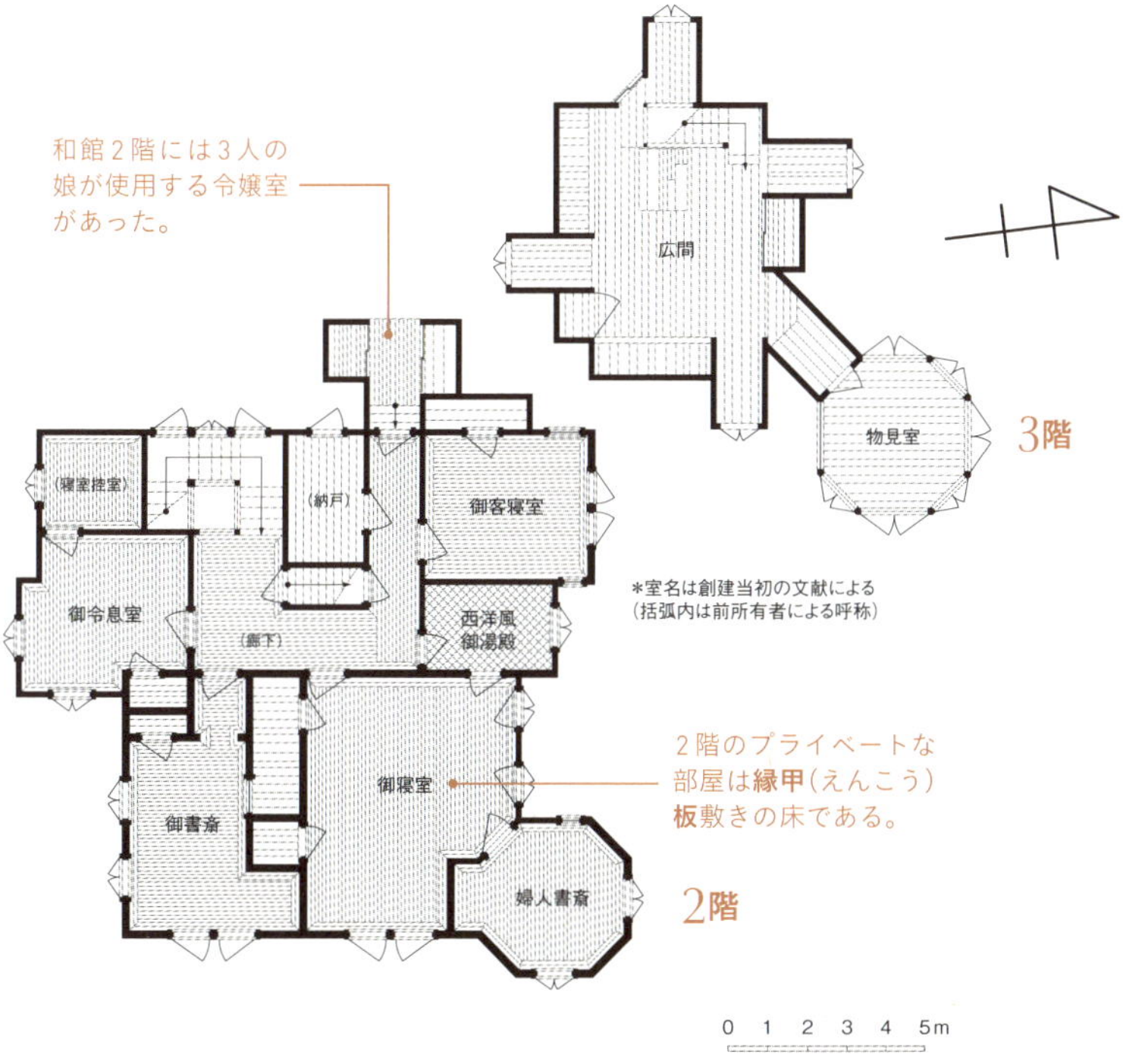
和館2階には3人の娘が使用する令嬢室があった。
広間
物見室
3階
（寝室控室）
（納戸）
御客寝室
御令息室
（廊下）
西洋風御湯殿
*室名は創建当初の文献による（括弧内は前所有者による呼称）
御寝室
御書斎
婦人書斎
2階のプライベートな部屋は**縁甲**（えんこう）**板**敷きの床である。
2階
0 1 2 3 4 5m

横の長さ：15.5m
縦の長さ：16.0m
最高高さ：12.4m

英国留学で目にしたハーフティンバー

愛知

旧中埜家住宅《きゅうなかのけじゅうたく》

旧中埜家住宅は、十代・半六《はんろく》が、明治44（1911）年に建てた別荘である。当時の愛知県の地主を特集した書籍をみると、中埜半六は、知多郡における一流の大地主で、耕地を数多く所有し、土地開発に熱心に取り組んだ県下有数の人物、と紹介されている。この住宅は、半六が、英国留学で見た住宅を模して建設したものだという。1階は**基部《きぶ》**を**人造石《じんぞうせき》洗い出し**、壁を漆喰《しっくい》塗とし、2階をハーフティンバーの手法でまとめている。ハーフティンバーというのは、1450～1650年頃に英国で盛んに用いられた木造住宅建築の一様式である。柱や梁などをそのまま外部に現すため、**真壁《しんかべ》**に似た部分があって日本でも親しまれ、「西洋民芸調」と例える人もいる。設計にあたったのは、名古屋を中心に活躍し、名古屋高等工業学校の校長を務めていた建築家・鈴木《すずき》禎次《ていじ》で、夏目漱石《なつめそうせき》の墓標の作者としても有名である（鈴木の妻と漱石の妻は姉妹である）。

この住宅は、南に居室、北に水廻りを配した「中廊下型」の間取りをもつ。「玄関」を抜けると、正面に階段のある「広間」に入る。居室はそこから、「客間」「居間」「食堂」「寝室」と、接客から就寝までの室を備え、「居間」「食堂」部分をやや後退させて「ベランダ」を設けている。「台所」の位置を踏まえると「食堂」を3番目にしたことで動線が短くなり効率が良い。2階は、洋室が1室と、和室が2室ある。この間取りからは、和室のある別荘とは言え、居住のための洋館が、既に知多半島という郊外にまで広がっていたことがうかがわれ興味深い。

ハーフティンバーの外観。うろこ型と角型を交互に張るスレート屋根も見どころの1つ。

data **国指定重要文化財**

建築年：1911年（棟札）・延床面積：321.9㎡
住所：愛知県半田市天王町1-30
アクセス：名鉄知多半島駅より徒歩3分、JR半田駅より徒歩で8分
公開：内部は不可（特別公開あり）

地方にまで広がる洋館での暮らし

横の長さ：20.2m
縦の長さ：14.8m
最高高さ：10.6m

2階

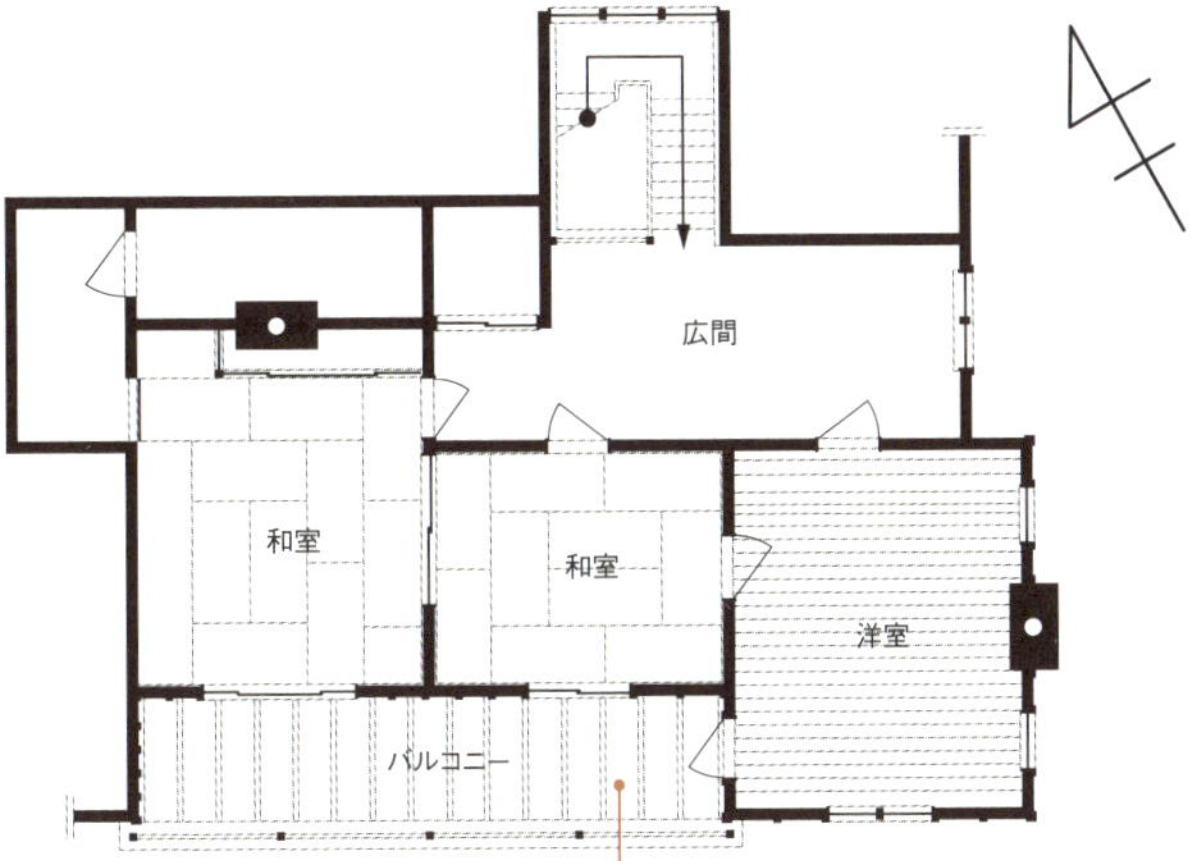

2階は、床面が銅板**瓦棒葺**（かわらぼうぶき）で、屋根の上に出たような印象であるが、洋館では珍しいものではない。

「広間」に入ると階段がある。ヨーロッパにおいて、こうした室内の一部として設ける階段は、特別な例を除いて15世紀末頃からみられるようになる。

1階

客に食事を振る舞うことを考えると「居間」と「食堂」は逆の方がよい感もあるが、「台所」と「食堂」の距離が近く配膳の効率はよい。

「ベランダ」は、日本の初期洋風建築を特徴づける要素であるが、一般には17世紀の東南アジア植民地で西洋人の住宅に取り入れられたものと考えられている。

建具の多くは簡素なつくりであるが、「玄関」のドアには、**アールヌーヴォー**らしいデザインが施されている。

英国人貿易商の家

兵庫

旧《きゅう》ハッサム住宅《じゅうたく》

これは異人館で有名な神戸・北野町にあったインド系英国人貿易商・ハッサムの住宅で、現在は相楽園《そうらくえん》に移築されている。ハッサムは、明治23（1890）年から神戸に住み、居留地に店舗を構えて綿花や雑貨などを扱っていた。設計は、英国人建築家・ハンセルと考えられている。

旧ハッサム住宅の建設は明治35（1902）年である。しかし、相楽園への移築時に行われた調査の結果、古材の転用が確認された。古材の出どころとなった元の建物は、明治10年代か、それ以前にまで遡《さかのぼ》るとみられ、だいたいの間取りも判明している。その間取りとは、左右両面の多角形部分がなく、2階右手の「寝室」2つは大きな一室

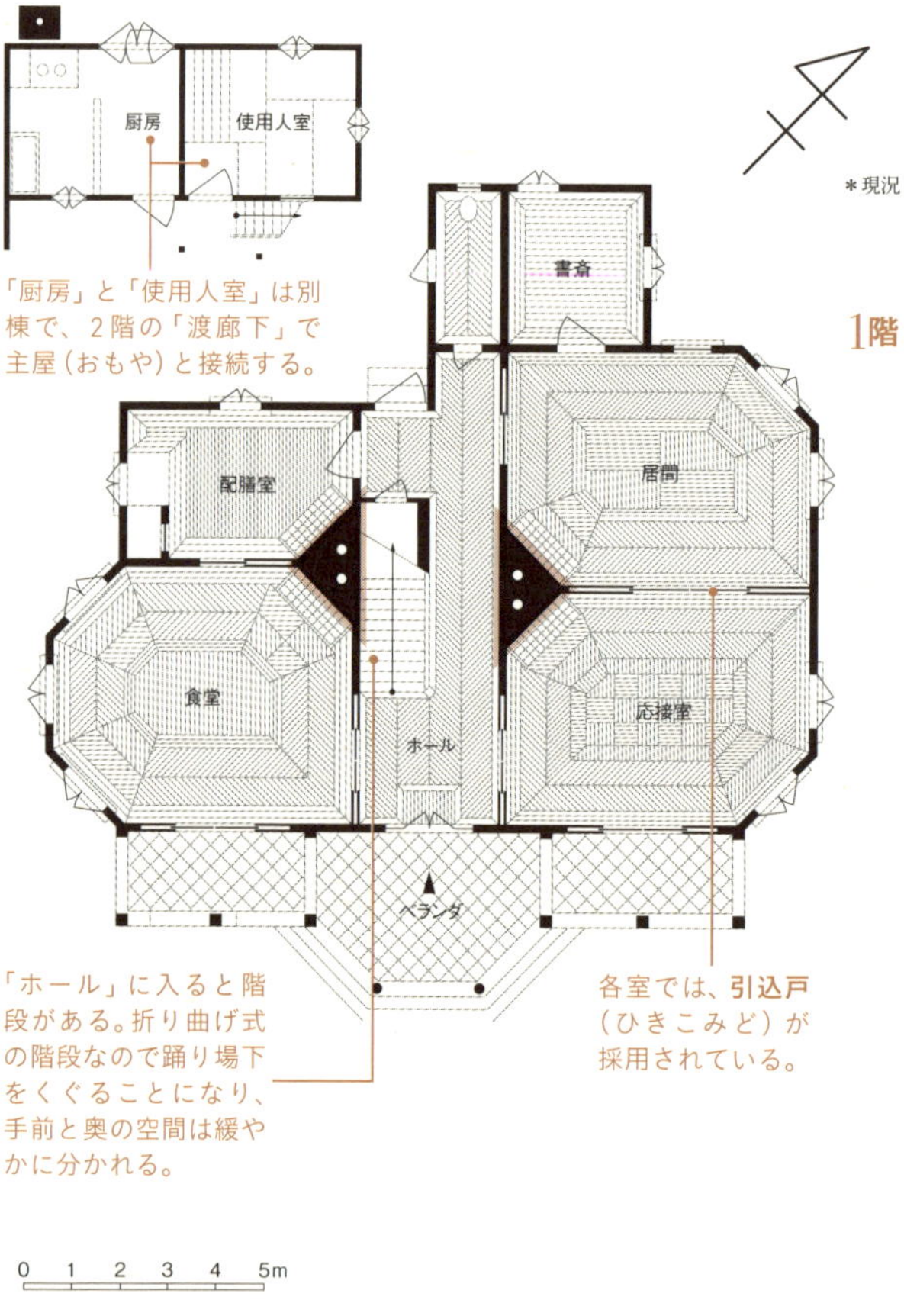

厨房
使用人室
書斎
配膳室
居間
食堂
応接室
ホール
ベランダ
＊現況
1階
「厨房」と「使用人室」は別棟で、2階の「渡廊下」で主屋（おもや）と接続する。
「ホール」に入ると階段がある。折り曲げ式の階段なので踊り場下をくぐることになり、手前と奥の空間は緩やかに分かれる。
各室では、引込戸（ひきこみど）が採用されている。
0 1 2 3 4 5m

コロニアル様式の外観。この「ベランダ」は北野町時代にはガラス戸で覆われていた。

で、建物3面を外から「ベランダ」がぐるりと囲むものであった。それが、何らかの理由で転用されて、北野町の旧ハッサム住宅になったというわけである。

ところが、北野町時代の間取りと、移築後の間取りも多少異なる。それは1・2階の「ベランダ」部分で、現在は屋外になっているが、北野町時代はガラス戸で覆われていた。これが、現在の姿に復原されたのは、最初の建物の姿をしのぶ意味からだという。洋館の顔である「ベランダ」が、次第に縮小、あるいは内部化される過程を示す興味深い事例と言えよう。

間取りをみると、「ホール」が住宅の出入口になり、右手に「応接室」「居間」、左手に「食堂」「配膳室」を振り分け、背面に「書斎」を設けている。2階もほとんど同じ間取りで、「子供室」と「寝室」3室を配し、背面は水廻り。典型的な「中廊下型」の間取りである。

移り変わるベランダの姿

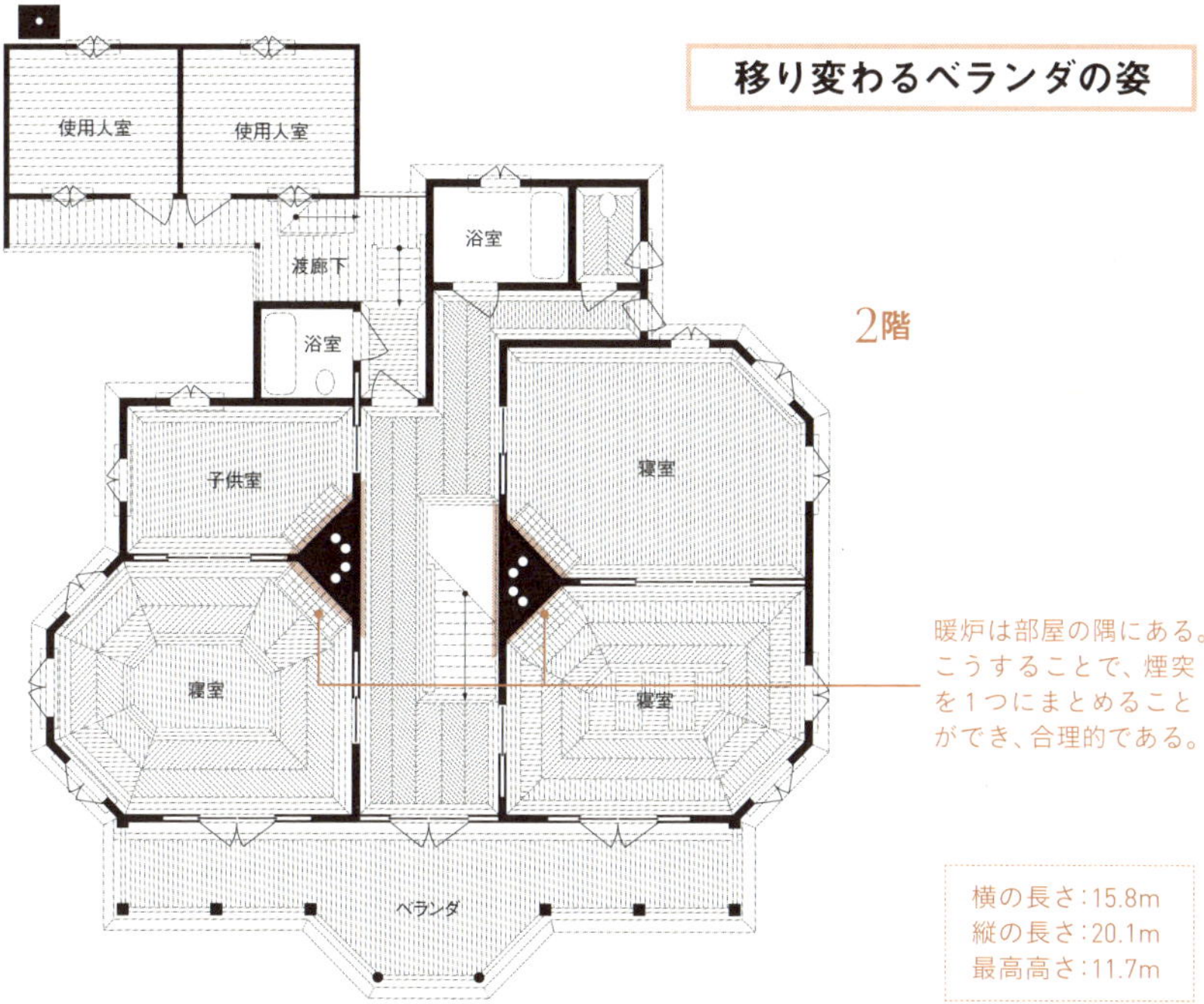
使用人室
使用人室
浴室
渡廊下
浴室
子供室
寝室
寝室
寝室
ベランダ
2階
暖炉は部屋の隅にある。こうすることで、煙突を1つにまとめることができ、合理的である。
横の長さ：15.8m
縦の長さ：20.1m
最高高さ：11.7m

data **国指定重要文化財**

建築年：1902年・延床面積：397.6㎡
住所：兵庫県神戸市中央区中山手通5-3-1（相楽園）
　　旧所在地：兵庫県神戸市中央区北野町2丁目
アクセス：JR元町駅より徒歩で5分
公開：内部は不可（特別公開あり）

日本の産業発展に貢献・英国人実業家の家

兵庫

旧《きゅう》ハンター住宅《じゅうたく》

ガラス張りに圧倒される外観。もともと屋外の「ベランダ」で、手すりなどが残る。

エドワード・ハンターは、大阪鉄工所（日立造船の前身）、関西煉瓦《れんが》会社、大阪煙草《たばこ》会社などの経営を手がけ、日本産業に大きな影響を与えた英国人実業家である。ハンターは、神戸港開港の明治元（1868）年に横浜から来住した。この住宅があったのは北野町3丁目で、建設は明治40（1907）年である。和風住宅に住んでいたハンターが、古家《こか》を買い付けて移築・改造したものだという。古家は、3面にベランダを廻したものだったらしい。

この住宅は、正面向かって左手に「玄関」をとり、そこから横方向に廊下をとった「中廊下型」の間取りをもつが、水廻りが背面を占めず窓もあるため、ゆったりとした印象を受ける。居室は「玄関」側から「応接室」「食堂」「居間」の順で並ぶ。「食堂」と「居間」の間は**引込戸**《ひきこみど》で、開けば一体的に使える。2階は「食堂」と「居間」の上を3分割しているが、ほぼ同じ間取りである。この4室は全て「寝室」であったと思われる。

ところで、神戸の異人館の多くはベランダ（ただし、その意匠によっては呼称が異なる）をもつ。このベランダは、東南アジア植民地の風土の中で、洋風住宅に取り入れられていき、それが西洋に既にあった**ロッジア**やバルコニーといった建築の要素と重なって生まれたものである。しかし日本においては、次第にガラス戸が入れられ室内として扱われるようになる。神戸の異人館も、明治20年代以降はそうした事例が多く、旧ハンター邸の「ベランダ」がつくる圧倒的なガラス面は、後補《こうほ》であるものの、それを象徴しているかのようだ。

data **国指定重要文化財**

建築年：1907年（棟札）・延床面積：546.3㎡
住所：兵庫県神戸市灘区青谷町1-1-44（神戸市立王子動物園）
旧所在地：兵庫県神戸市中央区北野町3丁目
アクセス：JR灘駅より徒歩で10分
公開：春、秋の年2回公開（要問合わせ）

ベランダはガラスを入れて室内へ

横の長さ：24.0m
縦の長さ：16.2m
最高高さ：14.2m

＊現況

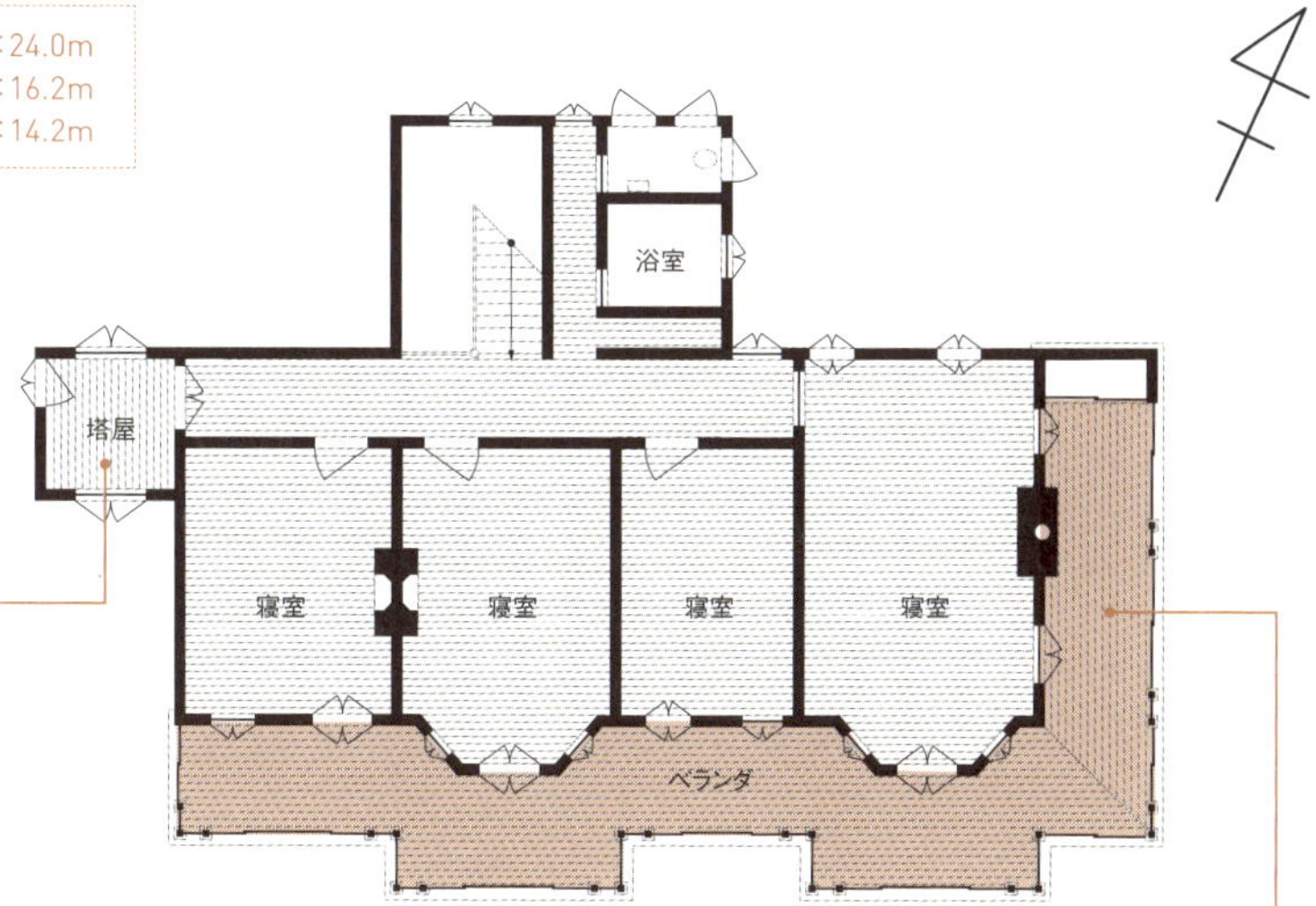
2階
浴室
塔屋
寝室
寝室
寝室
寝室
ベランダ

塔屋のみ3階がある。

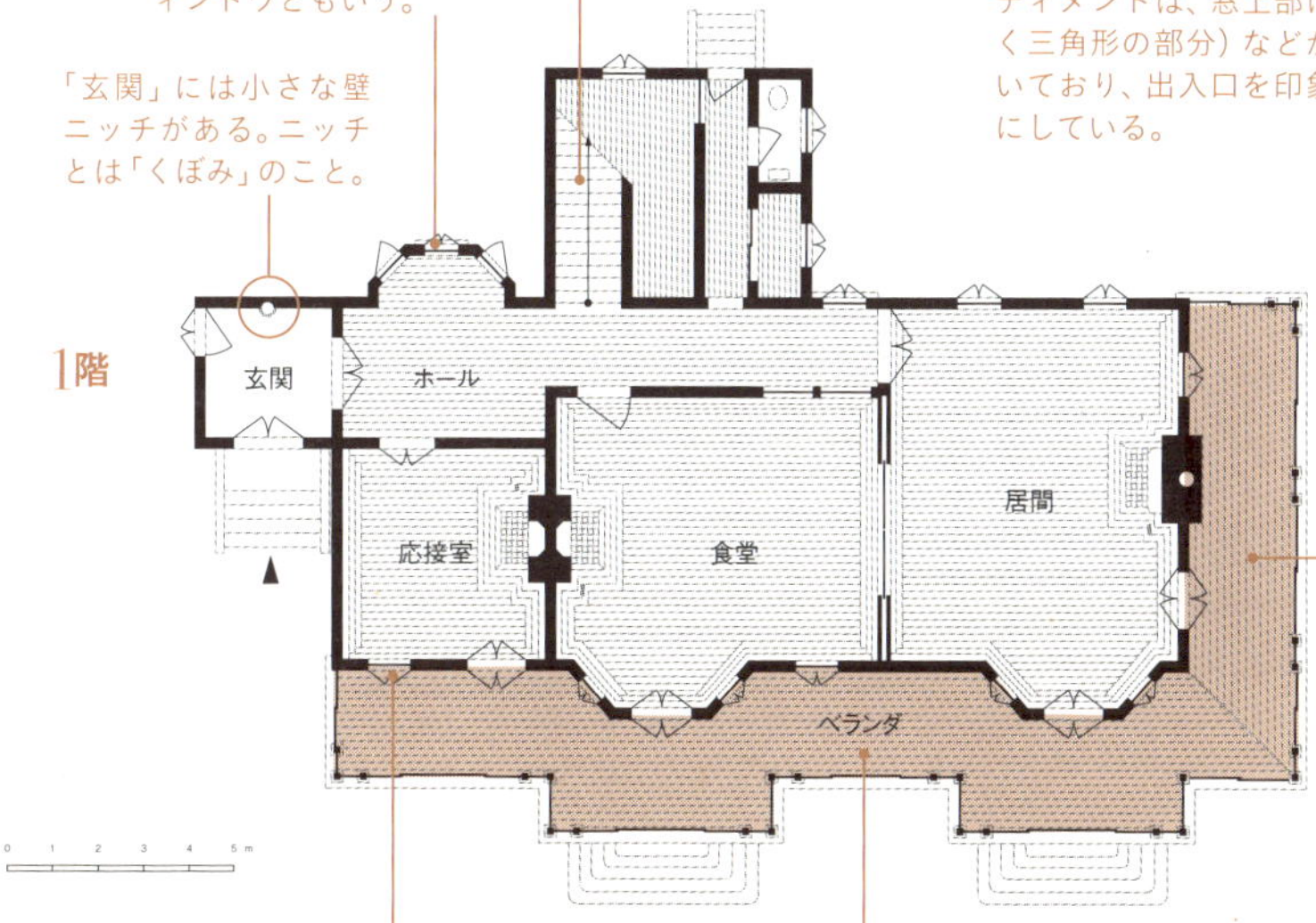
1階
玄関
ホール
応接室
食堂
居間
ベランダ
0 1 2 3 4 5m

このように張り出した窓をベイ・ウィンドウという。長方形や弓型の場合もある。弓型の場合は特にボウ・ウィンドウともいう。

階段の上がり口はハート形のアーチになっている。

廊下や各室境の開口上部には、ブロークン・ペディメント（三角形の頂部をわざと欠いたペディメント。ペディメントは、窓上部に付く三角形の部分）などが付いており、出入口を印象的にしている。

「玄関」には小さな壁ニッチがある。ニッチとは「くぼみ」のこと。

「ベランダ」周りの各室の窓は2重で、外側に**鎧戸**（よろいど）が付く。これにもともと「ベランダ」が屋外だったため。

「ベランダ」の凸部分から庭へ下りることができる。

「ベランダ」は後にガラスを入れて室内化されたもの。

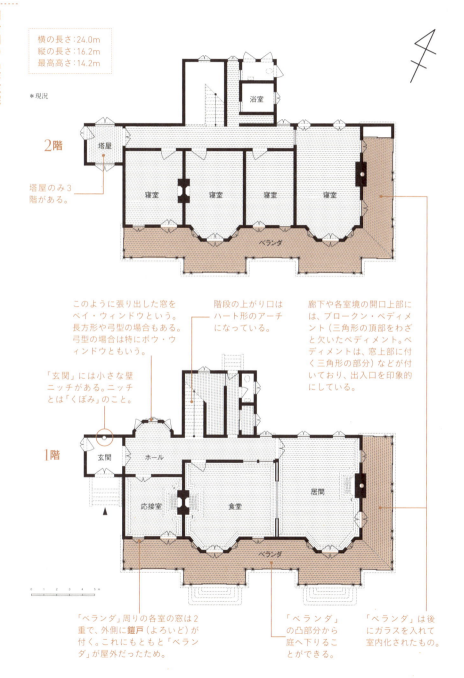

福岡

九州産業界の重鎮が建てた迎賓館兼住宅

旧《きゅう》松本《まつもと》家《け》住宅《じゅうたく》

旧松本家住宅は、北九州市・戸畑《とばた》の市街地の、木立が茂る丘に建つ。明治期に鉱業で成功し、明治専門学校（現・九州工業大学）を設立した九州産業界の重鎮・松本健次郎《けんじろう》（1870〜1963）が建設した、学校の迎賓館《げいひんかん》を兼ねた自宅で、和館は明治42（1909）年、洋館はその翌年の上棟《じょうとう》である。

洋館と和館を、渡り廊下で連結した「和洋館並列型」の典型で、日本の建築界の先駆者・辰野金《たつのきん》吾《ご》（辰野片岡事務所）が手がけた。辰野金吾（1854〜1919）は、工部大学校（現東京大学工学部）でジョサイア・コンドルに学び、第一回生として卒業した建築家である。日本銀行本店や、奈良ホテル、大阪市中央公会堂など、今日でも広く知られる作品を多く残している。

洋館は、「大ホール」「小ホール」を動線の中心とし、ここから各室に入る。主に、「応接室」は執事が対応する程度の事務接客、「大ホール」は主人が対応する公的な接客、「主人書斎」は私的な接客に使用したという。「定食堂」は小学生以上の食堂で、それ未満は女中と一緒に「小食堂《ちーしょくどう》」で食事をしたそうだ。洋館2階には、寝室、勉強室などがあり、洋館中心の生活だったようである。

一方和館は、健次郎の母や、来客の宿泊、饗応《きょうおう》に使用された。初期の「和洋館並列型」の事例は、接客は洋館、生活は和館といったように機能と意匠の対応関係がはっきりしているが、次第にその対応関係は曖昧となってくる。旧松本家住宅は、生活が洋館に移っており、明治末期の状況をよく示している。

屋根の換気窓、湾曲する軒のライン。緩やかな曲線が印象的なアール・ヌーヴォーの外観。

data 国指定重要文化財

建築年：和館1909年（上棟）、洋館1910年（上棟）
建築面積：洋館624.9㎡、和館466.1㎡
住所：福岡県北九州市戸畑区一枝1-4-33
アクセス：JR小倉駅より車で20分
公開：年2回春と秋の内部公開（要問合わせ）

アール・ヌーヴォー様式を取り入れた和洋館並列型住宅

横の長さ：51.9m
縦の長さ：60.8m
最高高さ：16.4m

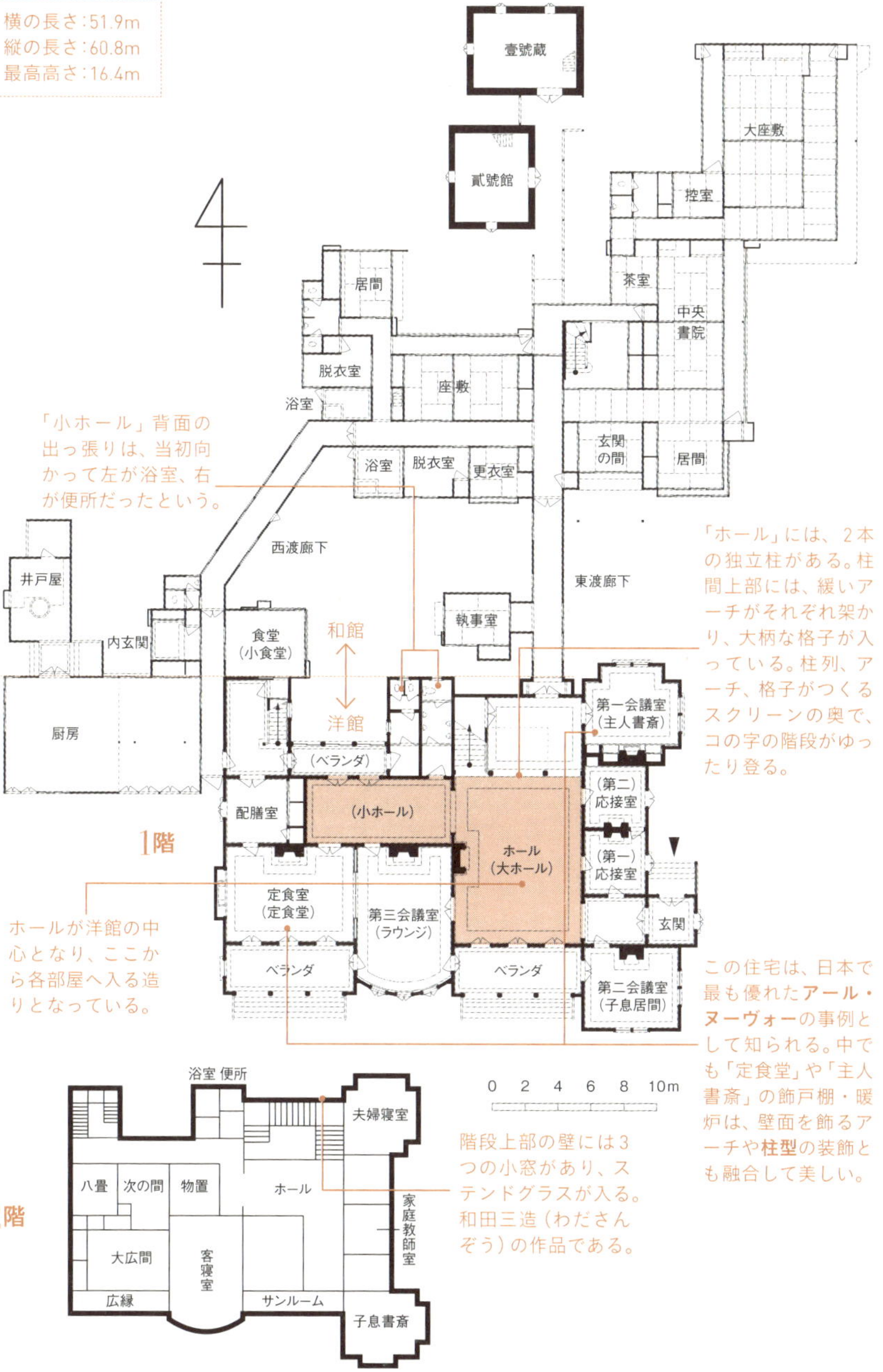

＊室名は、『重要文化財旧松本家住宅洋館・日本館・壱号蔵・弐号蔵修理工事報告書』を参照。括弧内の室名は、聞き取り調査による。

東山手の急斜面に並ぶ貸家

長崎

東山手《ひがしやまて》洋風住宅《ようふうじゅうたく》A

長崎・東山手の斜面に、2段に分けて計7棟の貸家住宅（あるいは社宅）が建っている。上段に2階建3棟、下段に平屋3棟と2階建1棟が建ち、いずれも明治27年から30年（1894～1897）の間に建設されたと考えられている。これはその上段の端に位置する住宅である。この東山手や、隣り合う南山手の地区は、幕末に長崎港へ向かう水域を順次埋め立てて造成された外国人居留地である。南山手にあるグラバー邸とこの住宅は直線で400m程の距離にある。

この住宅は、いわゆるメゾネットタイプの住戸《じゅうこ》を左右に反転して並べたものである。手前いっぱいに「ベランダ」、両端に階段のある「廊下」をもち、左右に2つずつ居室を並べ、手前の居室には暖炉がある。また、建物背面には「炊事場」や便所のある付属屋が建ち、「ベランダ」からその付属屋までを、中央の間仕切りが分離している。2階は、「ベランダ」と3つの居室からなり、階段を上った廊下からは、内2室へ入ることができ、暖炉のある手前の居室から、残る1室に入る。1・2階ともに、暖炉のある室が生活の中心になっていたと思われる。2階の「ベランダ」は、下段にある手前の住宅が平屋のため、広く視界が開けている。なお、この隣にある住宅も同様の間取りである。

居留地の洋館は、最初は特定の個人のための注文住宅として作られたのだろう。そのため、こうした不特定の人々のための貸家住宅が群として残されていることは全国的にみても例がなく、貴重な存在である。

急な斜面の敷地に建ち、建物背面には屋根と同じ程度の高さに道路が通っている。「ベランダ」からは、手前の家が平屋のため、視界がさえぎられず、見晴らしが良い。

data

建築年：明治20年代後半・延床面積：216㎡
住所：長崎県長崎市東山手町6-25
アクセス：路面電車石橋駅より徒歩で4分
公開：9:00～17:00・休館日：月曜日、年末年始（現在はB棟を公開中）

外国人居住地のメゾネット

横の長さ：14.9m
縦の長さ：12.3m
最高高さ：9.0m

この居室は、暖炉のある部屋のみとつながっており一体での利用も考えられる。

2階背面の居室の1つは廊下からしか入れない。この住宅で最も独立性が強い室である。

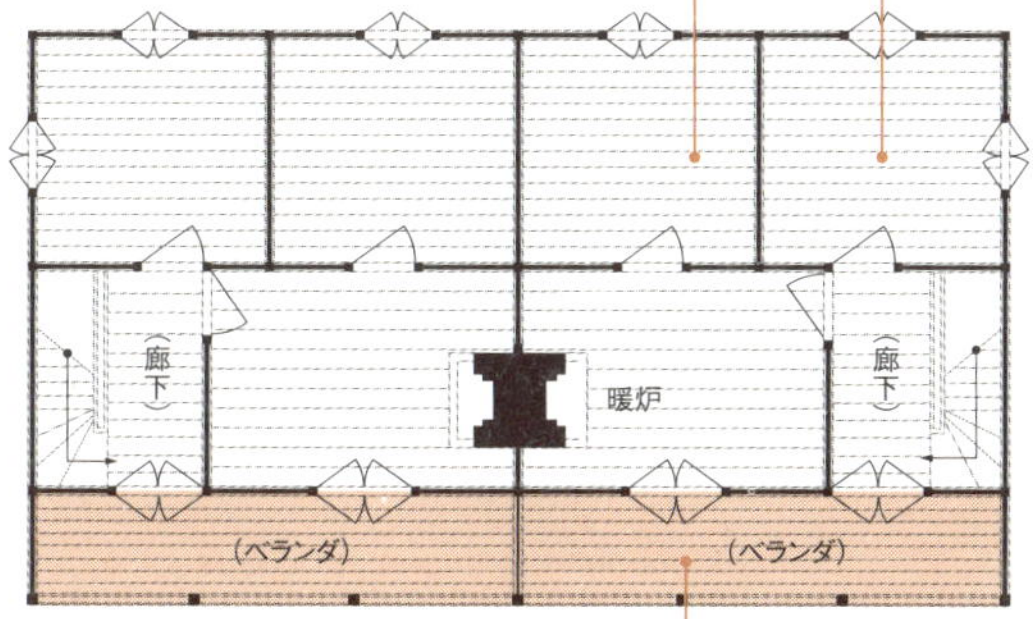

2階

「ベランダ」の天井は、**網代組**（あじろぐみ）透かし張りである。グラバー邸などにもみられる仕上げで、東南アジア系の**コロニアル様式**の特徴を示す。

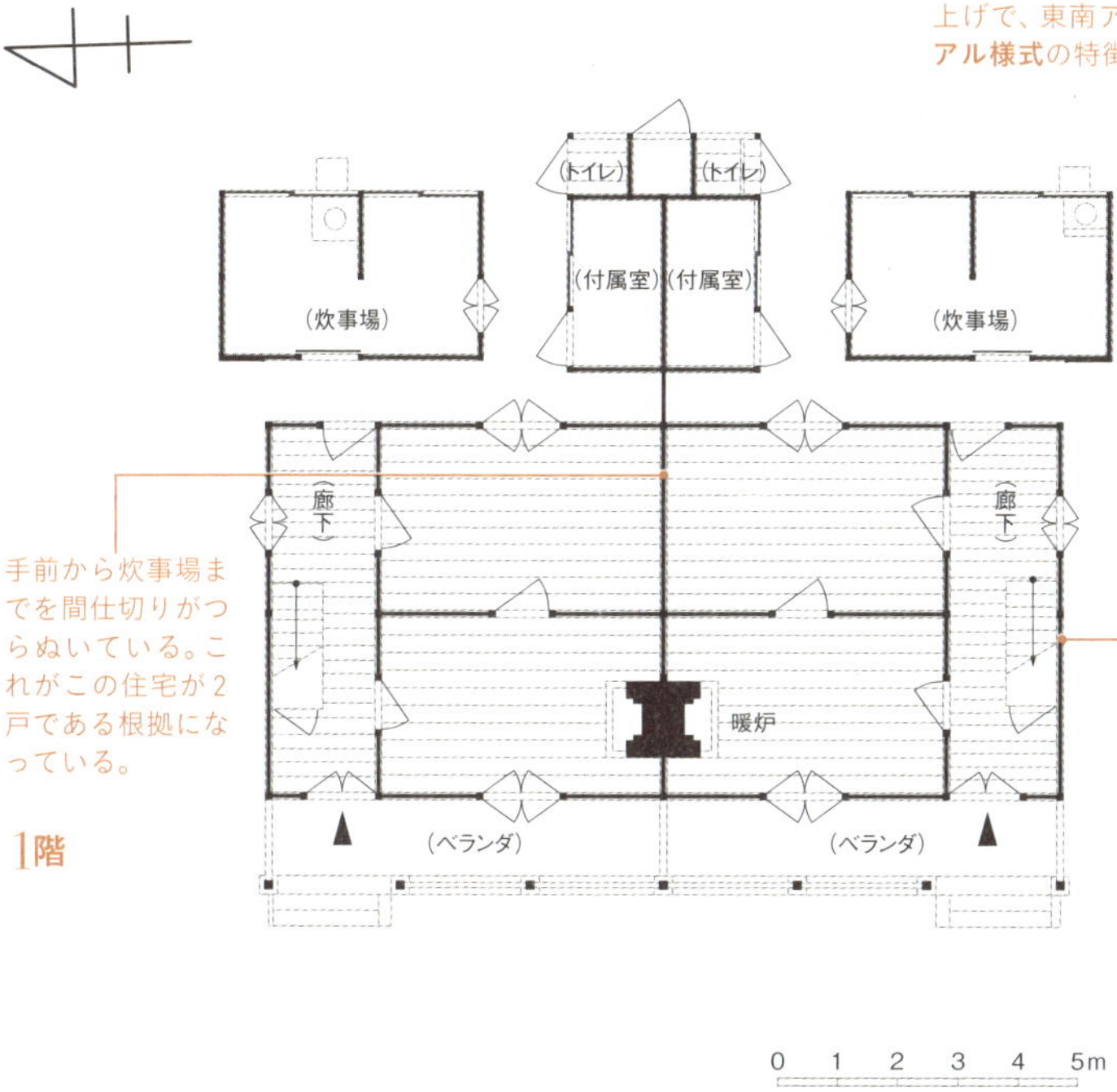

手前から炊事場までを間仕切りがつらぬいている。これがこの住宅が2戸である根拠になっている。

1階

外壁は**下見張り**（したみばり）の塗装仕上げ。

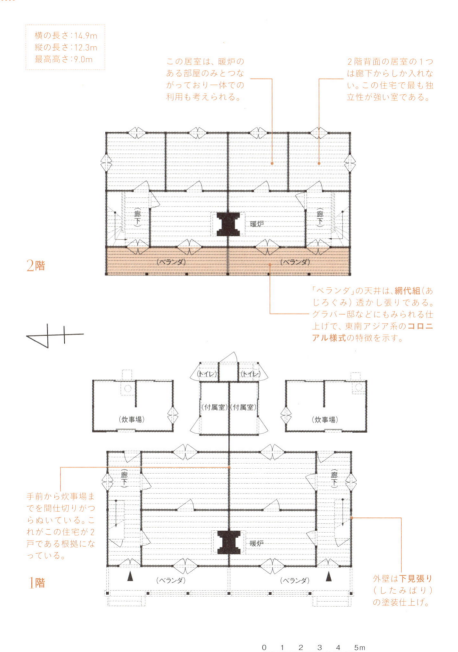

長崎

長崎の発展に寄与した貿易商の家

旧《きゅう》リンガー住宅《じゅうたく》

グラバー園内にある住宅である。この住宅にはフレデリック・リンガーとその息子、孫が3代に渡って暮らした。リンガーは、グラバー商会に勤めた後、明治元（1868）年にホーム・リンガー商会を立ち上げ、造船資材や茶などの取引を開始した。旧リンガー住宅は、その頃の建設とされる。敷地の南山手2番地は、もともとグラバーが借りていた土地であることから、リンガーが借地権を譲り受けて新築したものと推測されている。

現在の旧リンガー住宅は、ほぼ明治中期頃の様子を伝えている。当初の間取りは、「寝室」の独立柱より手前外側、背面の「化粧室」と「調理室」がなく、背面いっぱいを「ベランダ」としたものだったようだ。したがって、「寝室」は、現在の「食堂」を反転した輪郭をしており、途切れながらも4面を「ベランダ」が巡っていた。間取りを見ても、建物へはこの「ベランダ」から入るわけだが、「応接室」と「居間」の手前側が多角形に突出しており、左右対称をつくっているために中央の出入口はくぼんでいて、玄関らしさを感じる。「応接室」と「居間」の背面には「寝室」と「食堂」があり、それぞれ暖炉を裏表の関係に配置して、煙突をまとめている点は合理的である。「寝室」背後には「化粧室」、「食堂」背後には「調理室」がある。動線を考えれば縦方向に廊下をとった「中廊下型」の平面形式である。

旧リンガー住宅は、4面の「ベランダ」にみるように**コロニアル様式**の典型と言え、明治初期の洋風住宅の姿を伝える貴重な事例である。

石を用いた重厚感のある外壁に、「ベランダ」の角柱が軽快感を与える外観。

data **国指定重要文化財**

建築年：1868年頃・建築面積：350.8㎡
住所：長崎県長崎市南山手町8-1（グラバー園）
アクセス：路面電車大浦天主堂下駅より徒歩で5分
公開：8:00〜18:00、夏季ライトアップ（8:00〜21:30）等あり

ベランダが巡る中廊下型の家

横の長さ：19.1m
縦の長さ：21.0m
最高高さ：8.2m

「浴室」内部には、中国製の陶器の浴槽が残されている。

廊下は前後に分かれており、また「応接室」と「寝室」、「居間」と「食堂」は直接出入りできない。そのため、公私がはっきり分かれている印象がある。

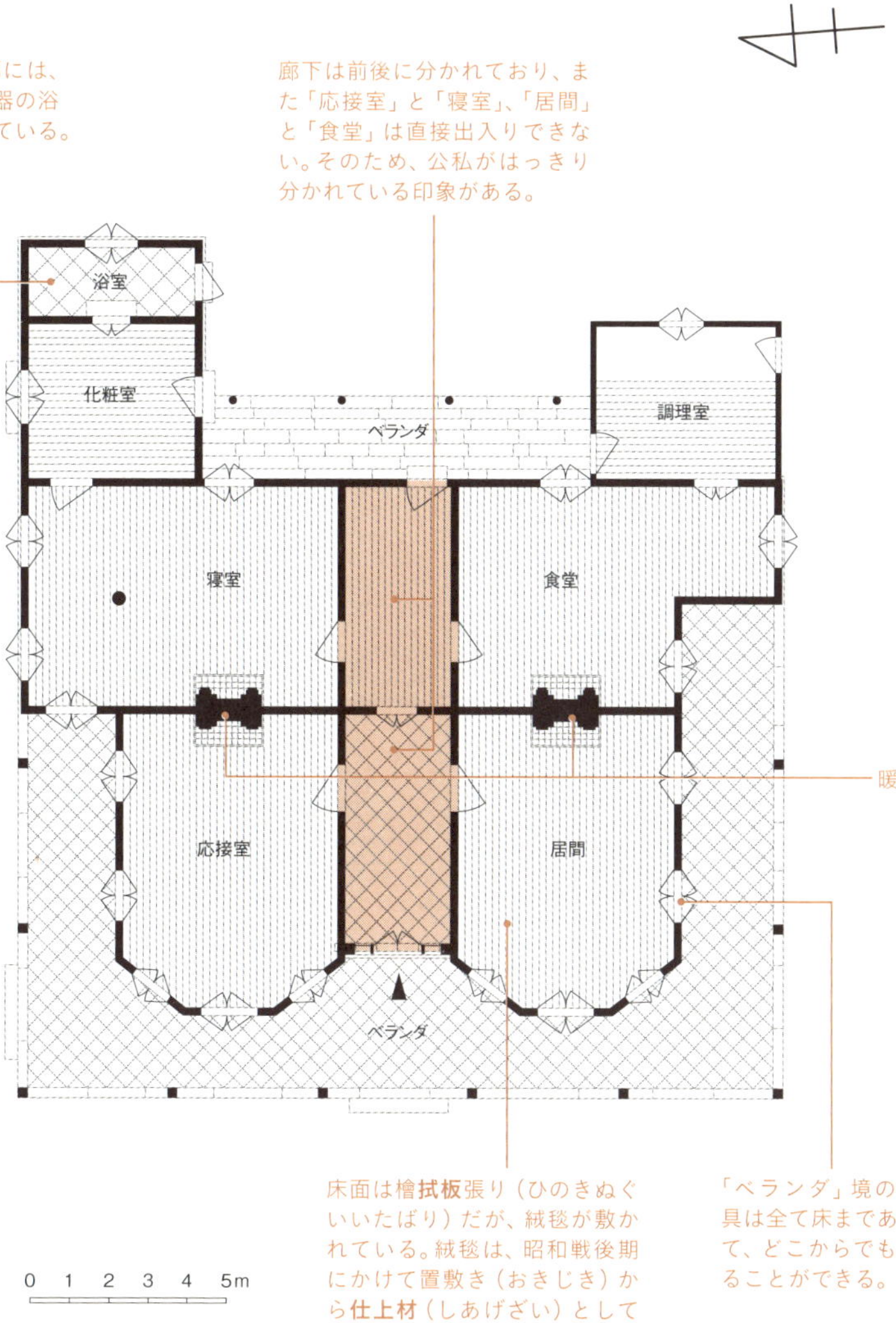

暖炉

床面は檜**拭板**張り（ひのきぬぐいいたばり）だが、絨毯が敷かれている。絨毯は、昭和戦後期にかけて置敷き（おきじき）から**仕上材**（しあげざい）としても変化を遂げていく。

「ベランダ」境の建具は全て床まであって、どこからでも入ることができる。

中廊下型住宅

「中廊下型」は今日ごく一般的な間取りだが、江戸期の住宅にはほとんどみられない。
では、「中廊下型」とはいったいどのように普及してきた間取りなのだろうか。

明治初期に建設された外国人住宅を見ていくと、各居室へ直接連絡できるよう廊下を通した事例が多く見つかる(図2)。そのため、今日一般的な「中廊下型」の間取りは、海外から移入されたとも思えるのだが、中廊下研究で有名な青木正夫《あおきまさお》らによると、これは我が国で発展を遂げたものだという。

図1は、青木らが示した模式図で、中廊下型成立の過程を4つのステップで説明している。ここでは、武家住宅の流れをくむ都市中流住宅の内、より小規模な住宅が想定されている。まず「座敷直入《ざしきじかい》り型」から説明しよう。武家住宅では、玄関から次の間を通って座敷へ入るのが一般的であった。その中で次の間は、接客作法の上で重要な役割を担っていた。しかし、明治期に入るとその作法が簡略化され、また家族室の環境（日当りなど）が問題視されるようになる。すると、次の間を家族室に転用した事例が現れる。しかし、次の間経由で座敷に入る間取りでは、来客毎に片付けが必要になり不便である。そこで、玄関と座敷を直接つなげた間取りが「座敷直入り型」で、明治期の新しい間取りである。

ところがこの間取りは、家族が便所を使用する際に座敷の前を横切る必要があり、来客時に不都合が残る。そこでステップ1は、座敷裏の便所を次の間側へ移動したものである。しかし、今度は客が家族の生活領域を侵すことになり、また客が浴室を利用する際にも不都合が残る。それを一気に解決したのがステップ2で、水廻り室に接続するタテ廊下を通している。だが、まだ問題は残る。それは、女中が便所を利用する際に茶の間を通り抜けてしまうことで、この解決のために、ヨコ廊下も加えたのがステップ3である。このように、廊下を増やして一連の問題は解決されたが、最初と比べて面積が増加してしまった。そこで、今度は室配置の検討により廊下省略を図ったのがステップ4で、玄関脇に便所、南側に茶の間を配する間取りとなった。このように、客と女中に対する家族のプライバシーと、経済的問題を、廊下と室配置の工夫から解決して成立したものが中廊下型だと言うのだ。

では、試しに本書の事例でこの考え方をおさらいしてみよう。まず、森鷗外《もりおうがい》・夏目漱石《なつめそうせき》住宅（図3）は、中廊下を有し、一見ステップ4のようである。しかし、茶の間が北にある点では3以前、客が浴室を利用する際に茶の間か炊事場を通り抜ける必要がある点では1の段階を示す。次に、寺西家阿倍野長屋《あべのながや》（図5）は、僅かな面積も無駄にできないような住宅でも、昭和初期には中廊下の導入が進んでいたことを示す事例で、模式図に当てはめにくいが、居室を通り抜けずに便所へ行ける点で、2以降の段階を示す。次に、小林古径《こばやしこけい》邸（図4）の間取りは、畳敷きの中廊下に古さを残すが、室配置からステップ4と判断できる。タテ廊下にしても、居間が客間の続間《つづきま》として扱われることを避ける役割を果たしている。旧林芙美子《はやしふみこ》邸（図6）は、廊下形状のみ見ればステップ3のように見えるが、室配置の点では4の段階である。幅の広い縁側は居室としての役割も果たし、また脱衣室と廊下は兼用になっており、廊下を有効に活用しようとする工夫もみられる。

図1　青《あお》木《き》正《まさ》夫《お》らによる「北入りヨコ中廊下型平面構成の発展過程モデル」
（青木正夫・岡俊江・鈴木義弘：『中廊下の住宅』）
＊図は模式図をトレース・各解説は、青木らの説明をもとに筆者が書いたもの

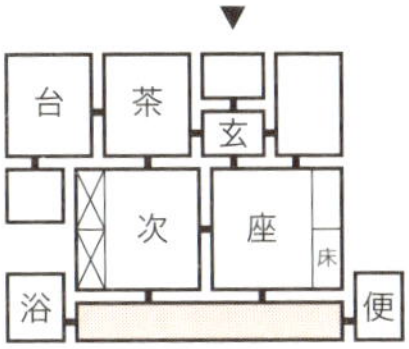

0　座敷直入り（ざしきじかいり）型
次の間は、目上の客を出迎えたり、目下の客を待たせておくなど、接客において重要な役割を果たしてきた。これは、玄関から次の間ではなく座敷に直接入る、明治期の新しい間取りである。次の間は、茶の間として使用することもでき、接客本位から家族本位へと変わる過渡期の状況を示している。

1　便所の移動
座敷の床の間裏手にあった便所が、次の間側へ移動する。これにより、座敷に来客を迎えている際でも、家族が縁側を横切ることなく便所へ行けるようになった。しかし、女中が便所へ行くには、家族の生活領域を通り抜ける必要があった。また、客が浴室を利用する際も通りぬけが発生してしまう。

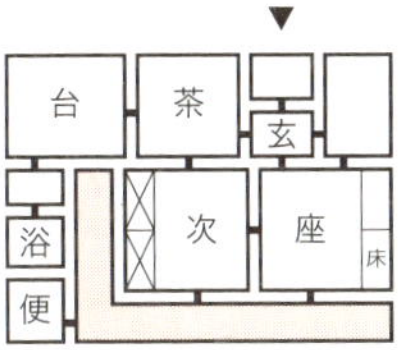

2　タテ廊下の発生
ステップ1の問題点を一気に解決したのが、タテ廊下のある平面形である。この段階では、他に玄関から台所へ連絡する際に、茶の間を通り抜ける必要がある。

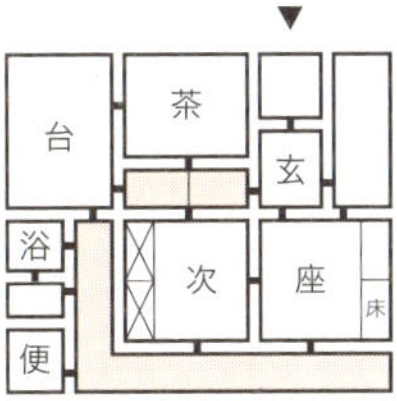

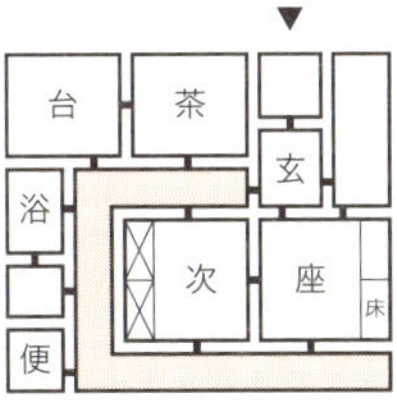

3　ヨコ中廊下の発生
茶の間の通りぬけを避けるように、ヨコ中廊下を通した平面形である。ヨコ中廊下は、茶の間と連続して使用されていたため、発生当初は畳敷きで、その後板敷きへ変わり、コの字の板敷き廊下が現れたとされる。しかし、廊下を増やすことは、面積の増加、すなわち建設費の増加につながった。

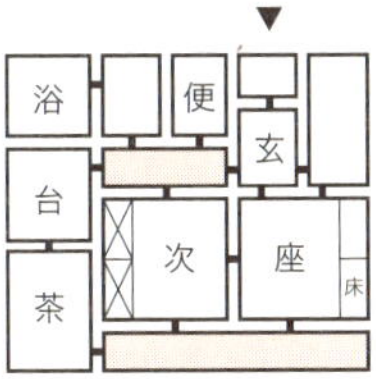

4　中廊下型の成立
ステップ3において単純にタテ廊下を省略すると、再び便所へ行くために、次の間の通りぬけが発生してしまう。そこで、茶の間から便所にかけての配置を逆転させたのがステップ4である。これによって、水廻り諸室が北側に集まり、居室が南に並ぶ中廊下型が成立した。

：廊下部分

図4　小林古径《こばやしこけい》邸　124頁
（昭和9年）

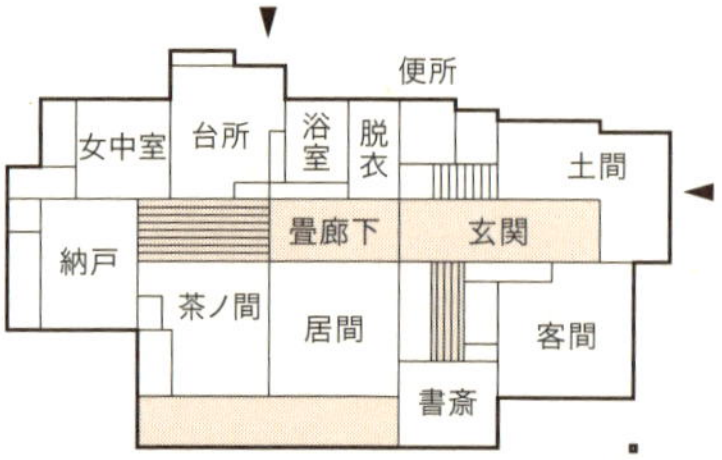

便所から台所、茶の間にかけての配置は、青木氏が示したステップ4と酷似する。タテ廊下は、居間が客間の次の間になることを否定している点も「座敷直入り型」を連想させて面白い。また、見方によっては、書斎がタテ廊下の兼用によって生じたようにも思える。

図2　旧リンガー住宅　100頁
（明治元年）

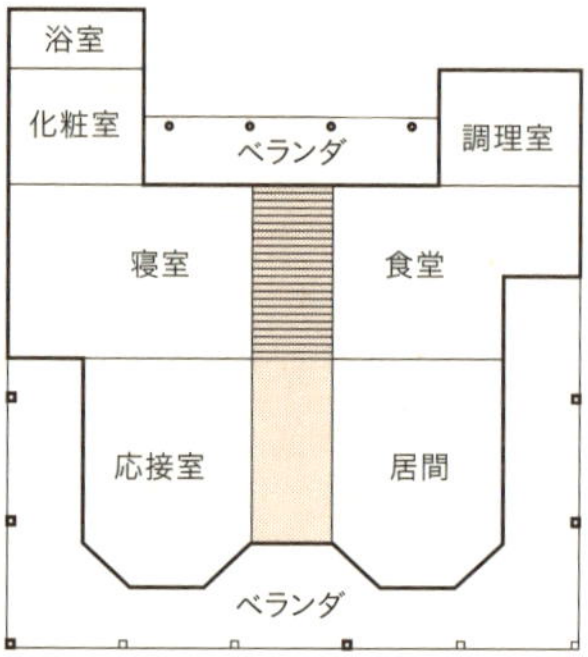

図5　寺西家阿倍野長屋《てらにしけあべのながや》　122頁
（昭和7年）

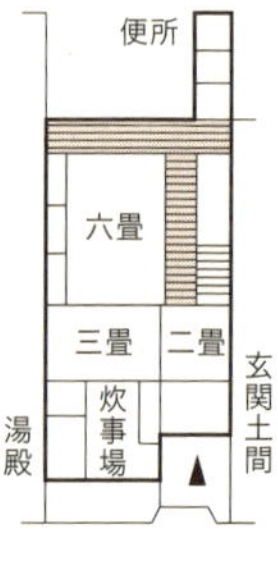

この間取りでは、8畳間を諦（あきら）めて、2畳と便所を結ぶ廊下を縦に通している。この間取りは、直接青木らによる模式図に当てはめられるものではないが、昭和初期には長屋にまで中廊下が導入され、その普及をうかがわせる事例である。

図3　森鷗外《もりおうがい》・夏目漱石《なつめそうせき》住宅　74頁
（明治20年頃）

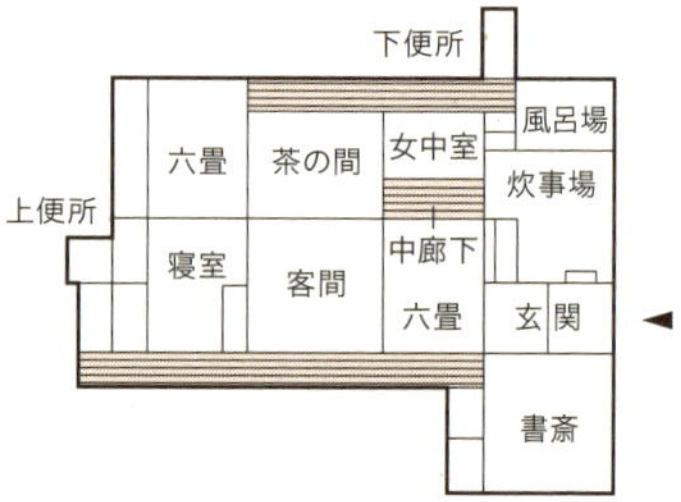

中廊下はあるが、客が浴室を利用する際は茶の間か女中室を通り抜ける必要がある。しかし、便所を2箇所設けており、あまり不都合な通りぬけが発生しない間取りである。

図6　旧林芙美子《きゅうはやしふみこ》邸　132頁
（昭和16年）

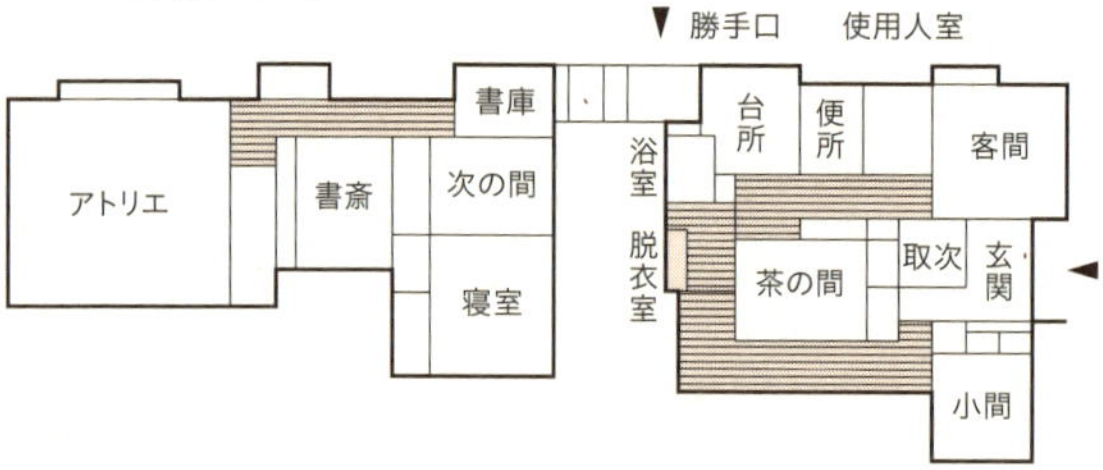

：廊下部分

廊下形状からは、ステップ3に見える。ただし、室配置については中廊下型が完成していると見て良い。中廊下とタテ廊下が出会う所を脱衣室にしているが、通りぬけも可能であることから、タテ廊下が兼用されている事例である。また、縁側が広く、食事を摂るなど、居室としての利用もされた。

3

大正・昭和期の名作住宅

中廊下型、居間中心型、コア・プラン、ダイニングキッチン、規格化、プレハブ…。今日私たちが暮らす住宅の原風景がここに。

kyu-kawakami-sadayakko-tei

kyu-yagishita-tei

kobayashi-kokei-tei

ginza-no-syou-jutaku

kyu-oguma-tei

teranishi-ke-abeno-nagaya

kyu-hayashi-humiko-tei

watashi-no-ie

villa-coucou

midget-house

kyu-nishimura-ke-jutaku

kyu-yamamura-tei

yamate-234-bankan

kyu-inoue-husaichirou-tei

kyu-moroto-seiroku-tei

kurita-tei

No.20

kyu-hara-kunizou-tei

doujunkai-daikanyama apartment

maekawa-kunio-tei

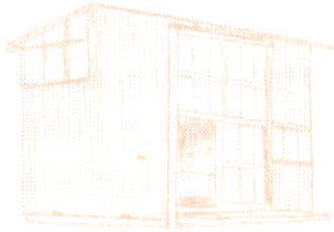

saisyogen-jyukyo

51C

三重

日本一の大地主・その二代目の家

旧諸戸清六邸《きゅうもろとせいろくてい》（六華苑《ろっかえん》）

初代・諸戸清六は、明治期に米穀取引で財をなし、出羽《でわ》本間《ほんま》家を越える日本一の大地主、あるいは山持ちとされた人物である。旧諸戸清六邸は、その四男の二代目・清六により、大正2（1913）年に竣工した邸宅で、5千坪を優に超える敷地に、本館の他、**長屋門《ながやもん》**、蔵、離れなどを配した壮大な屋敷構えをみせている。本館は、4層の**塔屋《とうや》**をもつ木造2階建の洋館と、木造平屋建（一部2階）の和館からなる「和洋館並列型」の事例である。

設計を手がけたのは、ジョサイア・コンドル（1852〜1920）である。コンドルは明治10（1877）年、新政府に雇われてイギリスより来日し、現在の東京大

コンドルによる和洋館並列型住宅

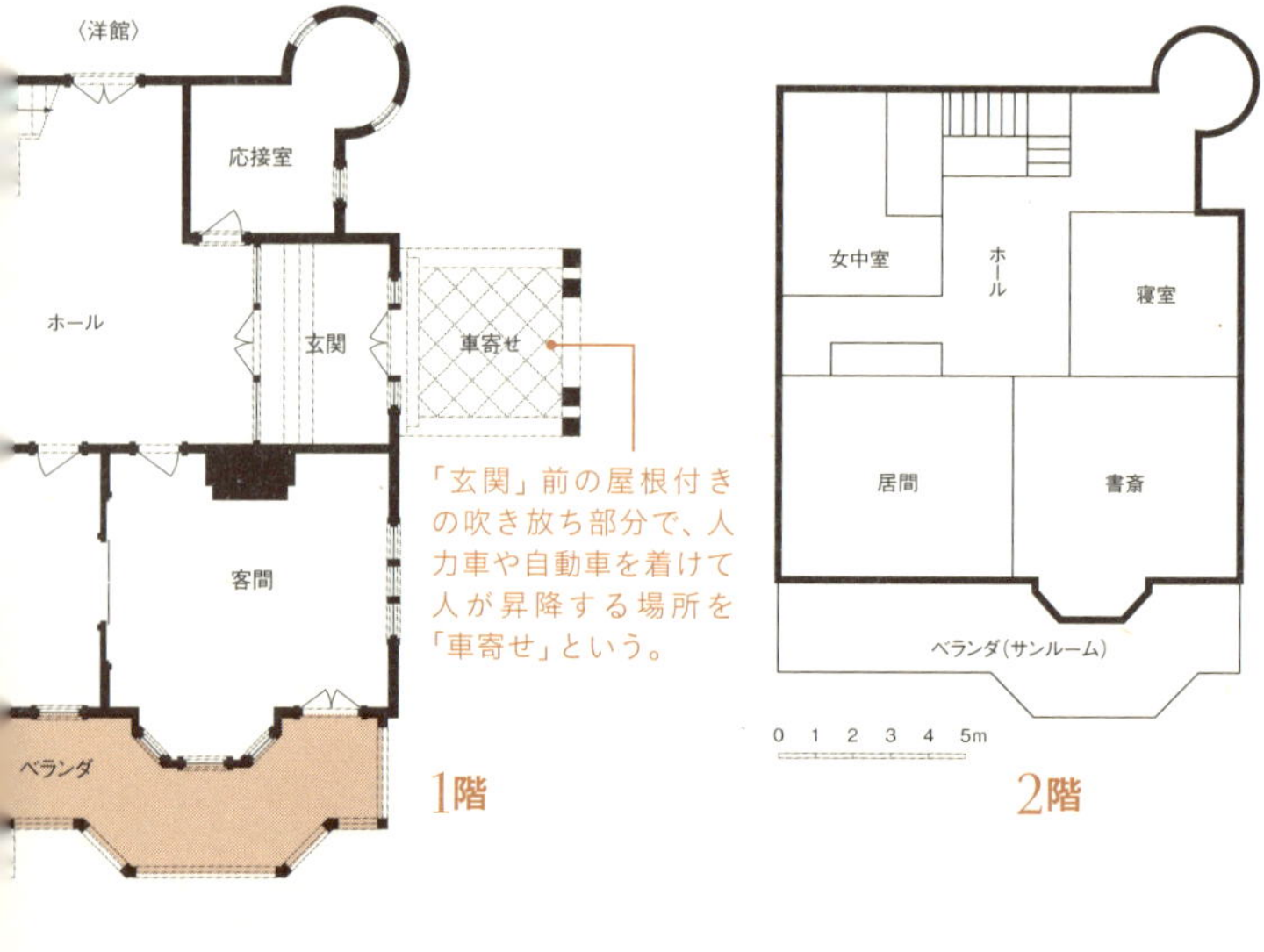
〈洋館〉
応接室
ホール
玄関
車寄せ
客間
ベランダ
1階
女中室
ホール
寝室
居間
書斎
ベランダ（サンルーム）
0 1 2 3 4 5m
2階
「玄関」前の屋根付きの吹き放ち部分で、人力車や自動車を着けて人が昇降する場所を「車寄せ」という。

洋館は、ヴィクトリア朝の住宅様式でまとめられている。地方都市に現存するものとしては唯一の存在である。

data **国指定重要文化財**

建築年：1913年・建築面積：和館339.8㎡、洋館219.5㎡
住所：三重県桑名市大字桑名663-5（六華苑）
アクセス：JR桑名駅から徒歩で25分
公開：9:00〜17:00・休館日：月曜日、年末年始

学工学部建築学科の教師として、日本初の本格的な建築教育を行なった建築家であり、日本建築界の父とされる人物。旧諸戸家住宅は、コンドルの晩年の作品として貴重な存在である。

洋館1階は、「ホール」を中心に「応接室」「客間」「食堂」からなる。2階にも「ホール」があり、それを中心に「寝室」「書斎」「居間」「女中室」を配する。和館は「中廊下」を挟んで2組の座敷からなる。

ところで、小説家（または思想家、歴史家）の堺利彦《さかいとしひこ》が記した旅行記『当《あて》なし行脚《あんぎゃ》』（1928）に、この住宅に関する記述があり、そこには、「諸戸家には番頭が三十人も五十人も居り、台所には日本の板場と西洋のコックと両方が揃っている」と書かれている。記述がどこまで本当か分からないが、食事をつくるにも、和と洋が組み合わさっているというのは、この住宅形式を考える上でも面白い。

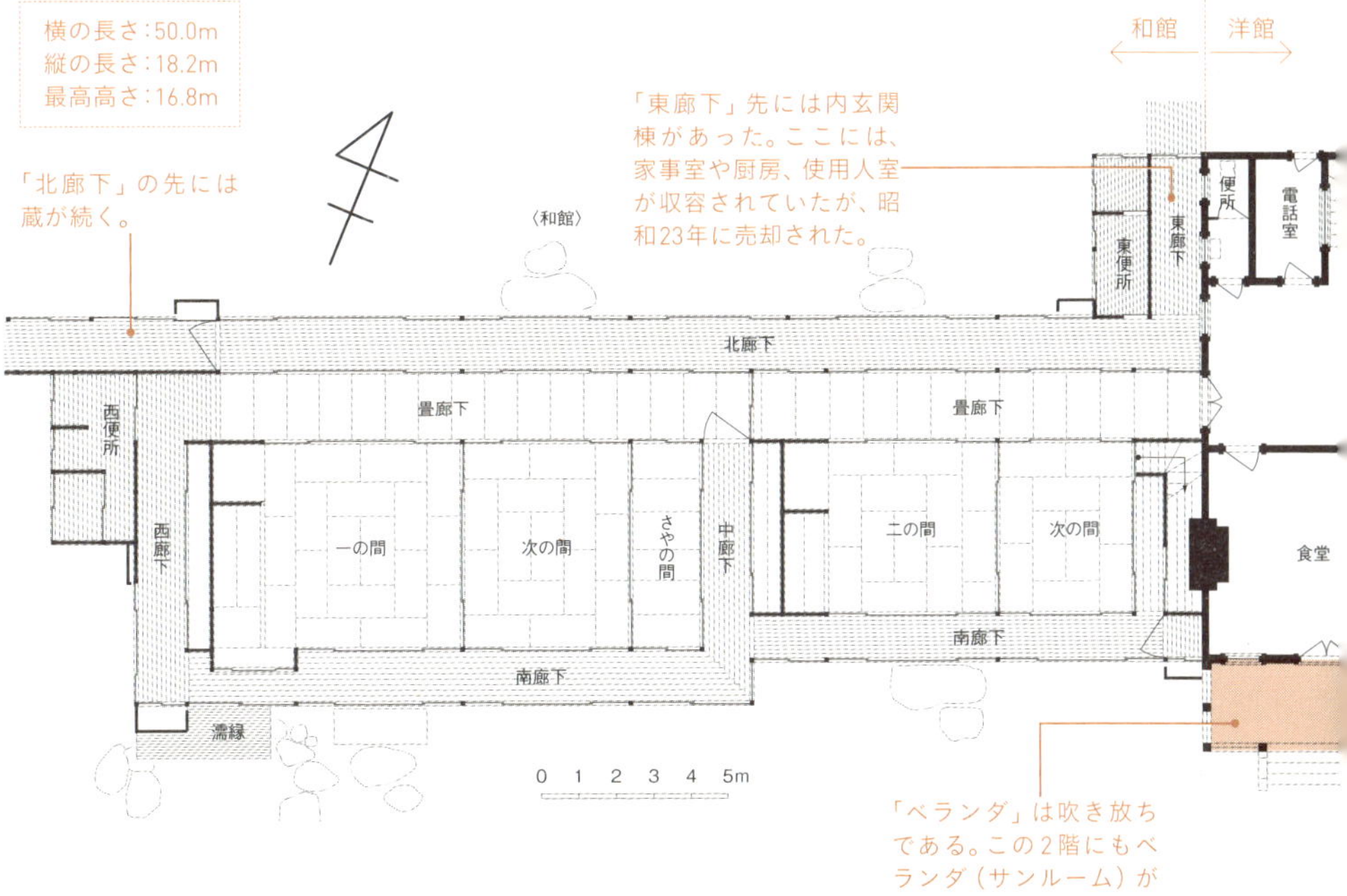
横の長さ：50.0m
縦の長さ：18.2m
最高高さ：16.8m
和館
洋館
「東廊下」先には内玄関棟があった。ここには、家事室や厨房、使用人室が収容されていたが、昭和23年に売却された。
「北廊下」の先には蔵が続く。
〈和館〉
便所
電話室
東廊下
東便所
北廊下
畳廊下
畳廊下
西便所
西廊下
一の間
次の間
さやの間
中廊下
二の間
次の間
食堂
南廊下
南廊下
濡縁
0 1 2 3 4 5m
「ベランダ」は吹き放ちである。この2階にもベランダ（サンルーム）があるが、そこはガラス戸で覆われている。

ライフスタイルの伝道師がつくる楽しき住家

和歌山

旧西村家住宅《きゅうにしむらけじゅうたく》

旧西村家住宅は、建築家・西村伊作《いさく》が、故郷である和歌山・新宮《しんぐう》に設計した自邸である。伊作は、熱心なクリスチャンだった両親を濃尾《のうび》地震で亡くし、母の実家である西村家を継いだ。西村家は奈良県の大きな山林地主の家柄で、伊作はその当主になったが、写真や絵画などに取り組んだり、世界一周に出かけたりとその視野は広く、娘の学校にと文化学院を創設するなど人並み外れた行動力ももっていた。建築家は独学でなったものだが、『楽しき住家』など著作も多い。伝道のために教会までつくった父親と関連させて、伊作を「ライフスタイルの伝道師」と呼ぶ人もいる。

これは3つ目の自邸で、大正3（1914）年の竣工である。外観は、小砂利の混ざった白漆喰《しろしっくい》の壁に、窓枠や扉、ベランダの腰壁など、赤茶色の木部が暖かな対比を見せる佇《たたず》まいで、敷地を囲む石積みは、近くを流れる熊野川の河原の石を使っている。伊作はその著作で、その地の民家の知恵を応用することが、環境に適応し、周辺とも馴染むことを主張している。

間取りを見てみよう。1階は、「ホール」を主軸として、南に「居間」「食堂」、中廊下を南北にとって、西に「事務室」、東に「家事室」「台所」を並べる。中廊下があるのに、必ずしも連絡に使用していない点は、おおらかである。2階も概ね同じ形で、南に2つの「寝室」を並べ、西に「日本座敷」と水廻り、東に「子供寝室」を設ける。水廻りを2階に設けた点は当時としては先進的で、井戸水をポンプで屋根裏に上げ、各部へ給水・給湯するシステムなど設備も注目される。

白い外壁と赤茶の木部が鮮やかな対比の外観。軒下の雨よけには地方色が現れている。

data **国指定重要文化財**

建築年：1914年・建築面積：129.7㎡
住所：和歌山県新宮市上熊野7657（西村記念館）
アクセス：JR新宮駅より徒歩で5分
公開：2019年現在、保存修理のため公開休止中

和室を取り込んだ洋風住宅

横の長さ：16.9m
縦の長さ：12.5m
最高高さ：9.1m

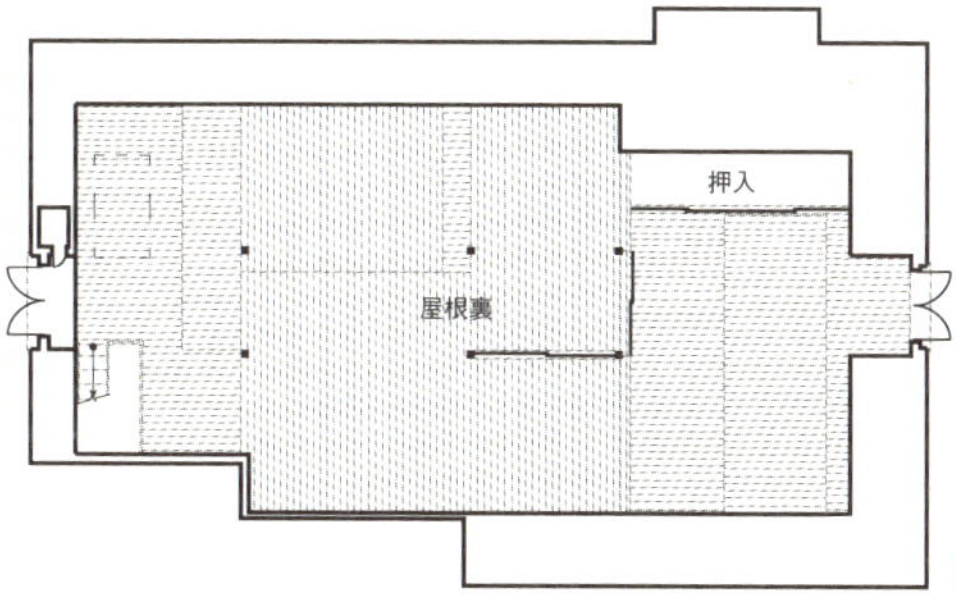

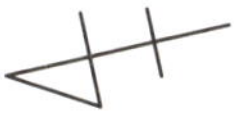

屋根裏

「浴室」が2階にあるのは、「寝室」との関係を考慮したものである。

伊作は「和洋館並列型」の住宅を「不調和不体裁」と厳しく批判している。この住宅は、和室はあるが、外観は1つにまとめ、上げ下げ窓などの洋風の窓をそのまま和室に使用している。

2階

「家事室」は裁縫など座ってする仕事の部屋で、夜は使用人の寝室になる。

「食堂」にはベイウィンドウを設ける。朝日がここから射し込んでくる。

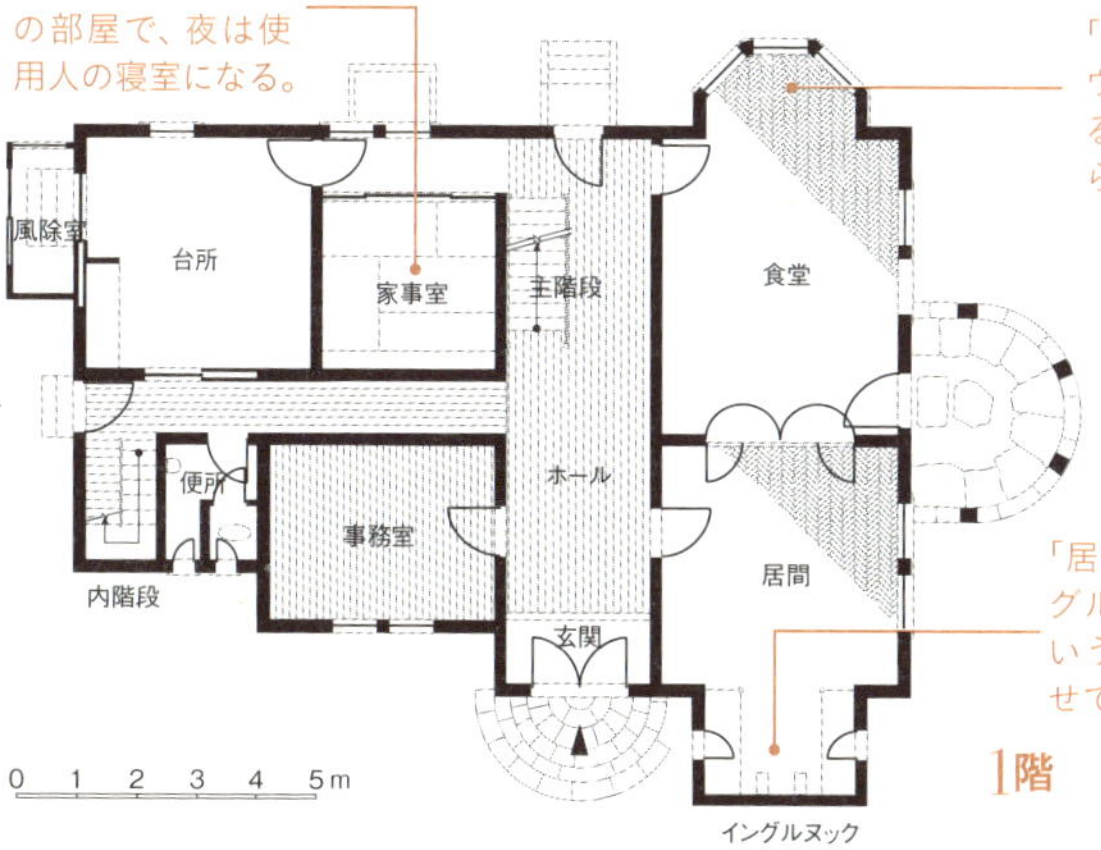

「居間」から突出した部分は、イングルヌック（「暖炉ばた」の意）という。ここでは椅子を向かい合わせて、壁にストーブを置く。

1階

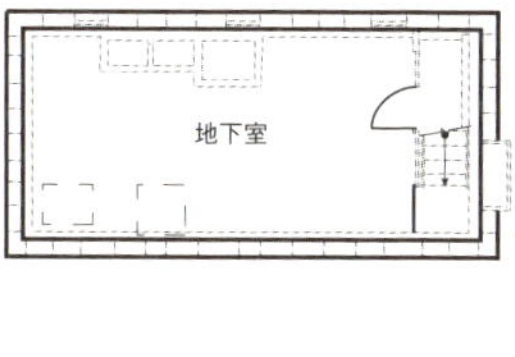

地階

根岸の丘から顔を出す洋館付き住宅

神奈川

旧柳下邸《きゅうやぎしたてい》

柳下家は、明治初期から金属輸入業を営んだ家柄で、かつて横浜・弁天通りに「鴨井屋」を屋号とする店を構えていた。この旧柳下邸はそこから3kmほど南下した根岸の丘にある住宅で、建設は今から約100年前の大正8（1919）年。最初に建設されたのは西棟と東棟、蔵だったが、関東大震災で東棟が被災したため、材料を活用しながら建て替えが実施されたようだ。洋館が加わったのもその時。丘の上から顔を出す洋館は、道行く人々の憧れの的になったことだろう。こうした和館に洋館を加える形式は、特に大正期以降、中流層の住宅でも広まりをみせていったのである。

では間取りを見てみよう。西棟は中廊下を軸に北に「浴室」「女中室」、南に「台所」「茶の間」を設け、「居間」が3つ続く。「台所」の右半分は当初畳敷きで、その西側に台所があったようだ。

一方東棟には「仏間」や「客間」「表玄関」がある。聞き取り調査や「客間1」の床下に沓脱石の痕跡があることなどから、震災前は中庭から「客間2」までの部分に十畳が2部屋あったと考えられている。震災後の建て替えによって、東棟は規模も大きく、格式もより高いものになった。

注目したいのは洋館の1階だ。洋館なのに畳敷になっている。一時は、子供室として使用したというが、なぜ畳敷なのかは不明だ。昭和期になると、洋館の中に畳敷の部屋がある状態も一般化していくが、ここにはその傾向の一端が現れているように思える。そういうわけで、旧柳下邸は当時の洋館に対する意識や内容を考える上でとても興味深い事例である。

根岸の丘の上から顔を出す洋館は、近隣のランドマーク的な存在である。

data

建築年：1919～1920年（西棟・蔵）、1924年（東棟・洋館）
住所：神奈川県横浜市磯子区下町10-6
アクセス：JR根岸駅より徒歩で8分
公開：9:30 ～ 16:30
休館日：第2・4火曜（祝日の場合はその翌日）、年末年始

洋館のシンボリックな外観と畳敷きの室内

横の長さ:25.9m
縦の長さ:25.1m
最高高さ:10.0m

「仏間」と「客間2」には、女中を呼ぶ、呼び鈴のスイッチがある。

「ボイラー室」には当初**焚口**(たきぐち)があった。設備機器の発達とともに、燃料も薪炭からガスへと変わっていった。

東の縁側には**手水鉢**(ちょうずばち)があり、また**濡縁**(ぬれえん)の痕跡がある。茶事(ちゃじ)の場としても使用されたのだろう。

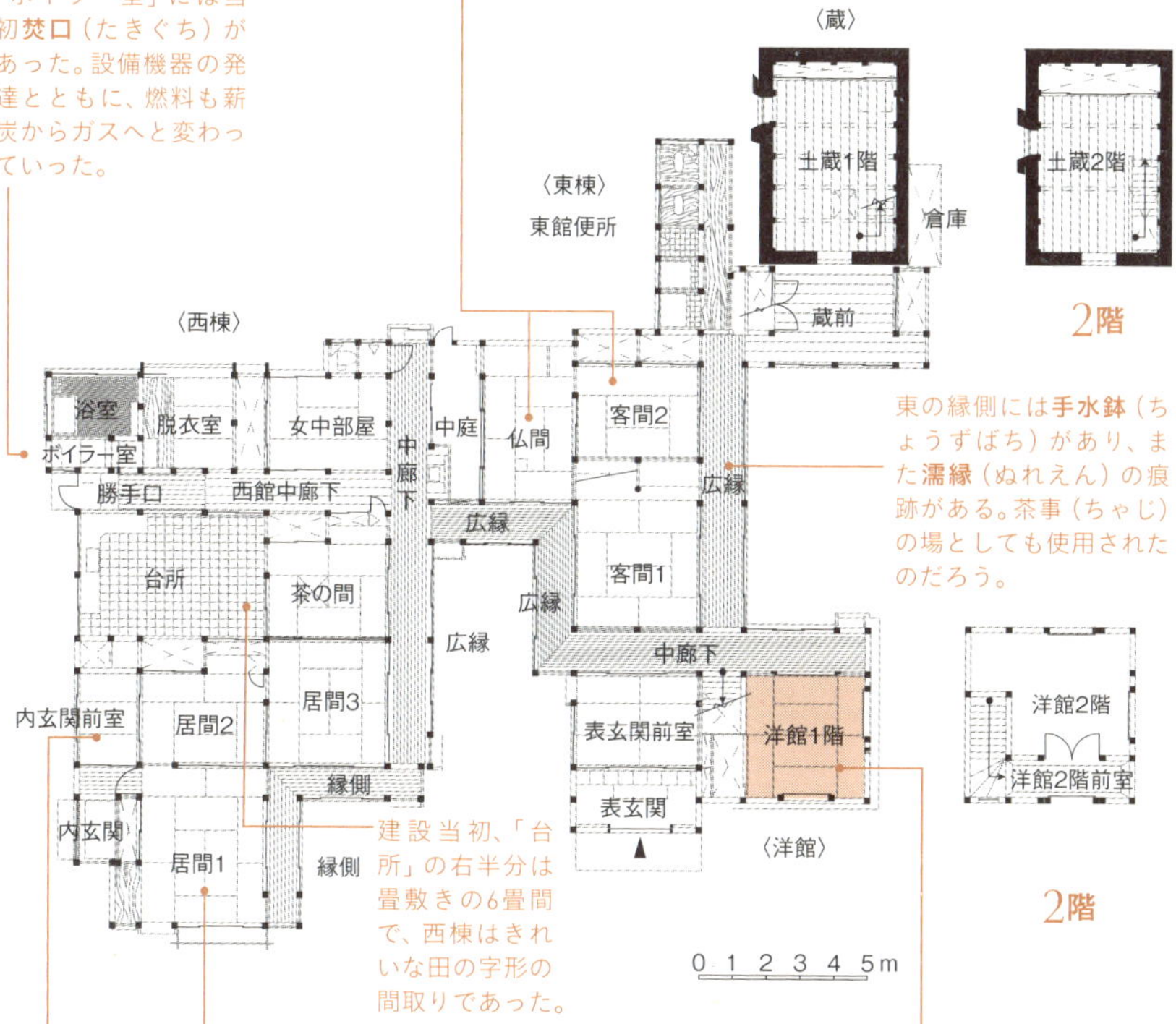

建設当初、「台所」の右半分は畳敷きの6畳間で、西棟はきれいな田の字形の間取りであった。

1階

当初玄関は、「内玄関前室」部分にあったようだ。

洋風の外部意匠にも関わらず、洋館1階は畳敷きになっている。

「居間1」は「新座敷」と呼ばれ、機能としては、寝室兼居間であったという。「居間1」と「内玄関」は、戦後の増築である。

＊この間取り図は保存改修工事前の姿を示す。

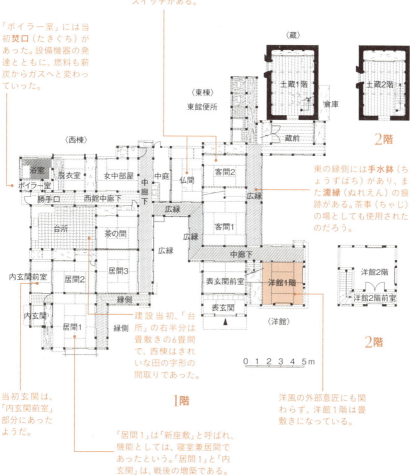

マダム貞奴と電力王の協働生活

愛知

旧川上貞奴邸《きゅうかわかみさだやっこてい》

旧川上貞奴邸は、日本の女優第一号とされる川上貞奴（1871～1946）と、電力王と称される福沢桃介《ふくざわももすけ》が大正から昭和初期にかけて5年ほど暮らした住宅である。貞奴は、16歳で芸妓《げいぎ》になると、その美貌から伊藤博文《いとうひろぶみ》などの贔屓《ひいき》となり明治政府高官との繋がりを得た。23歳で川上音二郎《おとじろう》（1864～1911）と結婚すると、川上一座の興行で欧米に同行し「マダム貞奴」と賞賛を受けた。一方桃介は、福沢諭吉《ゆきち》の養子で、名古屋電燈の社長を務めた人物。大正期に7つもの水力発電所を木曽川沿いに建設したが、東京に居を構える桃介がそれを成し遂げるには、名古屋にも生活拠点や迎賓館を設ける必要があった。そこで、

一般化する洋館での生活

＊現況

「事務室」は右半分が「女中室」、左半分が「事務室」で、どちらも畳敷だった。また「廊下4」の先に風呂があった。

便所部分には「書生部屋」と便所があり、「ホール」はもう少し広かったようである。

「蔵前」の名前の通り、この先には土蔵があった。

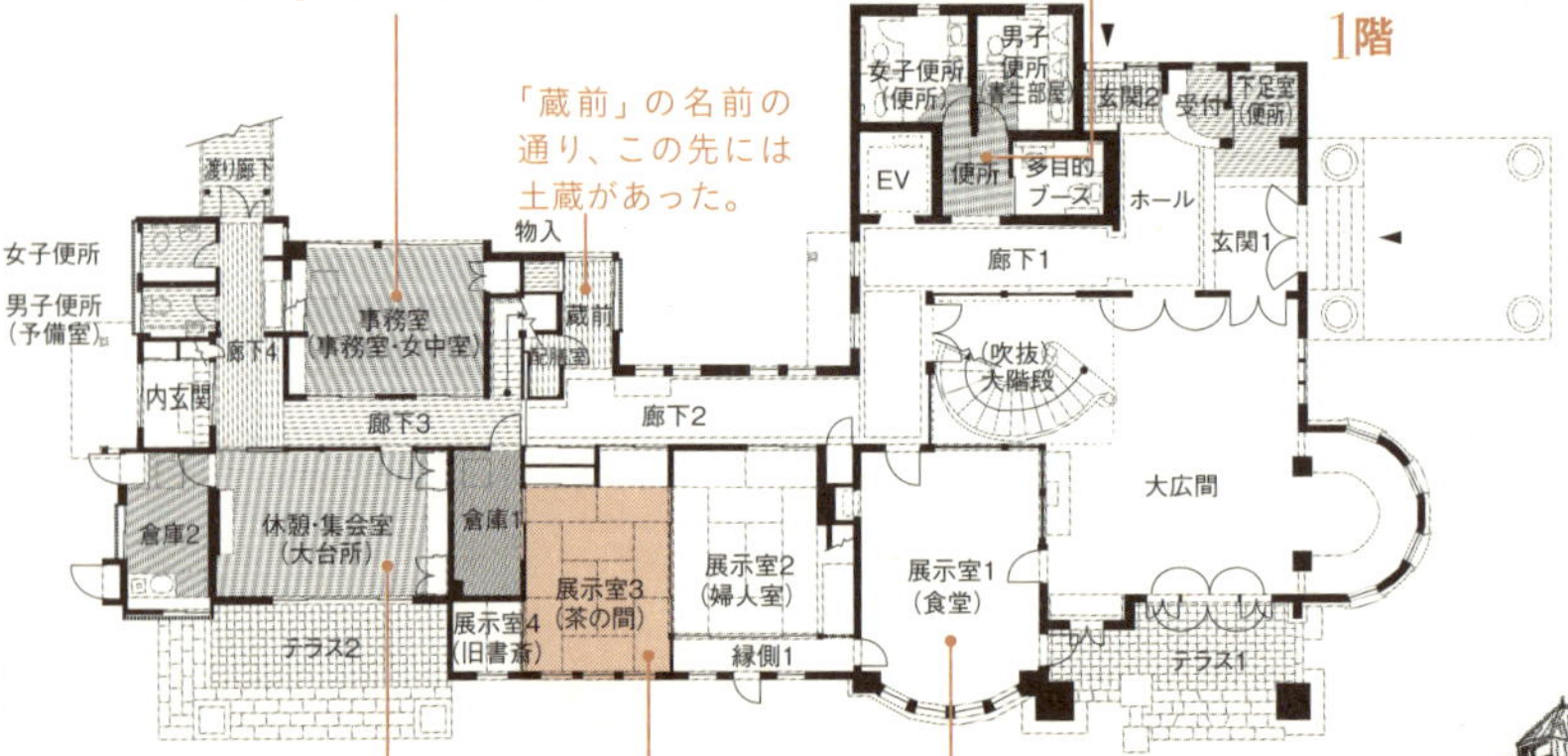

「休憩・集会室」はもともと「大台所」。「テラス2」側に勝手口が付いていた。

この住宅の司令室が元の「茶の間」である。ここには各室を結ぶスイッチとパイロットランプが設置されていて連絡ができた。どこに誰がいるか分からない時は、ベルを押す回数で判断したという。

「展示室1」は当初「食堂」であった。

1階はシングル材と砂岩風の石材や洗出し、2階は灰色の塗壁と非常に多様な仕上げ材が用いられている。屋根の形状も印象的。

初恋相手で既に未亡人となっていた貞奴の名義で、住宅専門会社「あめりか屋」に依頼して建設したのがこの住宅である。貞奴は、要人との関係構築や頻繁な接待をそつなくこなし、桃介の事業成功を助けた。そして、事業が軌道に乗ると2人はそれぞれ東京へ移っていった。建物は名古屋市によって移築復元され、現在、見学も可能である。「展示室2・3・4」「廊下2」「蔵前」と脇の階段までの中央部分は移築、右手は推定復元、左手は当初の外観を意識しながら新築したものである。右手部分が接客の場、中央は生活の場でここまでが洋館、左手部分は使用人が働く場で和館であった。「和洋館並列型」にもみえるが、生活の場も洋館に取り込まれている。

旧川上貞奴邸は、洋館での暮らしが普及しつつある状況を示す貴重な事例であるが、他にも電力王の名に相応《ふさわ》しい先進の電気設備を備えた点でも重要視される。

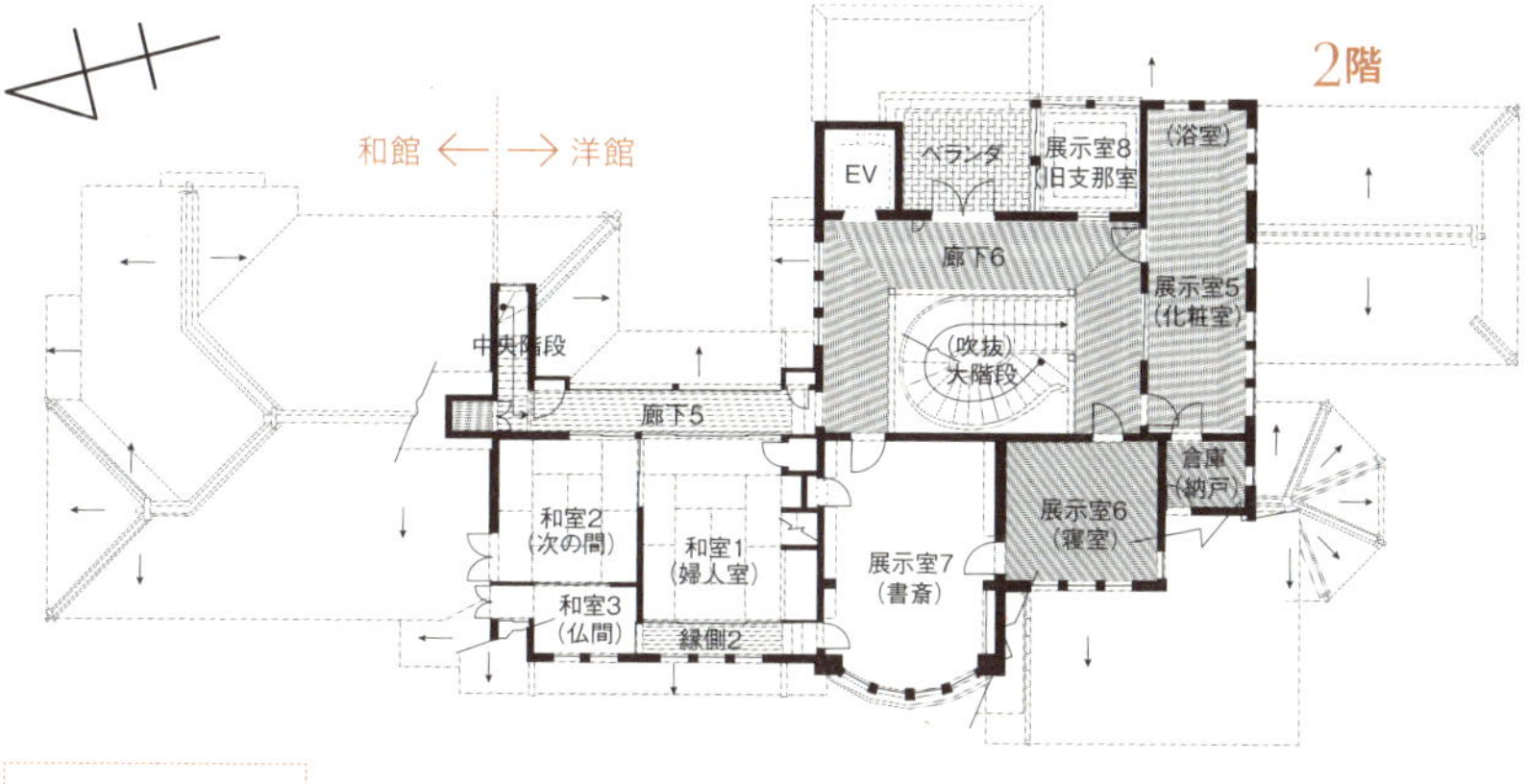

横の長さ:35.0m
縦の長さ:16.8m
最高高さ:12.5m

data **国登録有形文化財(一部)**

建築年:1920年頃
住所:愛知県名古屋市東区橦木町3-23(文化のみち二葉館)・旧所在地:愛知県名古屋市東区東二葉町(現白壁)
アクセス:地下鉄高岳駅より徒歩で10分
公開:10:00～17:00・休館日:月曜日(休日の場合は翌平日)、年末年始

フランク・ロイド・ライト

兵庫

旧山邑邸《きゅうやまむらてい》（ヨドコウ迎賓館《げいひんかん》）

旧山邑邸（ヨドコウ迎賓館）は、六甲山嶺から大阪湾へ注ぐ、芦屋《あしや》川に沿った丘の上に建っている。この建物の主・八代目山邑太左衛門《たざえもん》は、灘の銘酒、「櫻正宗《さくらまさむね》」の醸造《じょうぞう》で知られる人物。明治中期より、清酒の海外輸出で利益を上げ、明治末期には2万5千人を雇って、7つの醸造場を運営したという。その山邑が、大正6（1917）年に、別邸の設計を依頼したのが、当時帝国ホテルの計画のために来日していた米国人建築家、F・L・ライトであった。この住宅の基本設計は、翌年には完成していたとされるが、着工はライトが離日した大正12（1923）年で、実施設計は弟子の遠藤新《えんどうあらた》と南信《みなみまこと》が進め、大正13（1924）年に竣工した。自然と融合する「有機的建築」という、ライトの思想が息づく住宅である。

建物は、鉄筋コンクリート造4階建て。ただし、2層以上になる部分はなく、尾根に沿って各層が積み重なる。丘の下から坂道を登って行くと、まずは1階の広い「車寄せ」が出迎える。「車寄せ」右手には「玄関」を配し、その上部に「応接室」を重ねる。3階は「和室」と「寝室」が3室ずつあり、どちらも「廊下」から階段を上りながら入る。最上階には、広い「テラス」の付いた「食堂」と「厨房」がある。複雑に絡み合う動線はすぐに把握することが難しく、迷路のような不思議な魅力をもつ。

この住宅は、帝国ホテルと合わせ、ライト中期の作風を検討する上で重要な作品とされ、敷地に沿った配置計画など、日本の近代住宅に与えた影響も大きい。

外壁は、幾何学模様の彫刻を施した大谷石（おおやいし）と、モルタルの組合せになっている。大谷石は帝国ホテルでも使用。

data 国指定重要文化財

建築年：1924年・延床面積：566.6㎡
住所：兵庫県芦屋市山手町3-10
アクセス：JR芦屋駅より徒歩で15分
公開：10:00～16:00（水、土、日曜日、祝日のみ公開）

丘に沿う各層の配置と迷路のような動線

横の長さ：21.7m
縦の長さ：10.5m
最高高さ：17.6m

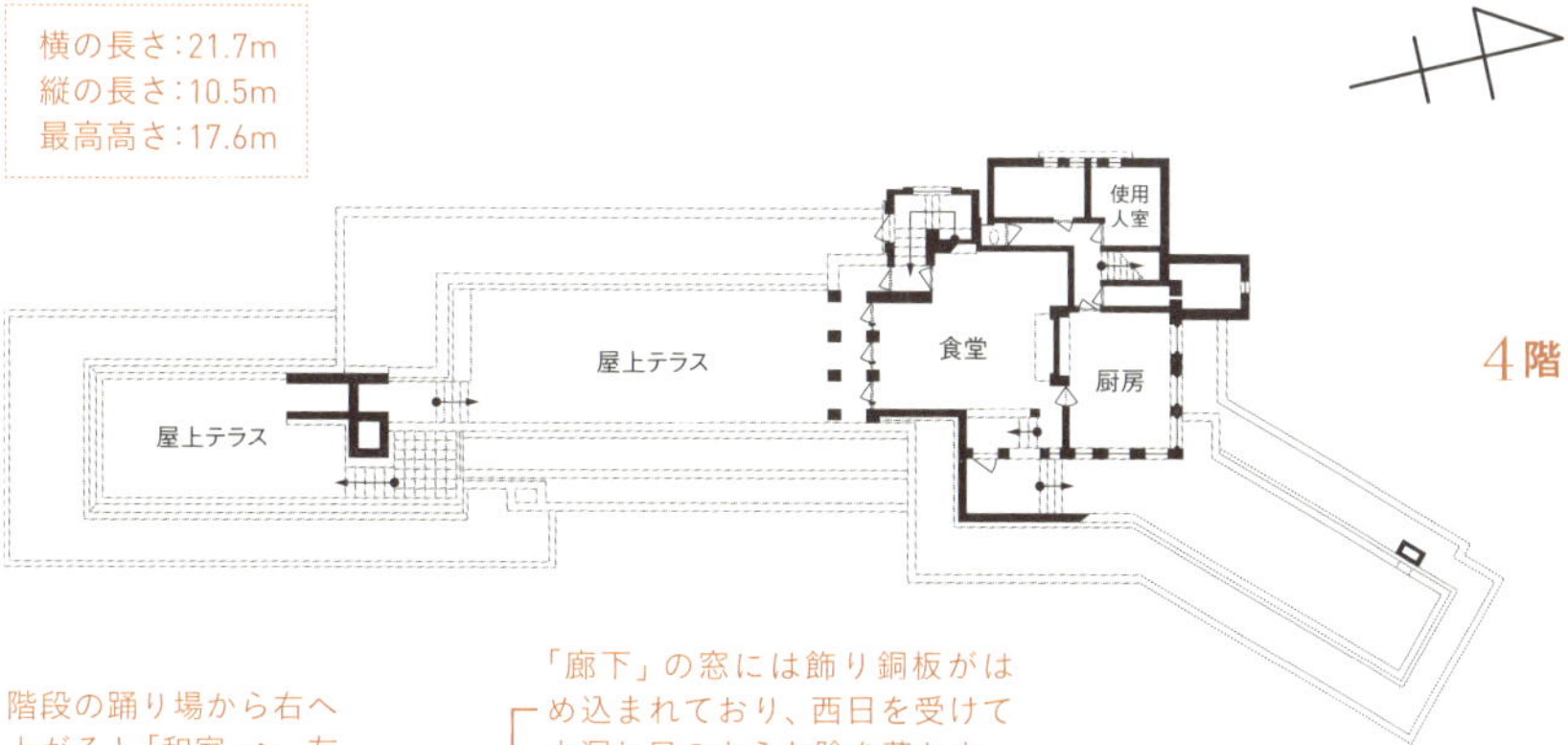

4階

「廊下」の窓には飾り銅板がはめ込まれており、西日を受けて木漏れ日のような陰を落とす。

階段の踊り場から右へ上がると「和室」へ、左に折り返して上がると「屋上テラス」側のホールに出る。

3階

「和室」は当初の計画にはなかった。施主の要望を受けたものだという。

「応接室」は向かい合うように造り付けのソファがあり、大きな窓から互いの景色が飛び込んでくる。

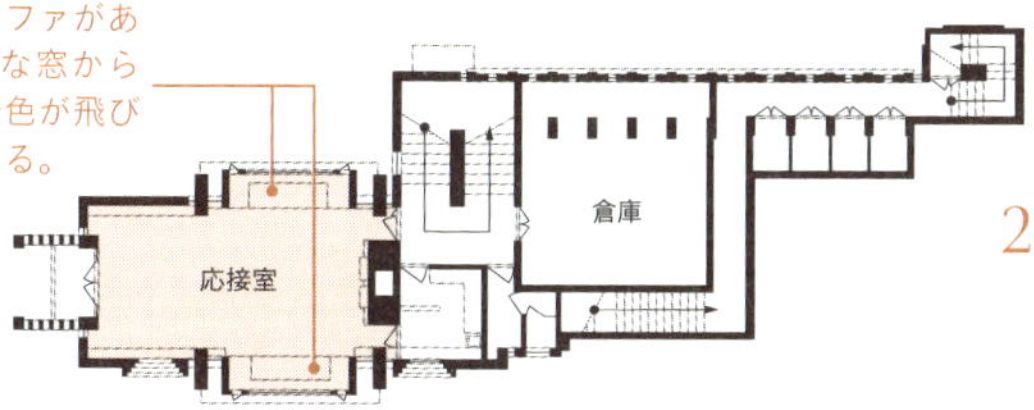

2階

「玄関」前には浅い水槽がある。この水槽には、「応接室」の暖炉の煙突に設けられた取水口より水を引き込んだ。

0 1 2 3 4 5m

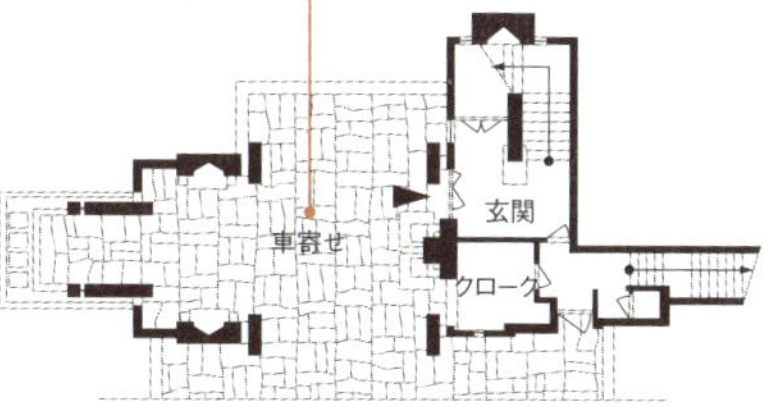

1階

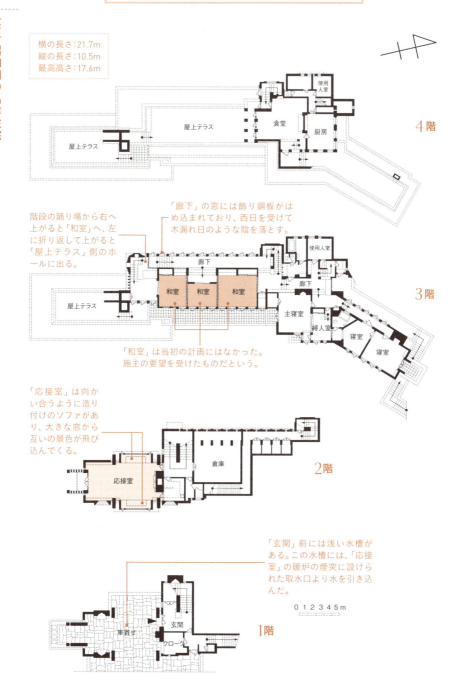

ライトらしさ・雪国らしさ

北海道

旧《きゅう》小《お》熊《ぐま》邸《てい》

旧小熊邸は、北海道帝国大学農学部教授であった小熊捍《まもる》（1885～1971）の自宅である。昭和2（1927）年に、田上義也《たのうえよしや》（1899～1991）の設計により建設された。田上は、帝国ホテル建設に際して現場事務所に勤め、日本にいながらF・L・ライトの弟子となった。帝国ホテル完成披露式が、関東大震災の発生同日に予定されていたことは有名であるが、田上はこれを契機に北海道へと移住。バイオリン演奏もこなしたことから、北海道では最初音楽家として知られていたが、大正14（1925）年に札幌時計台で開催された「田上義也建築作品展覧会」により、建築家として知られるようになった。特に初期の作風は、ライトの影響を色濃く残すが、次第に雪国ならではの造形を獲得したとされる。

この住宅は、「玄関」から「寝室」へ、「応接間」から「客間」へと、2つの**切妻屋根**《きりづまやね》を直交させて架け、十字をつくっている。**棟**の先をせり出し、破れ**破風**《はふ》と屋根形状に沿った大きな窓を設けた**妻側**意匠が特徴的である。間取りは「書斎とリヴィング」を中心とした、北海道に多い「居間中心型」であるが、水廻り各室の扉が一直線に並ぶ様子は、中廊下を省略したものにもみえる。この水廻りの配置について田上は、背面を走る電車の騒音を考慮したものだと説明している。2階は「アトリエ」で、脇の「アティツク」は屋根裏部屋である。「玄関」前の室内化されたポーチや「サアンルーム」の存在に雪国らしさを感じる。

現在は札幌の夜景で有名な藻岩山《もいわやま》の麓《ふもと》に移築・復元され、カフェとして親しまれている。

棟部分がせり出す破れ破風の切妻屋根、屋根形状に合わせた妻側窓が印象的な外観をつくる。

data

建築年：1927年・延床面積145.2㎡
住所：北海道札幌市中央区伏見5-3-1（ドリーバーデン）
アクセス：JRバスロープウェイ前停留場下車、徒歩で8分
公開：11:00～20:00（カフェとして営業）・休館日：木曜日

北海道に多い居間中心型の間取り

2階

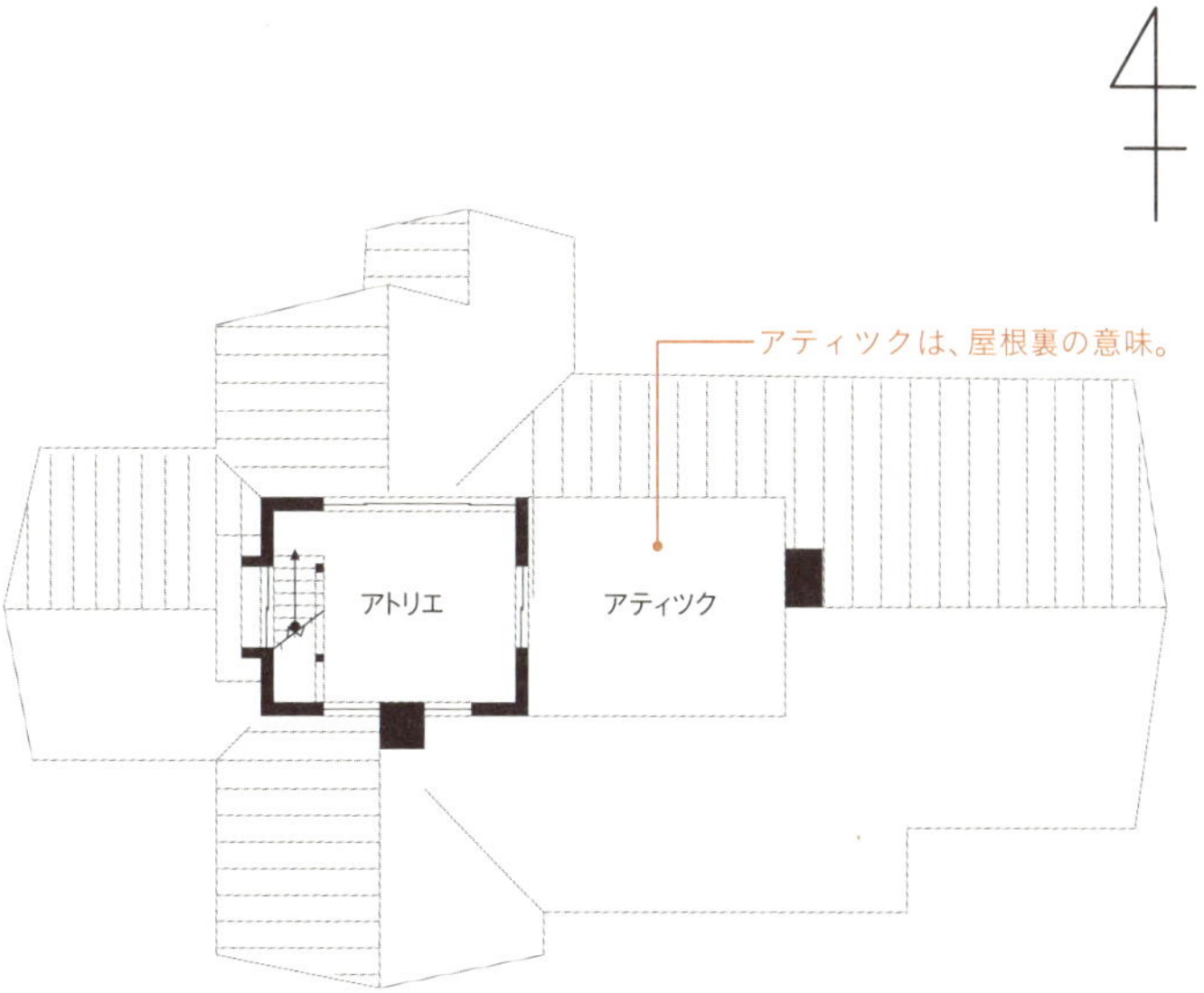

アティックは、屋根裏の意味。

1階

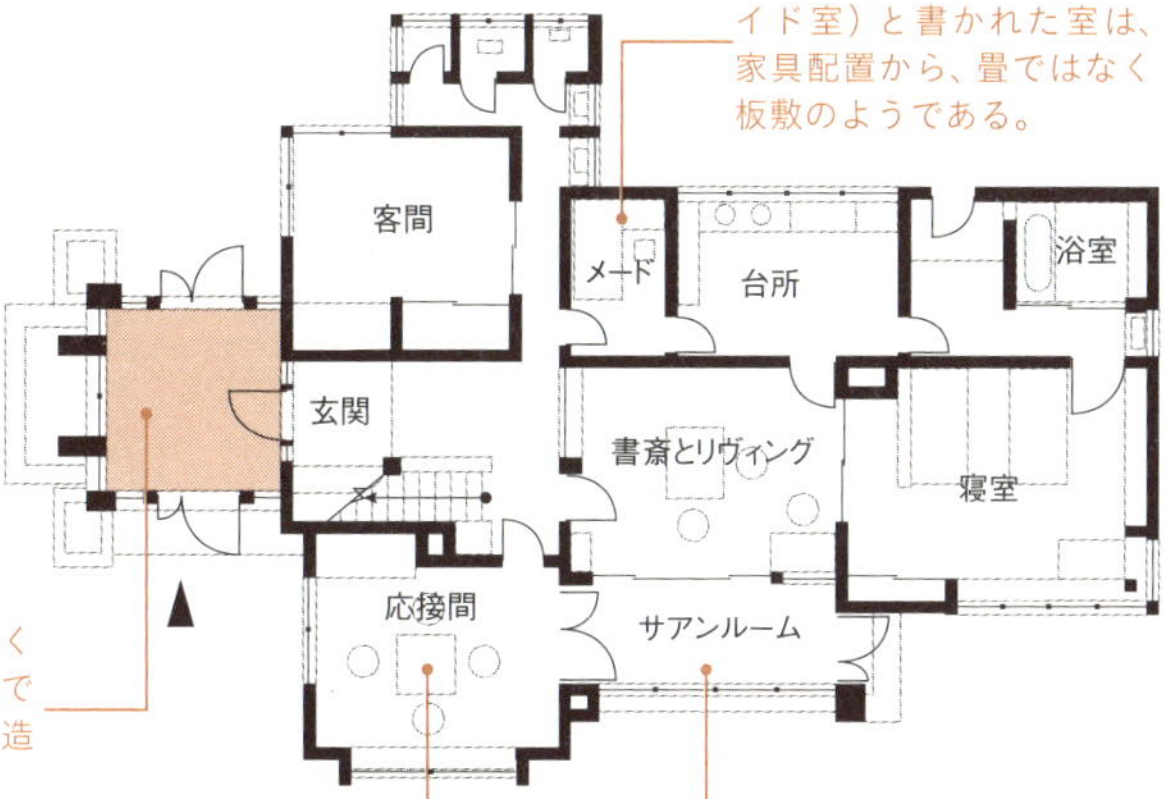

図面を見ると、「メード」(メイド室)と書かれた室は、家具配置から、畳ではなく板敷のようである。

「玄関」では2度扉をくぐる。現在の寒冷地ではよくみられる構造(風除室)である。

「応接室」には造り付けのソファーがある。当初の写真を見ると、南側には、ライトらしい幾何学模様の窓、植物模様のステンドグラスの**欄間**(らんま)が入る。

サンルームのこと。雪国らしい室である。

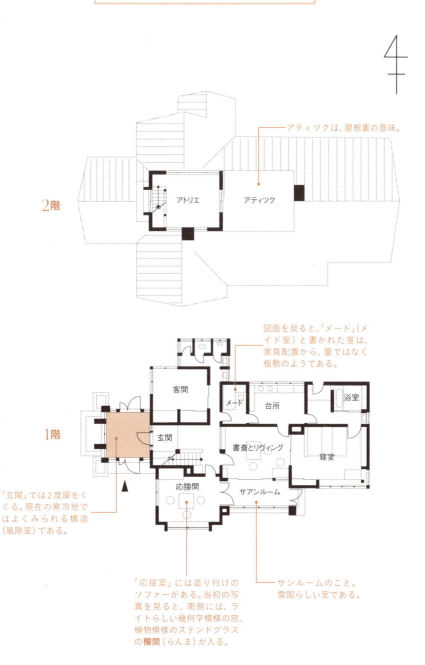

神奈川

関東大震災後の外国人向けアパート

山手《やまて》234番館《ばんかん》

山手234番館は、横浜・山手に建つ外国人向けアパートである。建物名に付く「234」の数字は、明治5（1872）年頃に116番英国陣営（英国兵の駐屯地《ちゅうとんち》）の跡地を分割した際付いた番地である。山手は、外国人居留地として知られているが、幕末には英仏両軍の駐屯地が置かれるなど、軍事拠点的性格も併せもっていた。それが明治4（1871）年に大幅に縮小され、明治8（1875）年に完全撤退すると、以降は居留地として整備され発展を遂げていった。ところが、関東大震災（1923）により壊滅状態となり、住民の多くは母国や神戸などへ流出した。これを受けて横浜市は、外国人の引き戻しを図り、外国人住宅の建設などを進めた。山手234番館は、そうした震災復興の流れに沿う形で、民間の力によって建設されたアパートである。間取りは創建当初を想定したものであるが、正面テラスは後補《こうほ》である。全体は、3LDKの住戸《じゅうこ》4つからなり、山手本通りから中央のポーチを経て、各戸の「居間」に直接入る。「居間」中央にはアーチの化粧梁を設け、手前と奥を緩やかに分ける。「居間」の奥は、「台所」と「個室」3つを設け、廊下を挟んで「浴室」を置く。「浴室」や「廊下」に面して「光庭」を設けた点が、このアパートの特徴で、階段にも光を導いている。また、「浴室」に便器を設置した点は、いかにも外国人の住宅らしい。

　山手234番館は、現在3戸を市民活動の場に活きるよう変更しているが、1戸は材料を寄せ集めるなどして構成を保ち、震災後の外国人の生活の様子を伝える貴重な遺構となっている。

シンメトリーの構成だが、「テラス」の列柱が並木と調和し、親しみあふれる外観に。

data

建築年：1927年・延床面積：436.3㎡
住所：神奈川県横浜市中区山手町234-1
アクセス：みなとみらい線元町中華街駅より徒歩で7分
公開：9:30～17:00（7、8月は18:00まで延長）・休館日：第4水曜日（祝日の場合はその翌日）、年末年始

外国人向け、入口と浴室に注目

横の長さ:20.2m
縦の長さ:14.7m
最高高さ:8.7m

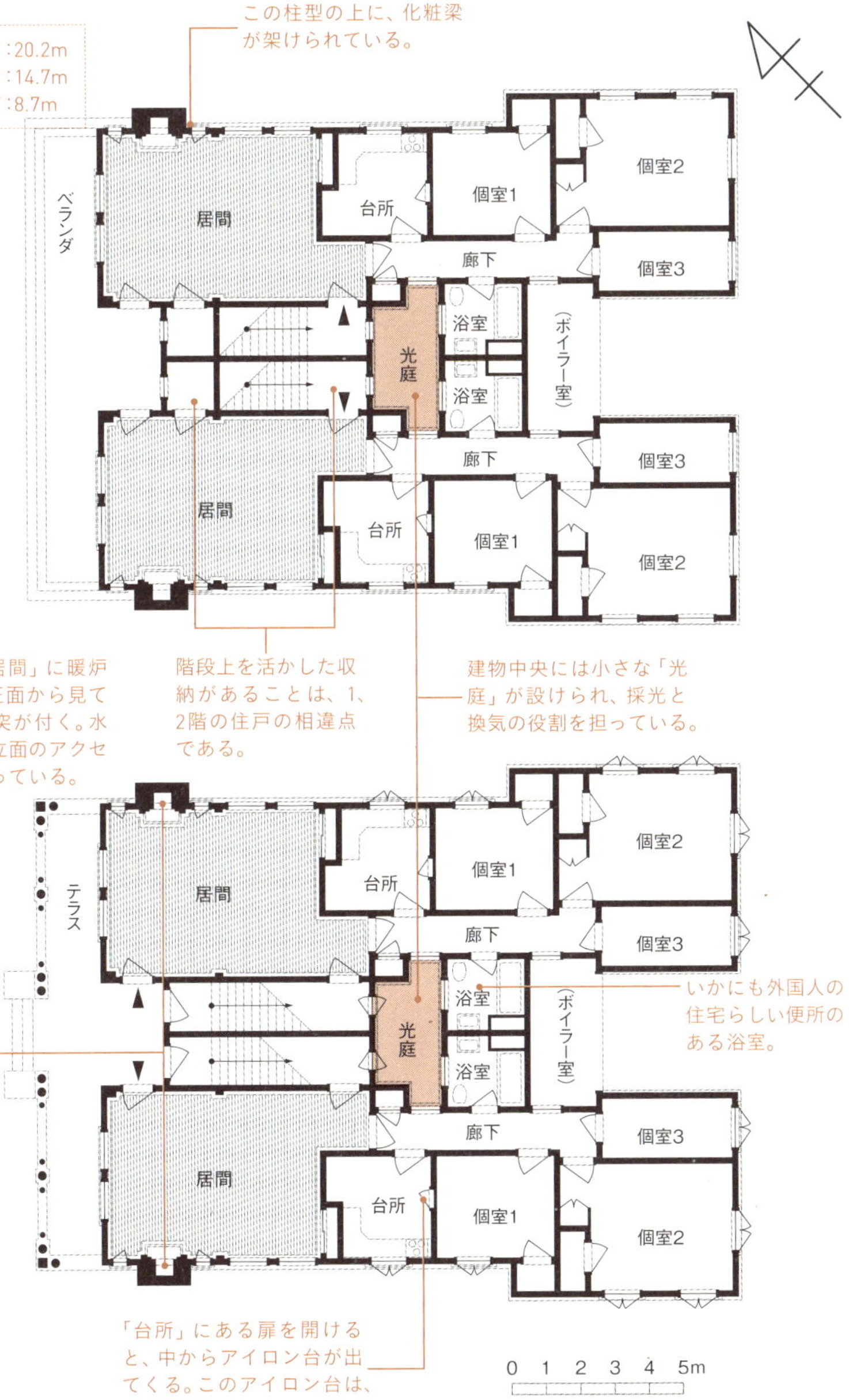

この柱型の上に、化粧梁が架けられている。

各戸の「居間」に暖炉があり、正面から見て両脇に煙突が付く。水平基調の立面のアクセントになっている。

階段上を活かした収納があることは、1、2階の住戸の相違点である。

建物中央には小さな「光庭」が設けられ、採光と換気の役割を担っている。

いかにも外国人の住宅らしい便所のある浴室。

「台所」にある扉を開けると、中からアイロン台が出てくる。このアイロン台は、現在も残されている。

*像建築設計事務所による「山手234番館改修工事」の「1·2階現況平面図」を参照している。ボイラー室は不明であり輪郭のみ示す。居間の床面は現況で作図。

先端設備の鉄筋コンクリート造の集合住宅

東京

同潤会代官山《どうじゅんかいだいかんやま》アパートメント

同潤会は、関東大震災（1923）の被災者に、安全な住宅を供給することを主な目的として設立された財団法人で、アパートメントのほか、分譲住宅、公共公益施設の建設を行った。代官山アパートメントは、代官山駅の北に、昭和2（1927）年に竣工した全36棟・337戸（一般向230・独身向94・店舗9・他4）の鉄筋コンクリート造の集合住宅である。建蔽《けんぺい》率は25％と同潤会アパートメントの中で最も低く、緑に囲まれた郊外型住宅団地として、おしゃれで高級なイメージを人々に与えた。

では、基本となる3つの間取りを見てみよう。まず、一般向けの〈24号館176号室〉は、3階建て階段室型住棟の一戸で、代官山アパートメントで最も数が多く、かつ初期同潤会アパートメントの基本形の1つとされる。床の間のある「四畳半」が表向きの部屋、「台所」と繋がる「六畳」が食事や団欒《だんらん》の部屋である。次に〈14号館74号室〉は、中央に階段をとった2階建て4戸の棟の2階の間取りである。この棟は、戸数が少なく、鉄筋コンクリート造では採算面に問題を抱えたのだろう。その後は建設されていない。これも「六畳」と「四畳半」の2室を設けるが、「四畳半」が「台所」と接続している。〈32号館292号室〉は、独身者用3階建て住棟にあり、「六畳（和室）」と「寝台」からなる。便所と洗面所は共用で、当初は1階玄関で靴を履き替えた。

台所はないが、ガス栓があり、電気、ガス、水道と衛生的な設備を備えた同潤会アパートメントには入居申込が殺到した。当時先端の住宅である。

幾何学的な模様が印象的な3階建て住棟の1つ（29号館）。

data

建築年：1927年（現存せず）
住所：東京都渋谷区代官山
公開：左ページ中および下の間取りについては、UR都市機構（東京都八王子市石川町2683-3、JR北八王子駅より徒歩10分）に内装を移築（見学可能、要予約）

台所との関係で異なる間取り

横の長さ：6.7m
縦の長さ：6.5m

洋式の便器は後補（こうほ）。当初は和式で床が2段になったいわゆる汽車式便所だった。

74号室は「四畳半」、176号室は「六畳」が「台所」と隣接しており、使い方が逆になる。

<14号館74号室>

コルクの上に**薄縁**（うすべり）を敷いた和室。他の2室も同じ床仕上げになっている。

横の長さ：7.4m
縦の長さ：5.8m

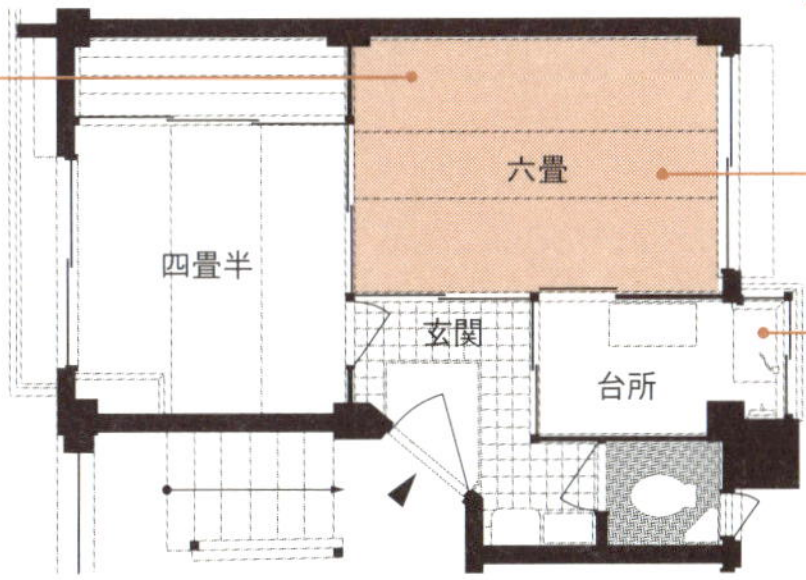

「台所」の流しは、木製の浅い舟形のものを金属板で覆ったもの。

<24号館176号室>

「寝台」もコルク下地で薄縁を敷く。ここに布団を敷いた。頭部分には本棚、廊下側の壁には**ガラリ**の付いた窓がある。「寝台」と「六畳（和室）」の間にカーテンレールが設置されている。

横の長さ：4.1m
縦の長さ：4.0m

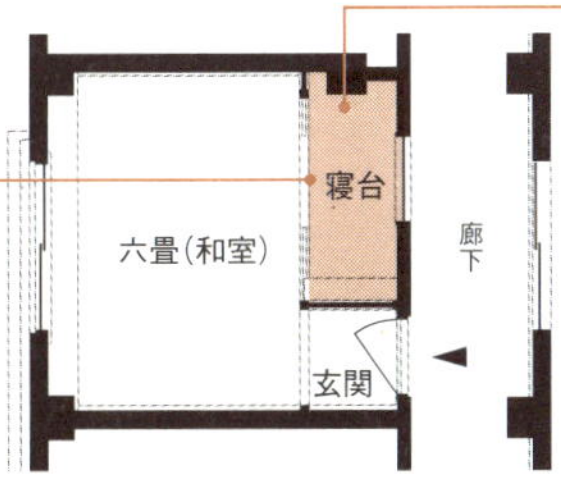

「寝台」の高さは600㎜で、下部は、玄関側が下駄箱、「六畳（和室）」側が押入れになっている。

<32号館292号室>

0　1　2　3　4　5m

戦前の庶民の生活を伝える長屋

大阪

寺西家《てらにしけ》阿倍野《あべの》長屋《ながや》

寺西家阿倍野長屋は、大阪・阿倍野にある四軒長屋で、昭和７（１９３２）年の建設である。この長屋の向かいには、和館に1室だけ洋館の付いたの寺西家住宅（大正15年建設）があり、どちらも国の登録有形文化財である。『大日本人物名鑑』（大正10〜11年出版）によると、これらを建設した寺西斎造《さいぞう》は、明治10（１８７７）年生まれの教育者で、訓導（教員）を経験した後、同41（１９０８）年から高等小学校や尋常高等小学校の校長を勤めており、この書籍においても校長の肩書になっている。寺西家阿倍野長屋は、校長を務めていた教育者が、自宅の向かいに建設した長屋である。

では、間取りを見てみよう。この長屋は、2階建て4軒からなり、中央に防火壁を設ける。道に沿ってやや高く塀を設け、建物との間に前庭をつくる。「玄関」の左手には「炊事場（台所）」と「湯殿（浴室）」、その奥には「三畳」と「六畳」が続く。「六畳」には縁を設け、裏庭に「便所」を突出させて隣家との境としている。2階には「六畳」「八畳」の2室がある。典型的な長屋の間取りであるが、廊下を通すことで「六畳」の通り抜けを避ける動線の工夫に近代味を感じる。

この長屋は、戦前の庶民の暮らしを伝える遺構であるが、当初図面は勿論、見積書、認可申請書、さらに賃貸契約書や家賃記録に至るまでが残されており、その重要性を確実にしている。ちなみに、向かって左端の住戸《じゅうこ》の場合、家賃は昭和８（１９３３）年から14年までは34円と記録が残る。また戦後は、同35年が３５００円、同45年が６５００円、同55年が１４０００円と変化したという。

かつての庶民生活の様子が伝わってくるような外観。屋根の中央に防火壁が見える。

data **国登録有形文化財**

建築年：1932年・延床面積：90㎡（1軒あたり）
住所：大阪府大阪市阿倍野区阪南町1-50-25
アクセス：地下鉄昭和町駅すぐ
公開：入居しているレストランに準ずる

小さな面積でも動線に工夫あり

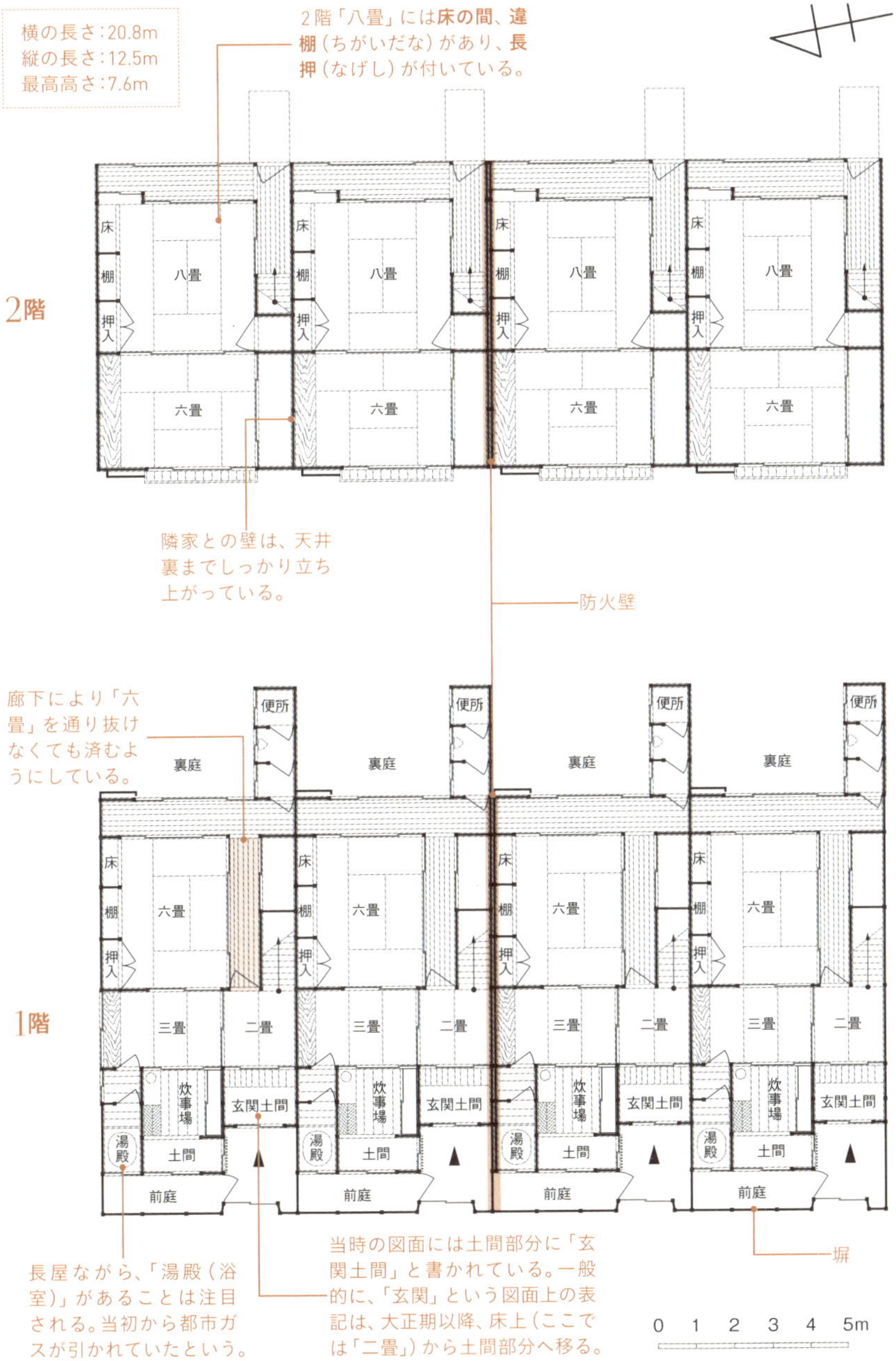

＊図面上の名称は元資料による。

近代日本画家が暮らす近代数寄屋《すきや》住宅

新潟（東京）

小《こ》林《ばやし》古《こ》径《けい》邸《てい》

小林古径（1883〜1957）は、大正・昭和期を代表する日本画家の一人で、特に線描の美しさに定評がある。代表作の『髪』は切手の図案にも採用され、昭和25年には文化勲章も受けた。これはその自宅である。設計は、「近代**数寄屋**《すきや》住宅の大家」と評される吉田五十八《よしだいそや》（1894〜1974）。**大壁**《おおかべ》でまとめられた意匠が最大の特徴で、障子から雨戸までを壁中に入れる「**引込戸**《ひきこみど》」も、吉田の説明には欠かせない。住宅作品において、その作風が完全に確立するのは昭和15（1940）年頃で、この住宅は、それより前の昭和9（1934）年竣工である。

小林古径邸の間取りは、南に居室、北に水廻りを配し、東西に廊下を通した「中廊下型」である。ただし、タテ廊下が残り、「中廊下型」成立の直前ともいえる。水廻りで注目したいのは、「勝手土間」に**焚口**《たきぐち》を設けて「浴室」へ給湯している点で、「台所」と「浴室」の密接な関係を示している。こうした関係は、近代の住宅一般でみられるものである。

一方、1階の居室は4室からなり、「客間」を独立させ、「居間」と「茶ノ間」は続き間とする。2階3室は、いずれも出窓をつくり、内側から障子、ガラス、雨戸を立てる。ここでは雨戸のみ**戸**《と》**袋**《ぶくろ》へ引込んでいるが、スペース的には障子やガラス戸も収まりそうである。外観は2階の階段室の外壁だけが他の部分と違って大壁である。

小林古径邸は、「中廊下型」の間取りを見ても、吉田の作風を見ても、完成一歩手前の段階を示し、それらの成立過程を知る上で重要な事例である。

外観は2階の階段室廻りだけが大壁となっている。妻面には等間隔で柱列が並ぶ。

data **国登録有形文化財**

建築年：1934年・延床面積：215.0㎡
住所：新潟県上越市本城町7-7（小林古径記念美術館）・旧所在地：東京府東京市大森区馬込町（現東京都大田区馬込）
アクセス：JR高田駅より徒歩で20分
公開：2019年現在、長期休館中

中廊下型成立の直前の間取り

横の長さ:18.2m
縦の長さ:10.5m
最高高さ:7.8m

階段室廻りだけ外壁が大壁になっている。吉田の場合、外壁では、大壁は1階より2階、居室や水廻りより玄関廻りから導入が進んだ。

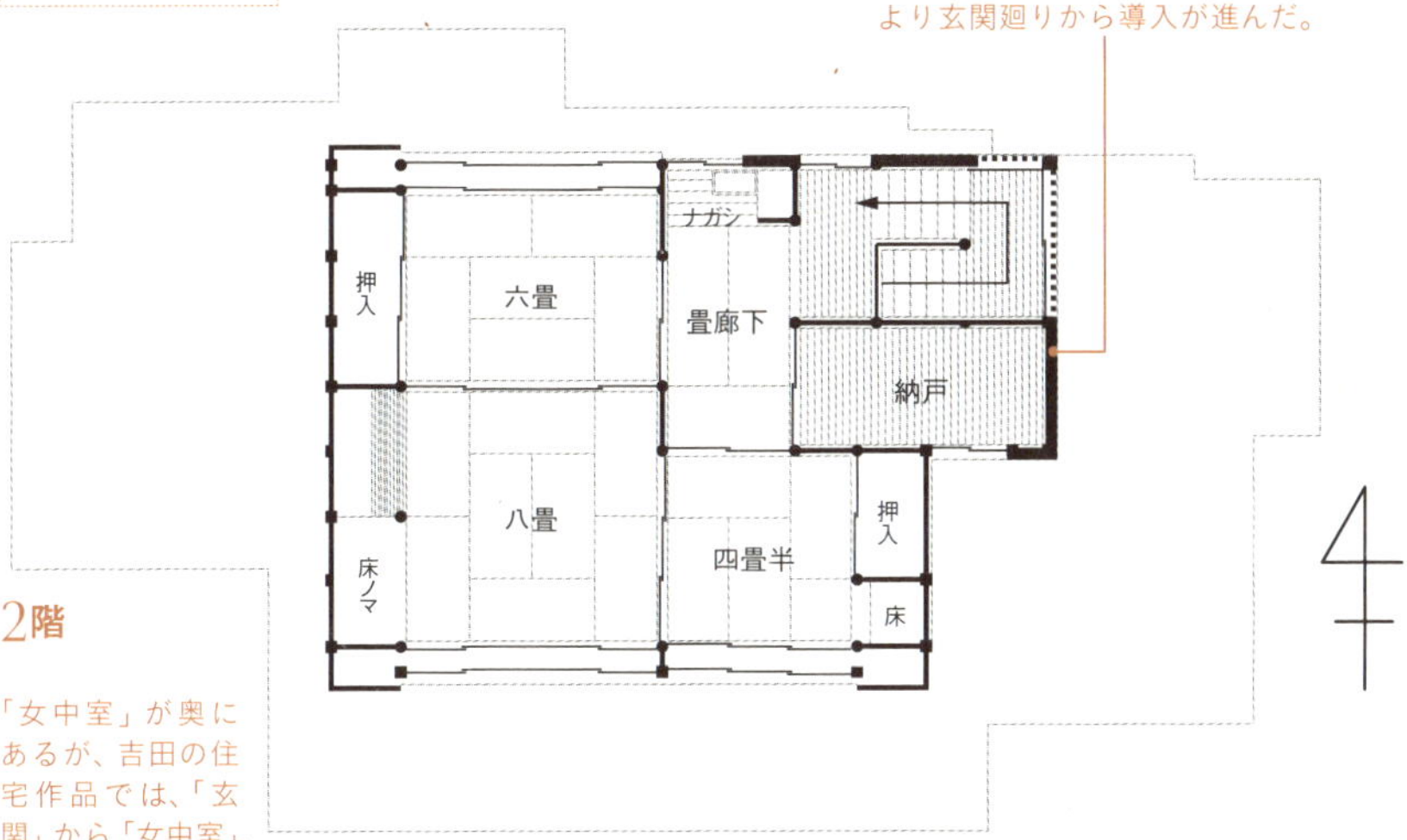

2階

「女中室」が奥にあるが、吉田の住宅作品では、「玄関」から「女中室」、「台所」、「浴室」の順で並ぶ事例がほとんどである。

「玄関」への出入口は2つある。片側は内玄関のように使用したのだろうか。

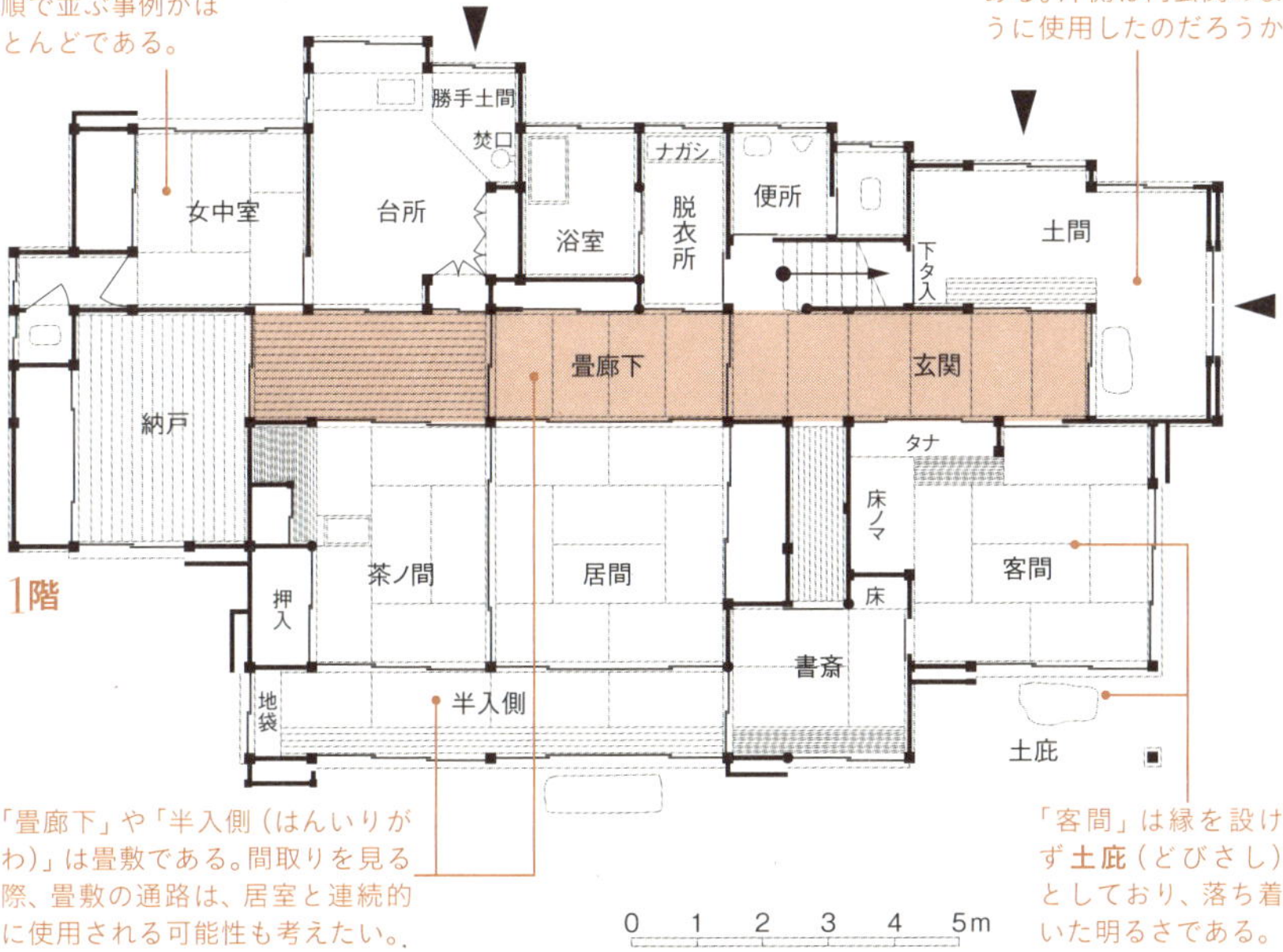

1階

「畳廊下」や「半入側(はんいりがわ)」は畳敷である。間取りを見る際、畳敷の通路は、居室と連続的に使用される可能性も考えたい。

「客間」は縁を設けず**土庇**(どびさし)としており、落ち着いた明るさである。

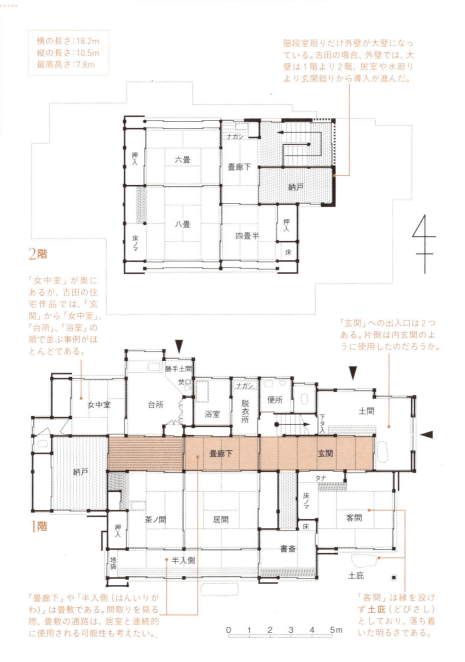

芸者が住むモダニズムの町家

東京

銀座《ぎんざ》の小住宅《しょうじゅうたく》

堀《ほり》口捨己《ぐちすてみ》（1895〜1984）は、日本初の近代建築運動とされる「分離派建築会」の中心的建築家であり、また数寄屋《すきや》建築の研究者でもある。この住宅は「紫烟荘《しえんそう》」や「岡田邸」、あるいは江戸東京たてもの園にある「小出邸《こいでてい》」のように有名な作品ではないが、様々な工夫を元に、従来の町家に対する既成概念を打ち破った作品として、すなわち近代主義建築（モダニズム建築）の町家として評価されてよい作品である。

この住宅の主・岡田《おかだ》スエは、新橋の芸者とされる人物である。そのため、職業や立地を考えると、実際は芸妓屋《げいぎや》といったほうがいい建物だが、堀口は「事務所か店を持った街中の住宅」（『明日の住宅』）などと紹介している。当時の図面には「銀座岡田邸修繕工事図」とあるそうで、今の言葉でいえば、リノベーション作品である。改修前は、すべての居室が畳敷きの、ごく一般的な町家であった。

この住宅は、間口が4.5m、奥行きがその3倍程になる。側面には一切開口部がなく、道路・背面側のみ窓を設けている。一方、屋根に注目すると、当時まだ防水に課題のあった**陸屋根**《りくやね》を採用し、屋上の床を大胆に3カ所開け、2階「広間」「浴室」「料理間」に、ガラスブロックの**トップライト**をつくっている。さらに、「広間」の床もガラスブロックにして、1階の「居間兼寝室」にまで光を導いている。その上で、屋上を庭とする試みや、取り入れた外気を天井から換気する工夫がされ、従来の町家の中庭が担っていた機能の代替に成功している。

既存の町家を改修してモダニズム住宅に。陸屋根のため、屋上も利用できる。

data

建築年：1936年（現存せず）

町家の中庭がもつ機能を代替する天窓と設備

横の長さ：13.8m
縦の長さ：4.5m
最高高さ：9.6m

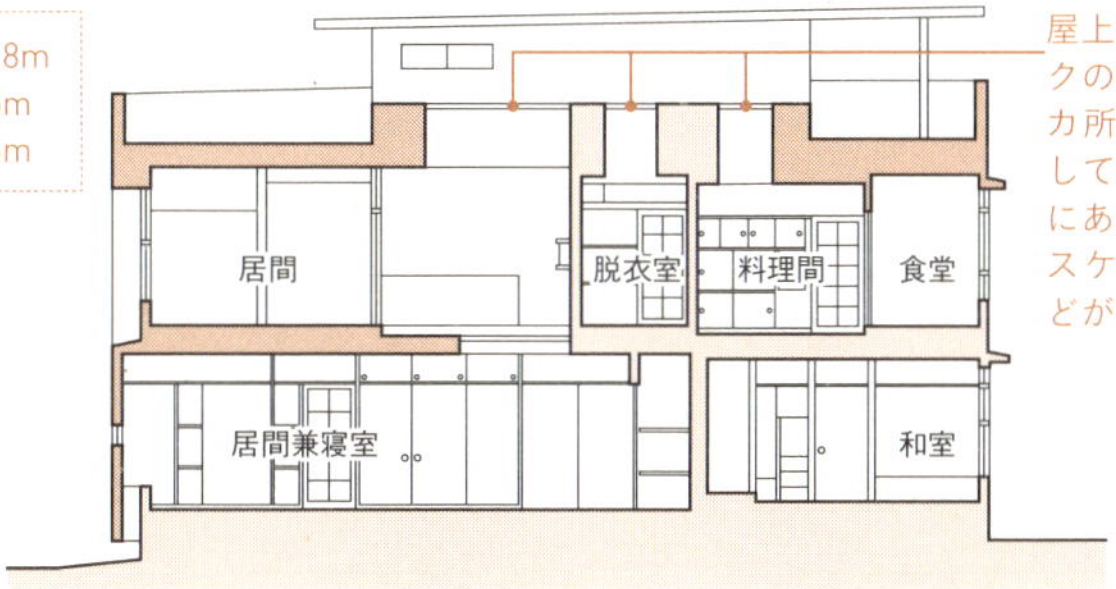

屋上にはガラスブロックのトップライトが3カ所ある。この先例としては、ニューヨークにあるウィリアム・レスケーズ邸（1934）などがある。

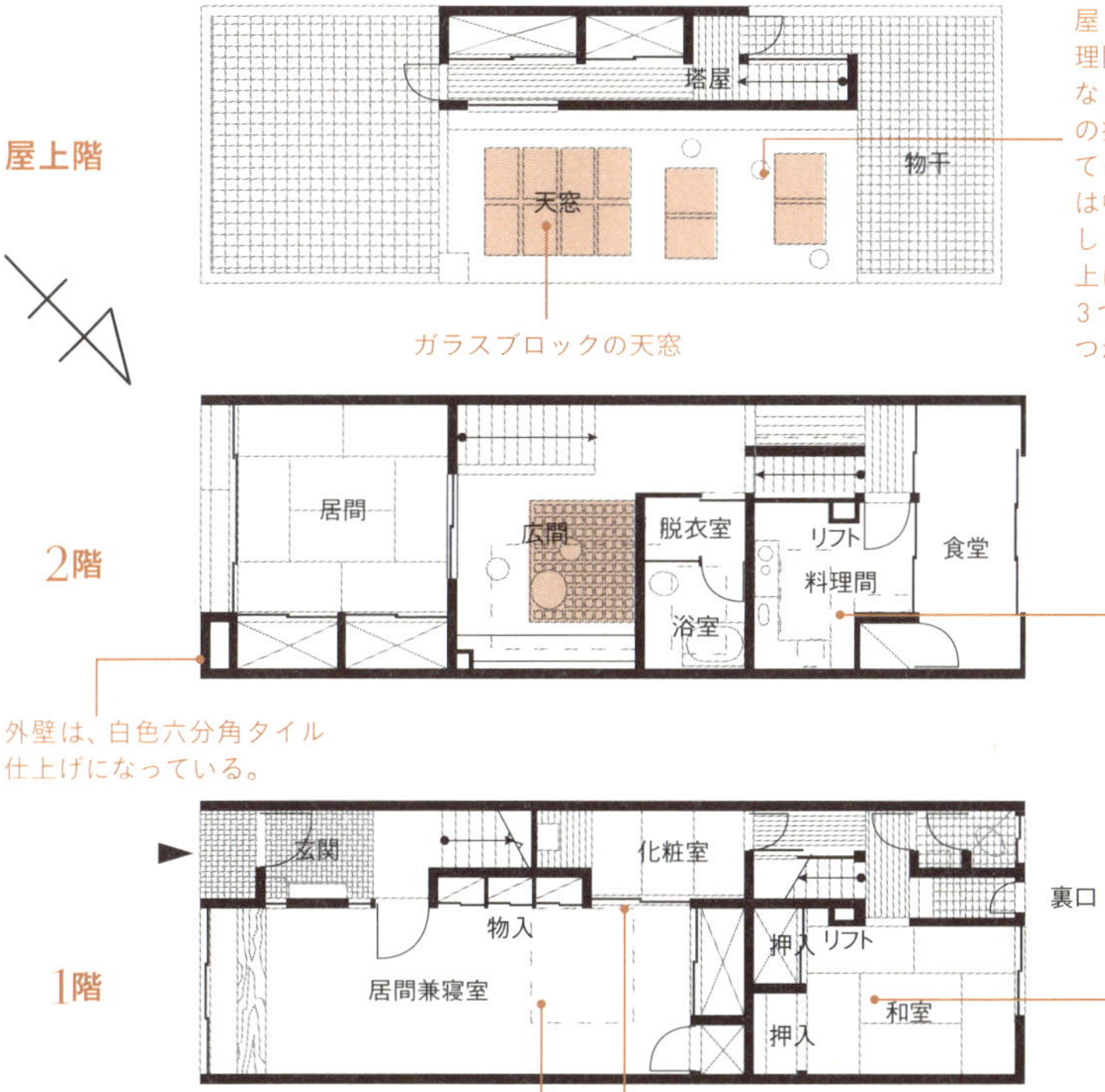

屋上には、「料理間」や「浴室」など、各室からの換気口が付いている。換気口は中央部に集中している。（屋上に見える丸形3つと四角形1つが換気口）

ガラスブロックの天窓

外壁は、白色六分角タイル仕上げになっている。

天窓、ガラスブロックの床を通して、光が1階まで届く。

「化粧室」にも光が届くように、「居間兼寝室」との境は、**欄間**（らんま）部分が吹抜けになっている。

「料理間」と「和室」には「リフト」と記載があるので、「食堂」だけでなく「和室」でも食事をしたのだろう。

0 1 2 3 4 5m

百貨店で買える子供部屋

大阪

旧羽室家住宅《きゅうはむろけじゅうたく》のミゼットハウス

旧羽室家住宅は、大阪・豊中市の中央、原田城の遺構の上に建つ和洋折衷《せっちゅう》住宅。主屋と土蔵、納屋からなる。敷地の北東寄りに建物を配置し、南西に原田城跡の土塁を築山《つきやま》に見立てた回遊式庭園をつくる。主屋の間取りは、南に「応接室」と2組の続間座敷《つづきまざしき》を雁行させ、北に「食堂」と水廻り諸室を設けた「中廊下型」の住宅である。また、建物の背面にはミゼットハウスが残されている。これは、羽室家から住宅を引き継いで所有者となった四角《しかく》家が、昭和36（1961）年頃に、子供のために設置したものだという。

ミゼットハウスは、大和《だいわ》ハウス工業が昭和34（1959）年に発売した、日本初とされるプレハブ住宅だ。「ミゼット」は小さくて可愛い、といった意味をもつ。子供の勉強部屋を想定して開発されたもので、大きさは6畳。これは、建築確認を必要としない規模である。また、3時間あれば組み立てができることも大きな特徴であった。C形鋼を背中合わせにしたH形の柱の溝に、ハードボードを貼った木桟《もくさん》パネルを落とし込んで壁をつくり、カラー鉄板を貼った木桟パネルの屋根をのせれば完成である。ミゼットハウスを紹介する当時の書籍には「家を誕生日の贈りものに」とか「ヘソクリ投資でミゼット・ハウス」などの見出しが見られ、また百貨店で売られるなど、従来の住宅にはない発想がうかがえる。価格は10万8千円、爆発的な人気を得た。

ミゼットハウスの成功に刺激され、昭和35（1960）年頃から、各社が競って低層のプレハブ住宅を発表していった。

観音開きの窓が付く。窓からモダンな服装をした女性モデルが顔を出す宣伝写真が有名である。

data **国指定重要文化財**

建築年：1937年（上棟、旧羽室家住宅）、1961年頃（ミゼットハウス）・延床面積：460㎡（旧羽室家住宅）

住所：大阪府豊中市曽根西町4-4-15（原田しろあと館）

アクセス：阪急電鉄宝塚本線曽根駅より徒歩で15分

公開：12:00〜16:00（土、日曜日）

プレハブ住宅の始まり

横の長さ：旧羽室家住宅24.6m、ミゼットハウス3.6m
縦の長さ：旧羽室家住宅25.0m、ミゼットハウス2.7m
最高高さ：旧羽室家住宅約8.6m、ミゼットハウス3.0m

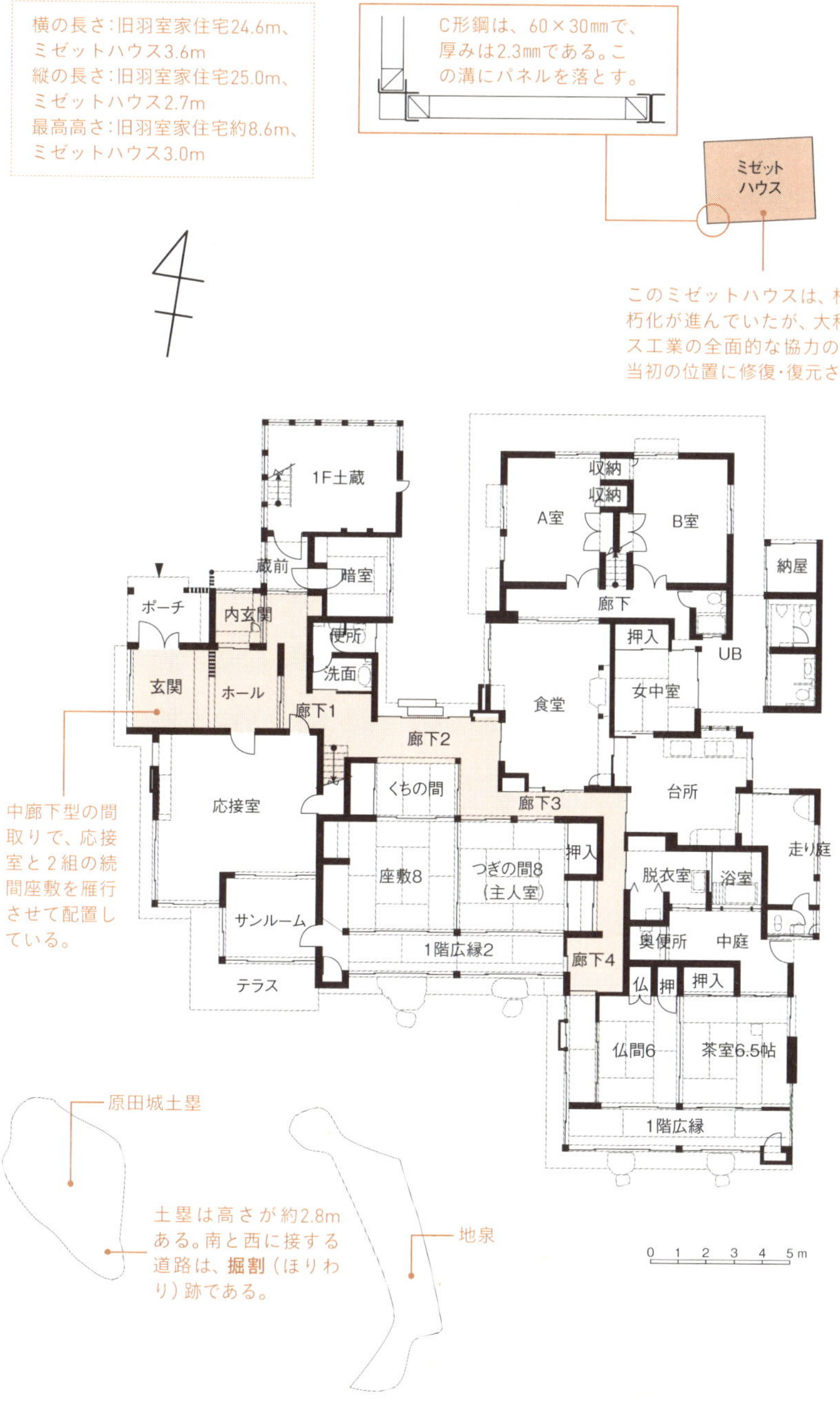
C形鋼は、60×30㎜で、厚みは2.3㎜である。この溝にパネルを落とす。
ミゼットハウス
このミゼットハウスは、相当老朽化が進んでいたが、大和ハウス工業の全面的な協力のもと、当初の位置に修復・復元された。
1F土蔵
蔵前
暗室
ポーチ
内玄関
便所
洗面
玄関
ホール
廊下1
廊下2
くちの間
応接室
収納
収納
A室
B室
納屋
廊下
押入
UB
女中室
食堂
台所
廊下3
押入
座敷8
つぎの間8
(主人室)
脱衣室
浴室
走り庭
サンルーム
1階広縁2
廊下4
奥便所
中庭
テラス
仏
押
押入
仏間6
茶室6.5帖
1階広縁
中廊下型の間取りで、応接室と2組の続間座敷を雁行させて配置している。
原田城土塁
土塁は高さが約2.8mある。南と西に接する道路は、掘割（ほりわり）跡である。
地泉
0 1 2 3 4 5m

実業家が暮らす御殿山《ごてんやま》のモダニズム住宅

東京

旧原邦造邸《きゅうはらくにぞうてい》

旧原邦造邸は、昭和13(1938)年の建築。東京国立博物館本館の設計で有名な渡辺仁《わたなべじん》が設計を手がけた近代主義建築で、品川の御殿山にある。原邦造(1883〜1958)は、京都帝大を卒業して実業界に入り、日本航空、明治製糖、三井銀行、東京瓦斯《ガス》、東武鉄道など、数多くの企業の社長、取締役を務めた人物。人・財力ともに高い信用を得て「財界世話業者」とまで評された。

この間取りは、昭和12(1937)年に描かれた「原邸新築工事設計図」が元である。一列扇形部分と手前の「玄関」などがある一列は鉄筋コンクリート造、向かって左手奥の「台所」などがある一列は木造大壁、最奥

モダニズム建築と和館の組み合わせ

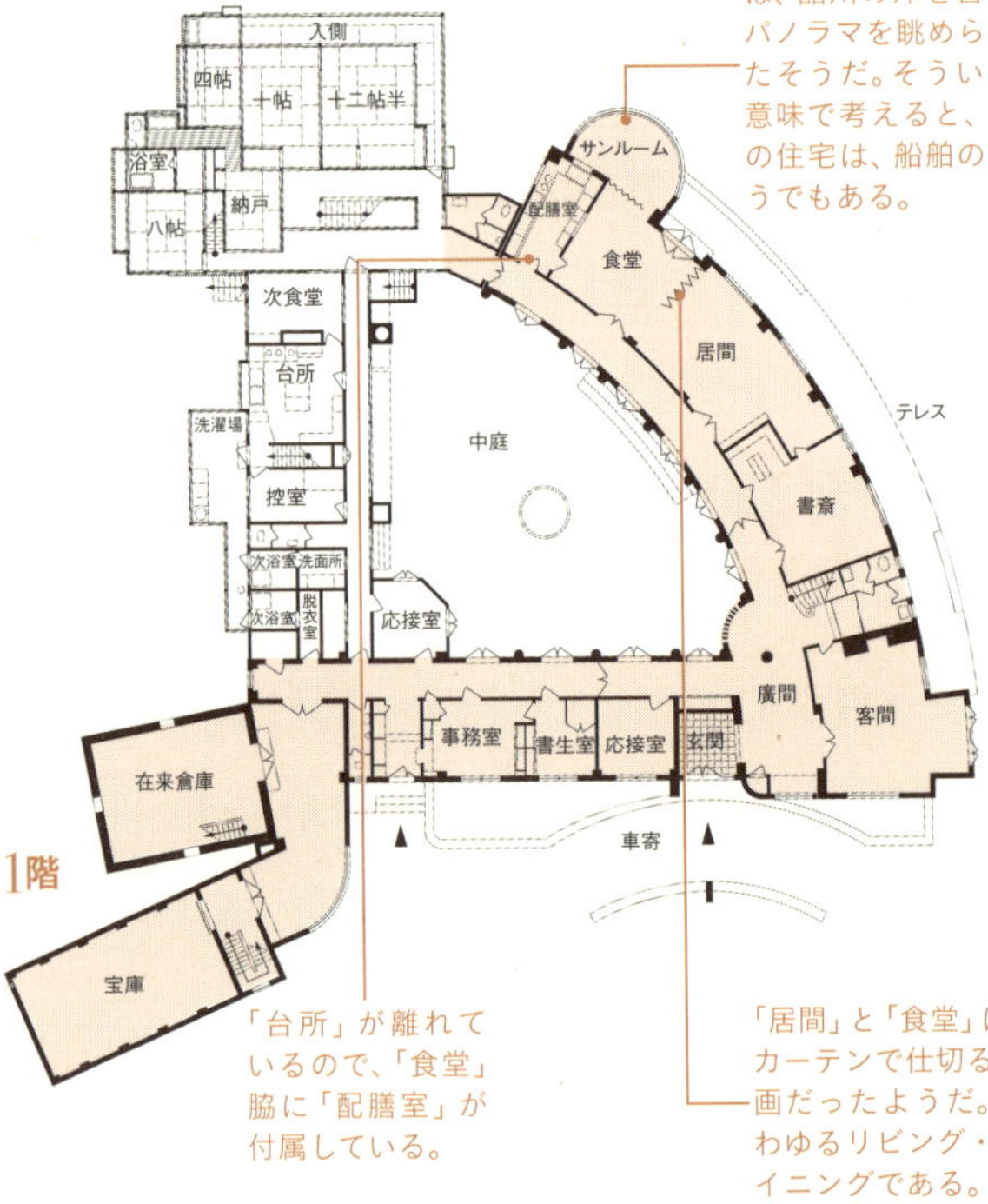

「サンルーム」からは、品川の沖を含むパノラマを眺められたそうだ。そういう意味で考えると、この住宅は、船舶のようでもある。

「台所」が離れているので、「食堂」脇に「配膳室」が付属している。

「居間」と「食堂」は、カーテンで仕切る計画だったようだ。いわゆるリビング・ダイニングである。

水平なスラブをもつ屋上部分に対して、曲面の壁をもつ「廣間」上部の塔屋が、印象的なアプローチ空間をつくっている。

の和館は木造真壁になっている。「和洋館並列型」にも通じる興味深い間取りである。扇形部分の2階には「勉強室」「寝室」があるが、これは4人の娘が使ったそうだ。とすると、普段和服で過ごしたという原夫妻の寝室は、和館だったろうか。

この建物の特徴は、「廣間《ひろま》」「サンルーム」に現れている。壁が曲面になっており、コンクリートの彫塑《ちょうそ》性という特徴をよく示す。特に「廣間」上部は**塔屋**《とうや》として屋根から突き出て、アプローチを印象的にする。「廣間」の2階は階段室になっており、人の動く軌跡をなぞる。半円形の「サンルーム」は、夫人が朝食を楽しみにした場所だそうで、人の集まる形をしている。

明治期よりの「和洋館並列型」の要素を含みつつ、コンクリートの性格をよく示した旧原邦造邸。建物は手前と扇形部分が残され、現代美術館として公開されている（2020年末閉館予定）。

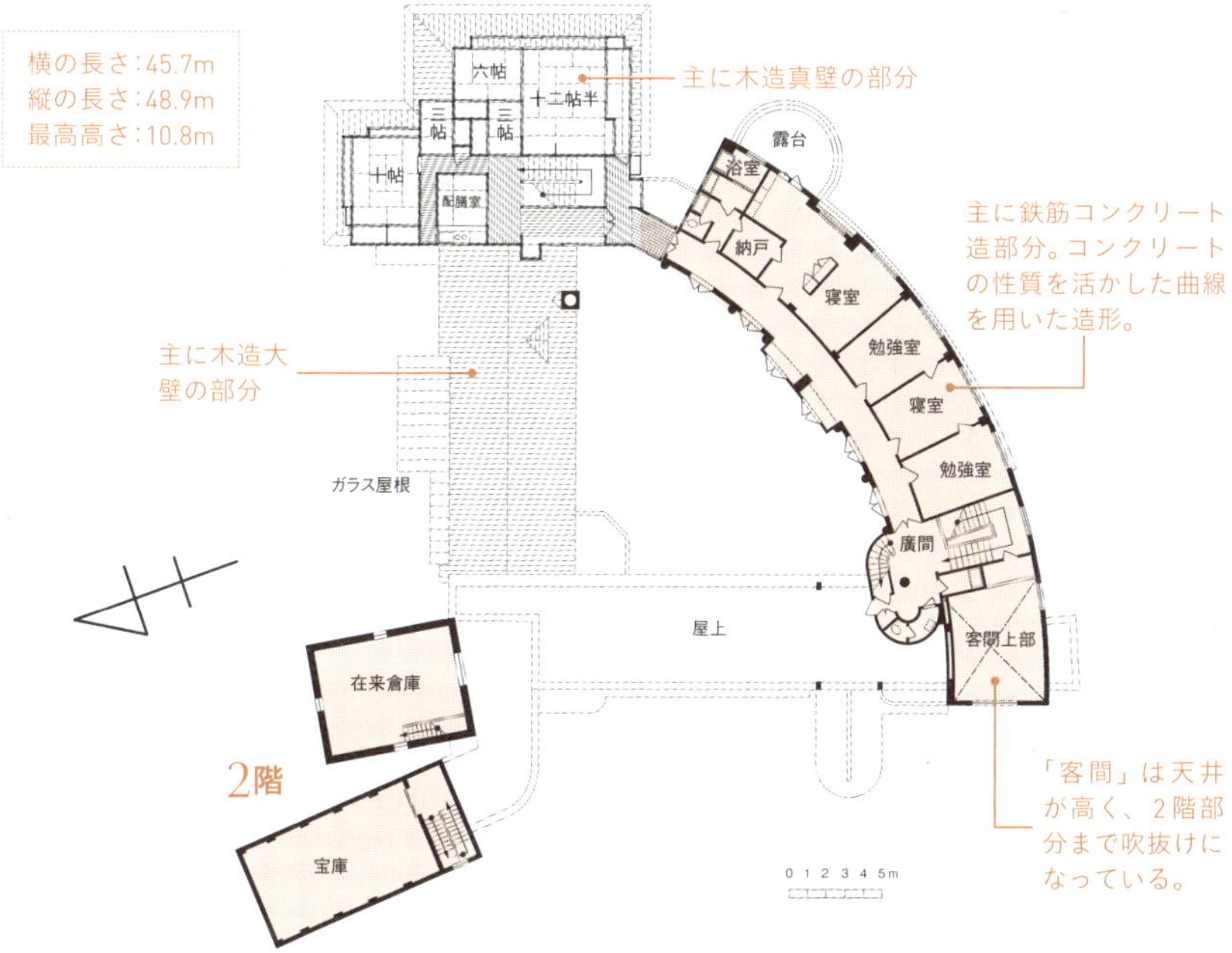
横の長さ：45.7m
縦の長さ：48.9m
最高高さ：10.8m
六帖
十二帖半
三帖
三帖
十帖
配膳室
主に木造真壁の部分
露台
浴室
納戸
寝室
勉強室
寝室
勉強室
廣間
主に鉄筋コンクリート造部分。コンクリートの性質を活かした曲線を用いた造形。
主に木造大壁の部分
ガラス屋根
屋上
客間上部
在来倉庫
宝庫
2階
「客間」は天井が高く、2階部分まで吹抜けになっている。
0 1 2 3 4 5m

data

建築年：1938年
住所：東京都品川区北品川4-7-25（原美術館）
アクセス：JR品川駅より徒歩で15分
公開：11:00〜17:00（祝日を除く水曜日のみ〜20:00・入館は閉館の30分前まで）
休館日：月曜日（祝日の場合は翌日）、展示替え期間、年末年始

作家と画家が暮らす家

東京

旧《きゅう》林《はやし》芙《ふ》美《み》子《こ》邸《てい》

『放浪記』で有名な作家・林芙美子が、最後の10年を過ごした住宅である。

林は、自宅建設にあたって200冊もの参考書を読み、東西南北風が吹き抜けること、客間には金をかけないこと、逆に茶の間、風呂、便所、台所には十二分に金をかけること、という信条を得た。これは、大正・昭和初期に声高に叫ばれた「接客本位から家族本位へ」との主張と共通する所がある。

設計は、林とほぼ同い年で、同時期に洋行経験のあった建築家・山口文象《やまぐちぶんぞう》である。山口は、近代建築の旗手《きしゅ》の1人として既に広く知られていたが、大工棟梁の父をもち、和風住宅もこなした。

この住宅は、大きく2棟からなる。向かっ

名義で分ける戦時統制下の工夫

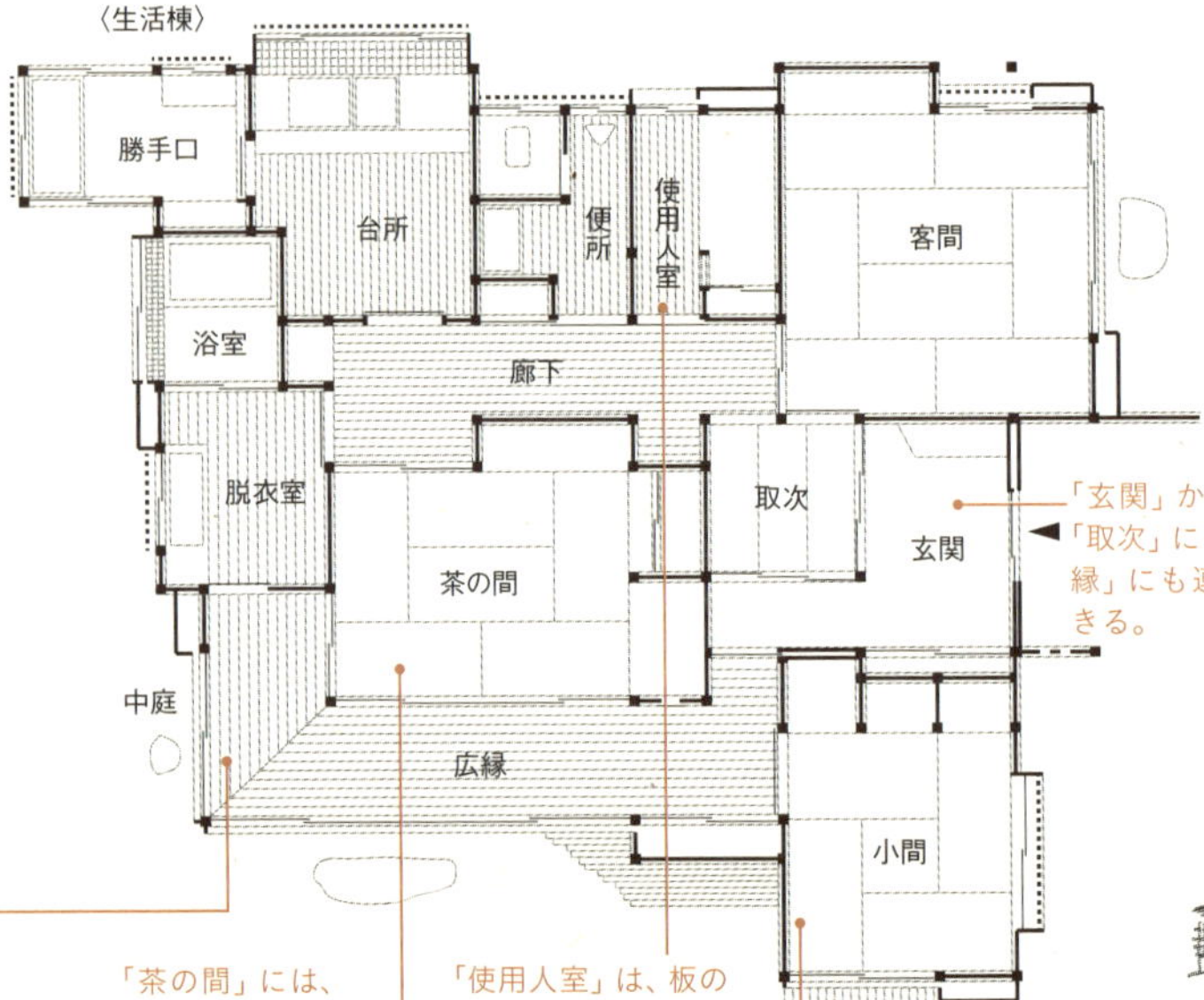
〈生活棟〉
勝手口
台所
便所
使用人室
客間
浴室
廊下
脱衣室
取次
玄関
茶の間
中庭
広縁
小間

「玄関」からは、「取次」にも「広縁」にも連絡できる。

「茶の間」には、多くの引出し、吊り戸棚があり、掘りごたつも造り付けられている。

「使用人室」は、板の間に2段ベッドを設ける。女中室などは、普通畳敷きが多いが、板の間にしている点は興味深い。

「小間」は、主に林の母が使ったが、「客間」がいっぱいな時や、引き合わせたくない客が一緒になってしまった時にも使用された。

「広縁」に小卓を出して、林と養子の泰（やすし）が一緒に食事を楽しむ写真が残されており、「茶の間」の延長として有効に機能したようである。

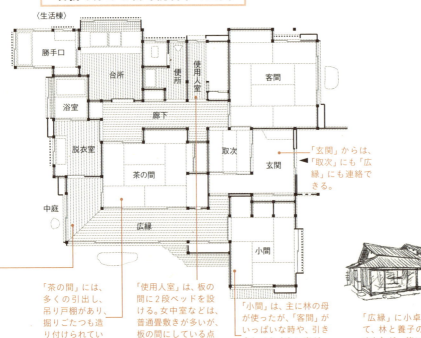

て右は生活棟で、左はアトリエ棟である。建設当時は、戦時統制下にあり、住宅の規模は100㎡に制限されていた。そこで、林名義の生活棟と、画家の夫・手塚緑敏《てづかりょくびん》名義のアトリエ棟が分けて建設された。生活棟は、「中廊下型」の間取りで、信条通り「茶の間」を中心とする。「玄関」をはさむように「小間」と「客間」を設け、「客間」の奥に、「使用人室」「便所」「台所」が並ぶ。「広縁《ひろえん》」と廊下が出会う所を「脱衣室（洗面所）」として仕切っている。一方アトリエ棟は、中庭をはさみ「寝室」「書斎」「アトリエ」が南向きに並ぶ。「寝室」は、当初書斎に使っていたが、明るすぎるとのことで、納戸を「書斎」とした。「アトリエ」は唯一の板間で、手塚の仕事場である。

この住宅は、現在「新宿区立林芙美子記念館」として人々に親しまれているが、戦時統制下の住宅建設の様子を知る意味でも貴重な存在である。

設計にあたっては、孤篷庵忘筌（こほうあんぼうせん）の間を見学したという。濡縁の空間は、それが活きているのだろう。見事なつくりである。

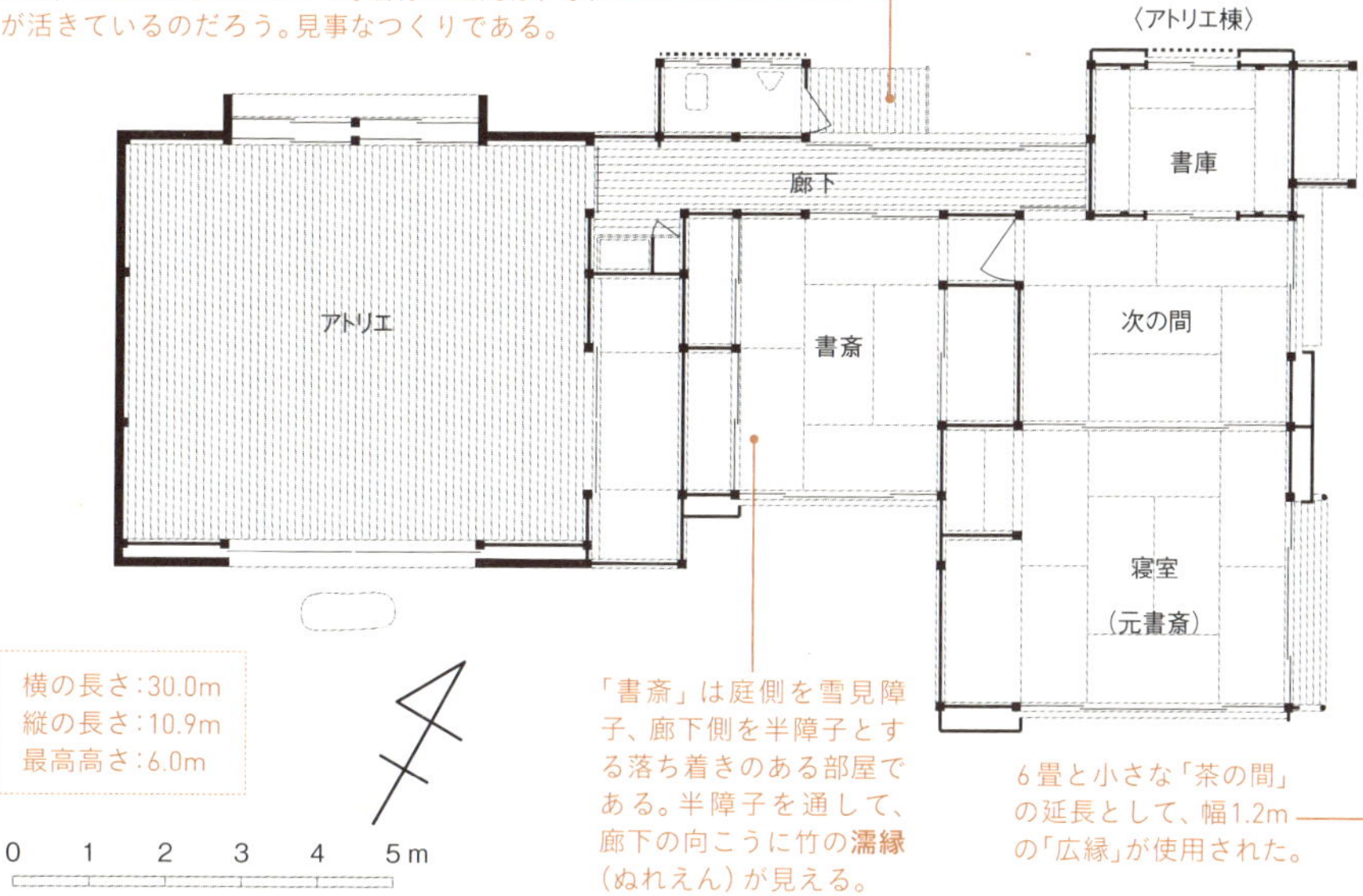

横の長さ：30.0m
縦の長さ：10.9m
最高高さ：6.0m

「書斎」は庭側を雪見障子、廊下側を半障子とする落ち着きのある部屋である。半障子を通して、廊下の向こうに竹の濡縁（ぬれえん）が見える。

6畳と小さな「茶の間」の延長として、幅1.2mの「広縁」が使用された。

data

建築年：1941年
住所：東京都新宿区中井2-20-1（林芙美子記念館）
アクセス：西武新宿線・都営大江戸線中井駅より徒歩で7分
公開：10:00～16:30・休館日：月曜日、年末年始

コルビュジエの弟子が試みるモダニズム住宅

東京

前《まえ》川《かわ》國《くに》男《お》邸《てい》

大きな切妻屋根と中央の丸柱が印象的。丸柱は裏も表も両側に置かれている。

東京文化会館や国会図書館、神奈川県立図書館・音楽堂。一般にも有名なこれらの建物は、全て前川國男の作品である。前川は、戦後日本を代表する建築家の一人で、昭和3（1928）年に東京帝国大学建築学科を卒業し、渡仏してル・コルビュジエのもとで2年働いている。帰国後は、日本で活躍していたチェコ人建築家、アントニン・レーモンドの元で働き、昭和10（1935）年に独立した。この住宅は独立から7年後に、上大崎《かみおおさき》に建てた自邸である。

この住宅の建設当時、新しく建てる住宅の総床面積は100㎡までに制限されていた。木造建物建築統制規則である。したがって、この住宅の規模は、基本的にそこから来ている。間取りは、「2階」と一体的な「居間」を中心に、南に「書斎」と「寝室」、北に「厨房」や「女中室」を配した、いわゆる「居間中心型」である。この居間中心型は、生活改善の機運が高まりを見せた大正・昭和初期に、接客よりも家族の空間を大切に（中心に）しよう、という考えから生まれたものである。その上で、この住宅は「居間」に対して「書斎」と「寝室」の独立性が高いことを特徴としている。空襲で事務所を失った前川は、戦後9年もの間ここを自宅兼事務所とした。それを考えると、各室の独立性の高さは、特に新婚早々であった前川夫人にとって救いであっただろう。

開戦前後の制限の中、日本の建築家たちは、鉄やコンクリートではなく、木造によってモダニズムを表現していった。これは世界的にも稀なケースとされ、前川國男邸はその重要な一例である。

data

建築年：1942年・延床面積：110.6㎡

住所：東京都小金井市桜町3-7-1（江戸東京たてもの園）・旧所在地：東京都品川区上大崎

アクセス：JR武蔵小金井駅よりバスで5分

公開：9:30〜17:30（4月〜9月）、9:30〜16:30（10月〜3月）・休館日：月曜日、年末年始

個室の独立性を高めた居間中心の間取り

横の長さ：13.6m
縦の長さ：8.2m
最高高さ：7.3m

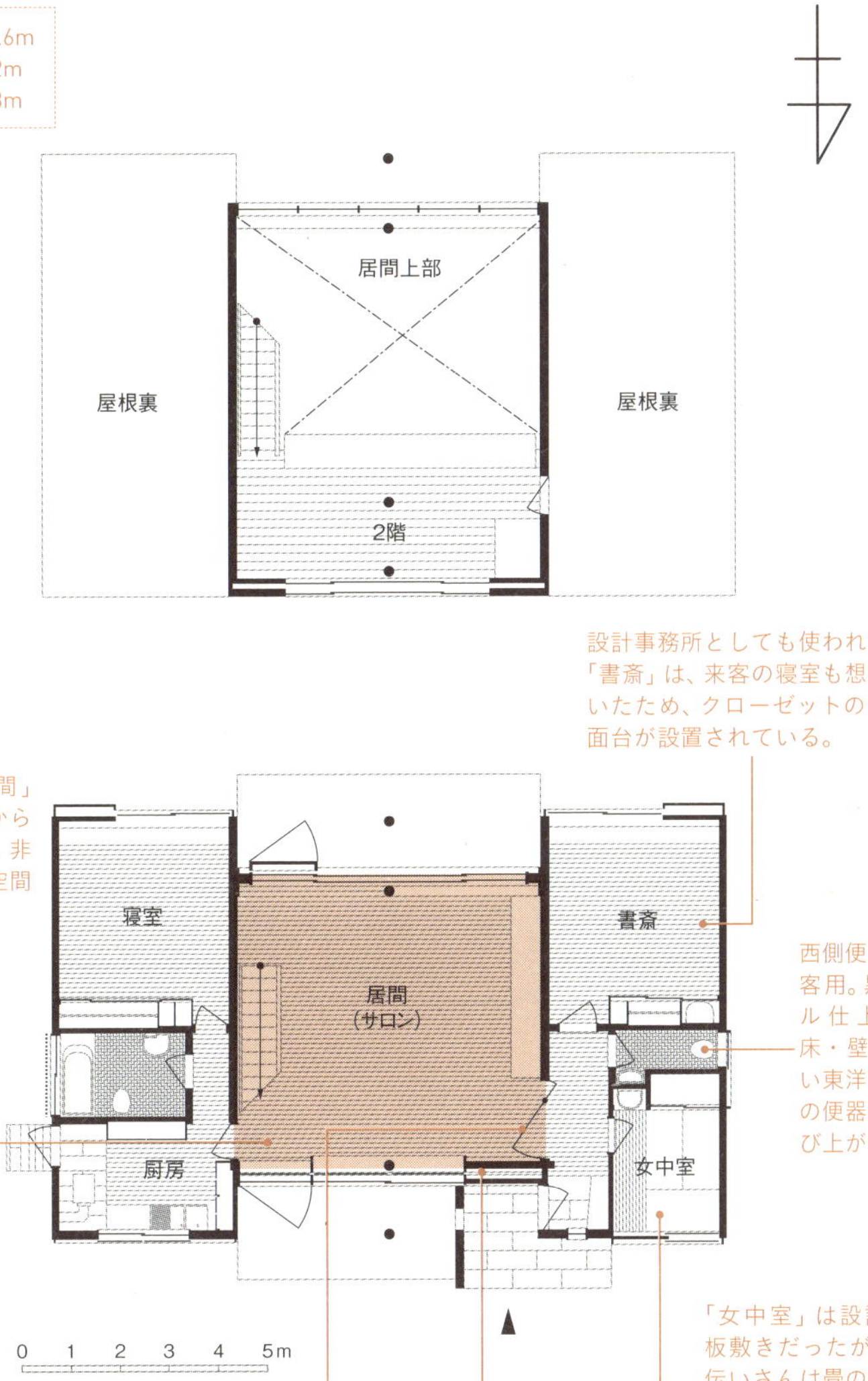

設計事務所としても使われていた「書斎」は、来客の寝室も想定していたため、クローゼットの中に洗面台が設置されている。

吹抜けの「居間」には大きな窓から光が射し込み、非常に開放的な空間となっている。

西側便所は来客用。黒タイル仕上げの床・壁に、白い東洋陶器製の便器が浮かび上がる。

「女中室」は設計当初板敷きだったが、お手伝いさんは畳の方が良いだろう、といって畳敷きになった。女中を雇っていない時期は物置に使ったという。

軸を内側にずらした大きな回転扉。開くと玄関からの視界を遮るパーテーションのようでもある。

「居間」北側の建具は、障子、雨戸、ガラス戸の順で入れてある（通常は雨戸がガラス戸の外側）。これは、防犯を意識しつつ、雨戸の**戸袋**（とぶくろ）を目立たせないようにするためだという。

江戸東京たてもの園

日本初の女性建築家・浜口《はまぐち》ミホがつくる家

東京

栗田邸《くりたてい》

『日本住宅の封建性』という本がある。伝統的な日本の住宅に見られる封建的な部分を厳しく批判し、戦後の民主的な住宅のあり方を示した名著である。そこでは、例えば表玄関・内玄関・勝手口といった身分を反映した出入口のあり方を批判し、その呼称撤廃《てっぱい》を提案したり、居室よりも格下とみなされる台所のあり方を取り上げ、その根底にある男尊女卑の考えを批判し、食事と炊事の場を1つに融合させることを提案している。著者は、日本初の女性建築家とされる浜口ミホで、その主張と実際の作品の関係を確認することは有意義である。

さて、この栗田邸は浜口の著作『すみよい住まい』の中で、地鎮祭から竣工までの過程が詳しく紹介された作品である。建設年が記されていないが、出版が昭和28（1953）年で、金融公庫を利用したとあるので昭和25（1950）年以降の建設と分かる。立地は不明だが、案内図には田園調布によく似た街区が描かれている。

間取りは、「玄関」脇に「令息《れいそく》室」をとり、「台所」と「居間」、「主婦室」、「書斎」を並べる。「台所」と「居間」の間はカーテンのみで、食事を作る場所、食べる場所、団欒《だんらん》する場所までが一連のものとして設計されている。これは浜口の主張通りである。しかし問題は「玄関」で、その名称が図面に表記され、「台所」に出入口もある。

浜口は昭和29（1954）年に『日本住宅の封建性』を再版、主張通りに事が進まない状況を書き加えた。「玄関」の呼称もその1つだろう。確かに、今日でも一般的に使われる呼称である。

「テラス」上部はパーゴラが架けられている。脇には花壇があるので、パーゴラに匍（は）わせる植物を植えることができる。

data

建築年：1950-1953年（現存せず）
延床面積：68.2㎡

男子厨房ニ入レ!!

横の長さ:14.0m
縦の長さ:6.8m
最高高さ:4.5m

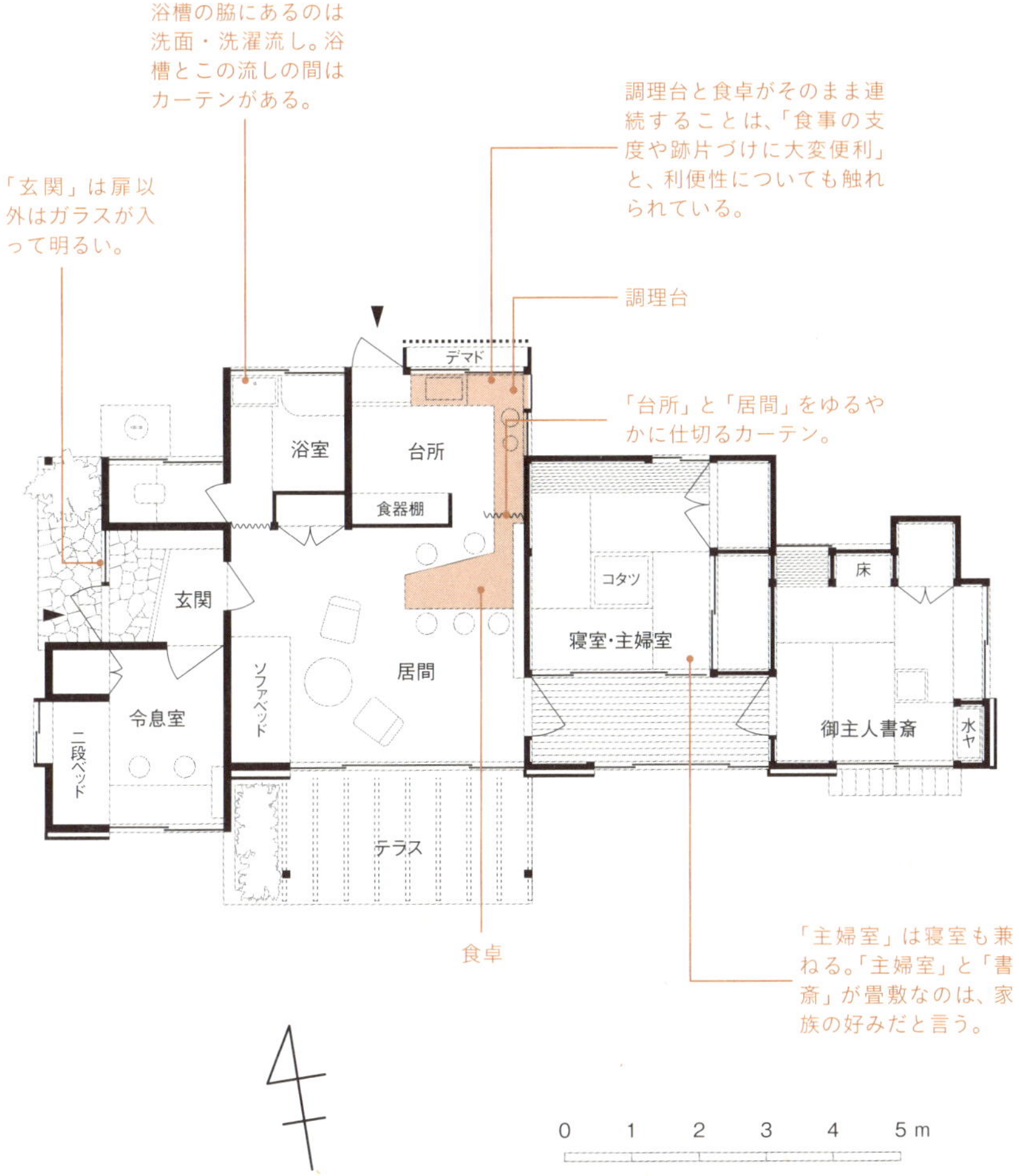
浴槽の脇にあるのは洗面・洗濯流し。浴槽とこの流しの間はカーテンがある。
調理台と食卓がそのまま連続することは、「食事の支度や跡片づけに大変便利」と、利便性についても触れられている。
「玄関」は扉以外はガラスが入って明るい。
調理台
「台所」と「居間」をゆるやかに仕切るカーテン。
デマド
浴室
台所
食器棚
コタツ
玄関
寝室・主婦室
床
ソファベッド
居間
令息室
御主人書斎
水ヤ
二段ベッド
テラス
食卓
「主婦室」は寝室も兼ねる。「主婦室」と「書斎」が畳敷なのは、家族の好みだと言う。
0 1 2 3 4 5m

アントニン・レーモンドの自邸の「写し」

群馬

旧井上房一郎邸《きゅういのうえふさいちろうてい》

旧井上房一郎邸は、東京にあったレーモンドの自邸（1951・以下「自邸」）の「写し」である。もっとも、自邸には設計事務所が付いていたし、間取りも東西が逆転している。しかし、自邸を実測して造っており、多くが忠実に再現されている。この住宅の主・井上房一郎は、高崎の文化発展に大きな功績を残した人物で、ブルーノ・タウト来日の際、高崎に招いて工芸品のデザインを委託したことで知られる。その井上が、自邸を訪れた際すっかり惚れ込み、レーモンドから「写し」の建設許可を得たのだった。井上が、ちょうど火災で自宅を失っていた時だった。

間取りを見てみよう。全体は、片廊下に各室を並べたもので、パティオにより「居間」が分離されている。前庭は鉄平石《てっぺいせき》を敷き、黒那智石《くろなちいし》の雨受け玉砂利、竹林が続く。居室の床は、自邸と違って土足厳禁だが、地面と近い高さで、前庭との一体感が強い。特に「居間」は開放的で、ガラス戸と障子戸は掃き出しである。ここには、レーモンド夫妻設計の家具が置かれる。一方「寝室」は、前庭側に腰壁をつくり、落ち着いた雰囲気をもつ。隣の「和室」は夫人室で、自邸にはない部屋だが、「前室」より1段床を高くし、**欄間《らんま》**を吹抜けにするなど面白い部屋である。さらに水廻りが続き、これら一連の部屋を、平割丸太でつくる**シザーストラス**の構造が包み込んでいる。

この住宅は、戦後のレーモンド作品を知る上で重要な事例であることはいうまでもないが、靴を脱ぐことや「和室」を加える相違点に着目しても面白い。

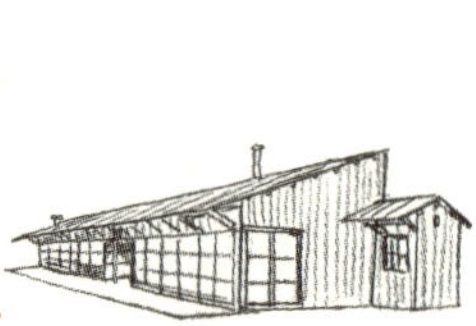

手前が「居間」。全体は切妻屋根だが手前だけ片流屋根。横長の立面がのびやかな印象。

data

建築年：1952年
住所：群馬県高崎市八島町110-27（高崎市美術館）
アクセス：JR高崎駅より徒歩で3分
公開：10:00〜18:00（3月〜11月）、10:00〜17:00（12月〜2月）
休館日：月曜日、祝日の翌日、美術館の展示替期間、年末年始

パティオを取り込んだのびやかな片廊下の住宅

横の長さ：32.9m
縦の長さ：8.9m
最高高さ：4.5m

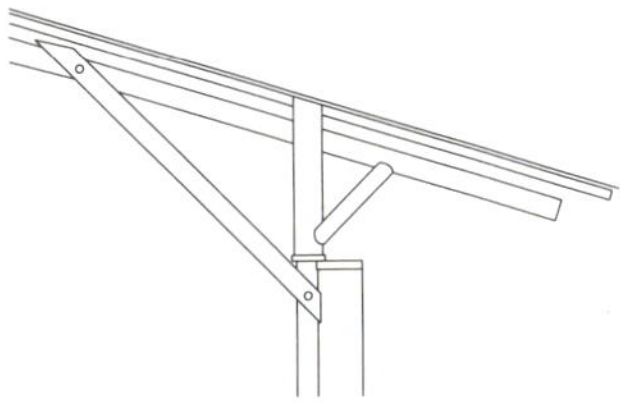

柱・梁の架構に対して、その角を固めるように、平割（半分）にした丸太で両側から挟み込んでトラスをつくっている。レーモンドの作風を特徴付ける要素である。

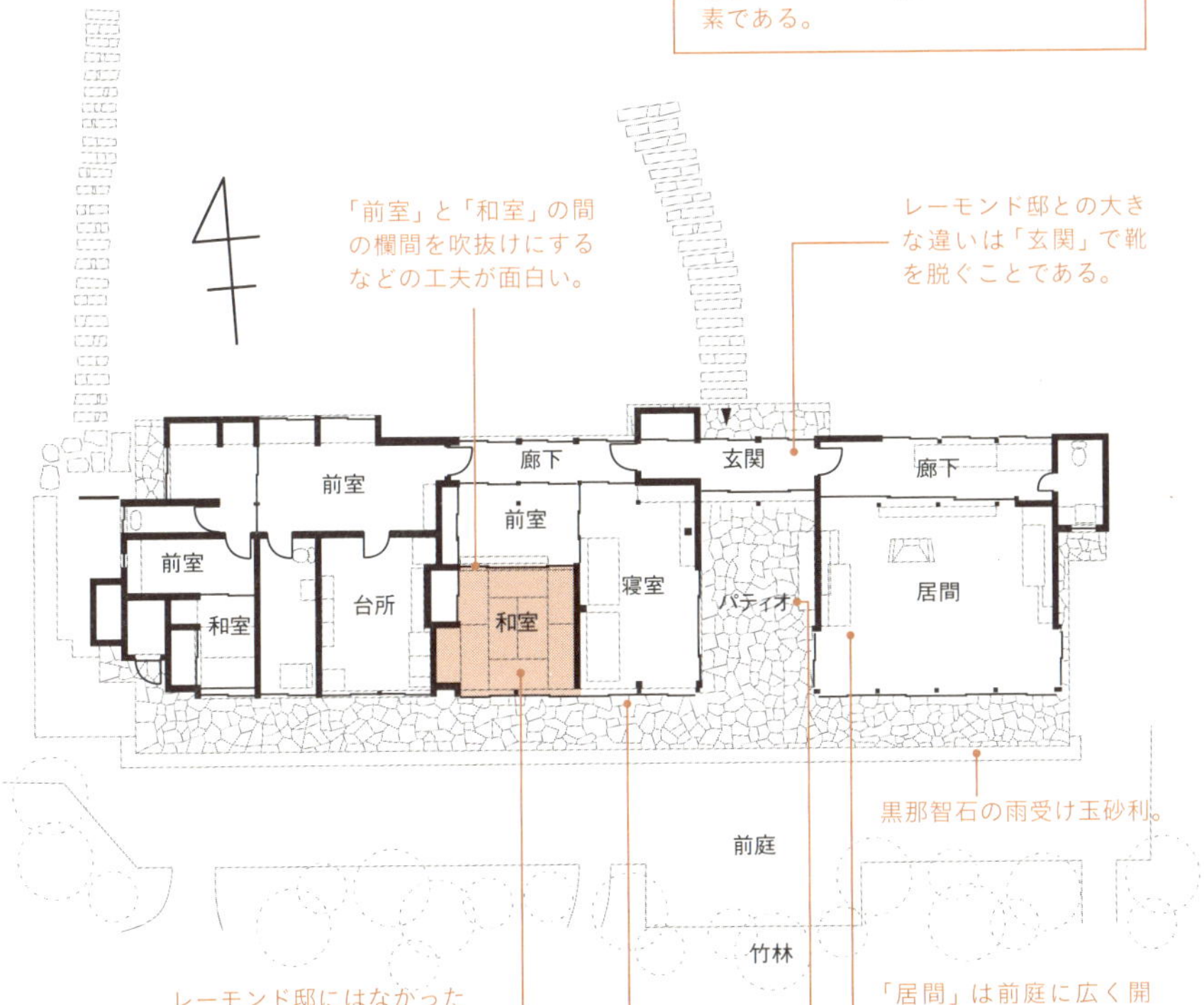

「前室」と「和室」の間の欄間を吹抜けにするなどの工夫が面白い。

レーモンド邸との大きな違いは「玄関」で靴を脱ぐことである。

黒那智石の雨受け玉砂利。

レーモンド邸にはなかった和室は、井上夫人が茶人であったのでつくられた。

「居間」は前庭に広く開くほか、北側にハイサイドライトをとって柔らかな光を採り入れている。

「寝室」はパティオ側に掃き出しのガラス戸・障子戸が入っていて、前庭側よりもパティオ側に開いている。ここにはノエミ・レーモンド（レーモンド夫人）がデザインした家具も置かれている。

パティオは、構造を現（あらわ）しにしており、光が落ちる。レーモンド邸の場合は、そこに藤が匍（は）っていた。

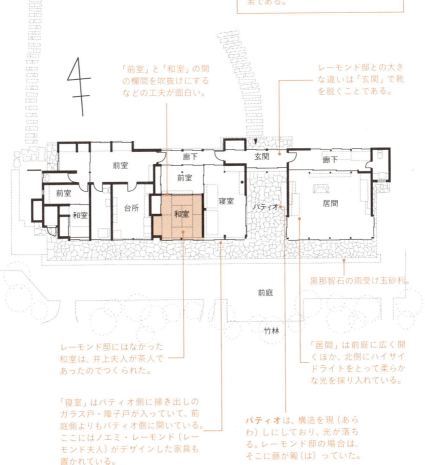

東京

レーモンドの弟子が住む3人家族の家

最小限住居

最小限住居は、建築家・増沢洵《ますざわまこと》が、まだレーモンド事務所の所員であった昭和27（1952）年に建てた自邸である。小田急線・東北沢駅近くの、ほぼ正方形をした200坪の敷地に建っていた。1階9坪、2階6坪、計15坪（約50㎡）の、敷地の割に小さい住宅である。増沢は昭和26（1951）年に住宅金融公庫の融資に当選して設計を始めたという。住宅金融公庫は、昭和25（1950）年に設立された米国流の住宅政策で、当初一戸につき最大48㎡の部分について建築費の75%を融資するものであった。つまり、この住宅は、ほとんど融資対象である。

間取りを見ると、3間×3間の正方形を、

構造の単純化に取り組んだ最小限住宅

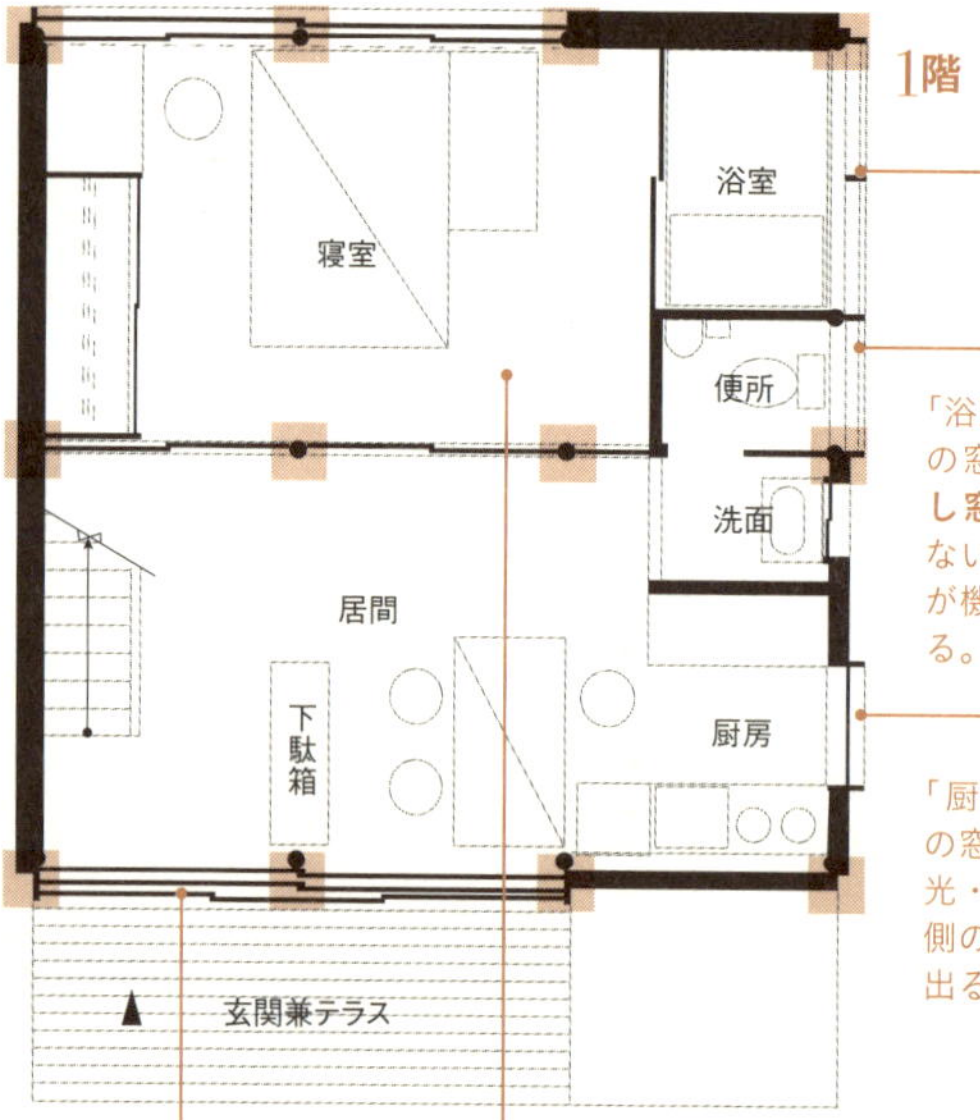

「浴室」と「便所」の窓は、**滑り出し窓**。脱衣室はないので「寝室」が機能を負担する。

「厨房」は南側の窓を通して採光・換気し、東側の扉から外に出る。

「居間」南側の大きな開口には、内側から障子戸、ガラス戸、雨戸（1階のみ）が入る。

「寝室」は、梁下までが6.6尺（約2m）と低い。そのため、天井は2階の**根太**（ねだ）をそのまま現している。

「居間」の外にはスノコが敷かれており、玄関兼テラスになっている。

桁行《けたゆき》を3分割、**梁間**《はりま》を2分割して、計12本の丸太の**通柱**《とおしばしら》を並べている。柱には長さ13尺と15尺（棟通り）の規格材をそのまま使い、屋根も**小屋組**をつくらず、棟木から**桁**に**垂木**《たるき》を直接架けるなど構造の単純化が徹底して進められている。壁は、外を竪板《たていた》張り、内をベニヤ板張りとし、南面に大きな窓を取って引違いの建具を入れる。こうして確保した箱に近い空間を、吹抜けを残しつつ、1階と2階に分けている。1階は「居間」と「寝室」と水廻り、2階は「書斎」と「家事室」を配す。「寝室」「浴室」「便所」以外は室内に建具がないので、「厨房」から「居間」、「書斎」が立体的に繋がり、面積の割に広々とした空間がつくられている。

１９５０年代には、このような庶民のための小住宅が建築家により数多く計画された。中でもこの住宅と、池辺陽《いけべきよし》による立体最小限住居、No.3（１９５０）は高く評価されている。

横の長さ：5.5m
縦の長さ：5.5m
最高高さ：5.2m

■：通柱の位置。
長さの異なる2種類の規格材のみを使用することで、構造を単純化させている。

「書斎」のソファは、合板に**薄縁**（うすべり）を敷いたもので、来客時にベッドになるという。

2階は建具のない開放的な空間となっている。

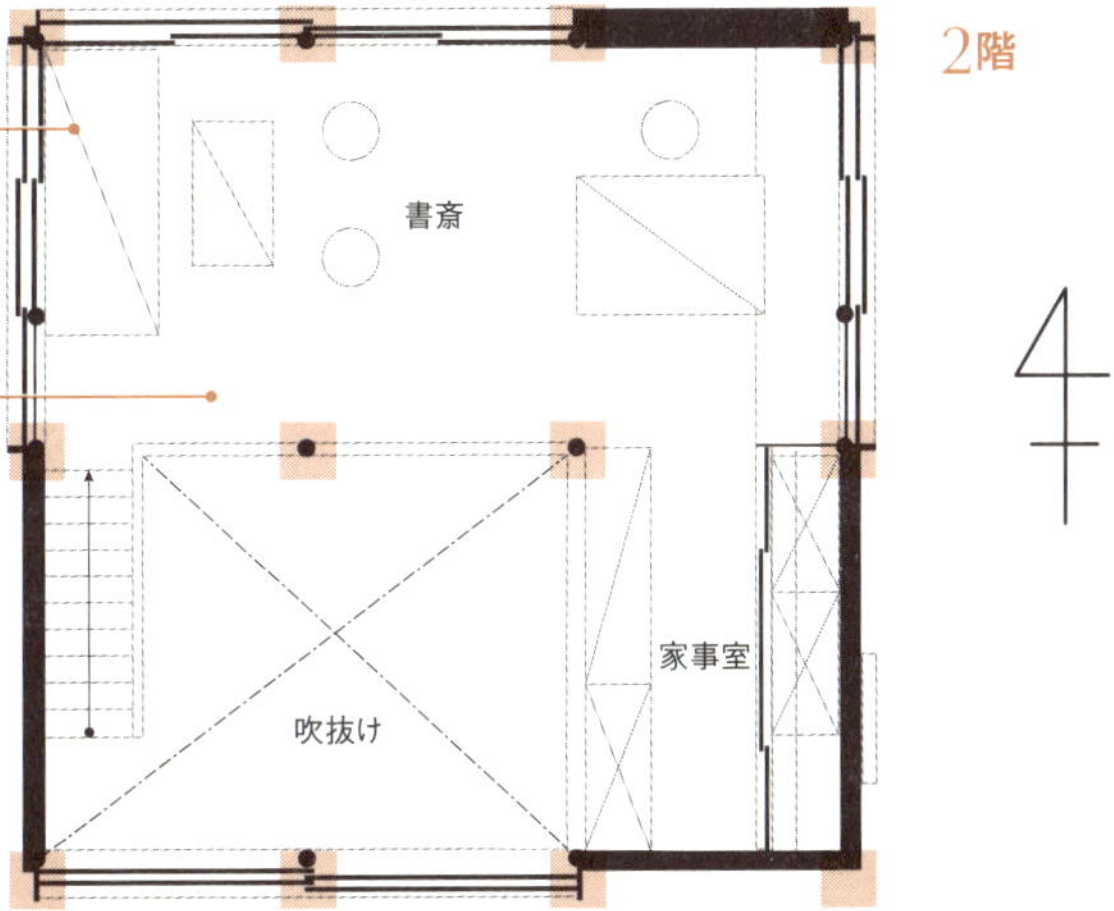

data

建築年：1952年（現存せず）・延床面積：約50㎡
住所：東京都渋谷区大山町

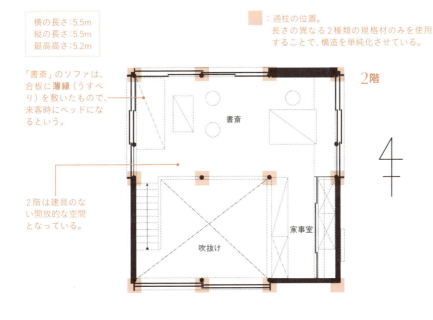

戦後のスター建築家・清家《せいけ》清《きよし》の家

東京

私《わたし》の家《いえ》

清家清（1918～2005）は、戦後の日本を代表する建築家である。清家は、プライバシーを重視して住宅各室の個室化が進んだとされる戦後期において、都市部で顕著に現れた核家族化の流れを捉え、逆に開放的な住宅を提案したことで知られている。核家族化には、プライバシーの問題を、同居する多世帯間の複雑な関係から、夫婦・子供間の単純な関係に限定する一面がある。つまり、個室化が進む中で、逆にそれを必要としない状況も進展していた、というわけである。子供が大きくなれば、緩衝《かんしょう》空間や仕切りを組み合わせ、各時期に合ったプライバシーを確保すれば良いし、広く空間を残せば、可動式家具を組合わせて多様な場をつくることができる。清家はこれを「舗設《しつらえ》」といった。この住宅は、その考えが顕著に現れた清家の自邸で、昭和29（1954）年に住宅金融公庫の融資を得て、実家の隣に建設された。

間取りは、地下室をもつ15坪程度の平屋で、「台所」や便所に壁を建てる程度で、室内には1つの建具もない。「居間」と「寝室」「書斎」の間は、カーテンを入れ、開ければワンルームになる。床は全て石敷き。庭も同様に石を敷いているので、その空間は、外部へも広がっていく。玄関らしい玄関が見当たらないが、当初は靴のまま室内に入っていたそうだ。住宅内に置かれた家具のほとんどは可動式で、キャスターの付いた畳の縁台がそれを象徴している。地下室は約20㎡の広さがあり、もともとは防空壕だったようだが、後に子供たちが使用したらしい。

内も外も石敷きで、大きな段差もないため、広がりのある空間を獲得している。

data

建築年：1954年・建築面積：50㎡
住所：非公表

可動式家具で設《しつら》える多様なワンルーム

横の長さ：10.2m
縦の長さ：5.8m
最高高さ：2.7m

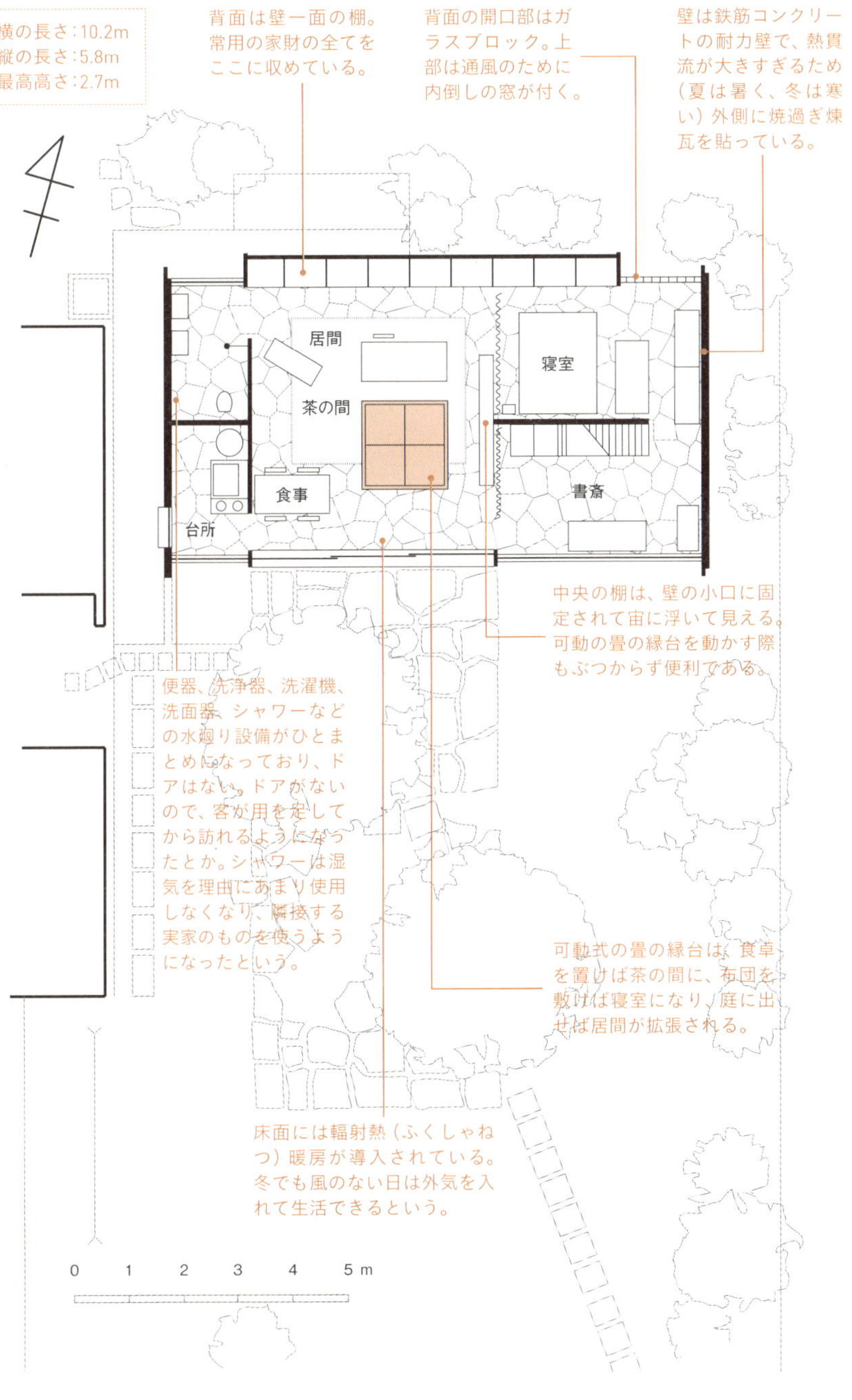

家事労働を中心に据えた家

東京

No.20

この住宅は、建築家・池《いけ》辺《べ》陽《きよし》が昭和29（1954）年に設計した「コア・プラン」の実験住宅である。池辺は女中の減少、婦人の社会進出といった戦後の傾向を捉え、家事労働の軽減・改善をテーマに据え、新しい住宅の姿を追求した建築家である。それは、主婦が家事や外での仕事をこなしつつ、団欒《だんらん》や接客、休養にも加わる、逆に主人や子供が家事に加わることもできる、そんな住宅の姿である。この№20は、池辺が設計した実験住宅の中でも、その主張をよく示す事例である。

池辺は、この住宅の説明の中で、「近来の住居平面の典型ともいえる南に向かって広く開いた矩《く》形《けい》プラン（中廊下型を指す・カッコ内は筆者）は長い間の疑問」とし、東西面を活かせていないこと、廊下などの動線の面積割合が多いこと、都市の土地利用では不向きなこと、南北方向の厚みによる環境調整を考えていないこと、といった問題点を列挙した。No.20はその内容を反映して南北に長いプラン。中央にコンクリートブロック壁で囲われた「浴室」「便所」、すぐ隣に「台所」を置いて設備を集約し、その南に「居間」「食堂」、北に「寝室」や「子供室」を配している。「台所」をブロック壁の外に出したのは、家事を家族で共有することを狙ったものだろう。出入口はコアの左手で、右手は、外をサービスコートとする。「コア・プラン」というと、特に集約した設備を中心に置く間取りを指す。これは、欧米での先例に影響を受けつつ、高層建築において「構造コア」の考え方が次第に確立し、衛生設備の技術的発展を待って可能になった間取りである。

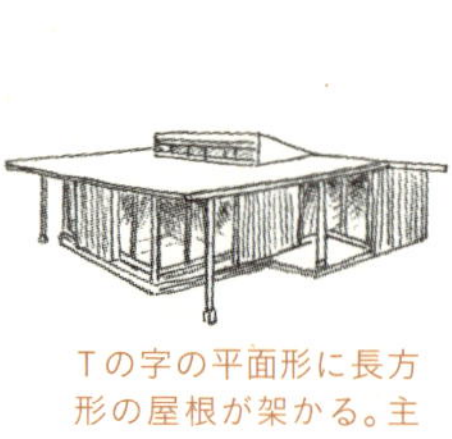

Tの字の平面形に長方形の屋根が架かる。主に、南側の庇は浅く、東側は深い。

data

建築年：1954年（現存せず）

設備コアを持つ実験住宅

横の長さ：8.6m
縦の長さ：9.2m
最高高さ：3.8m

「浴室」と「台所」上部には、**トップライト**があり、換気と採光に用いられる。

建物背面の壁いっぱいに**ハイサイドライト**が設置されている。

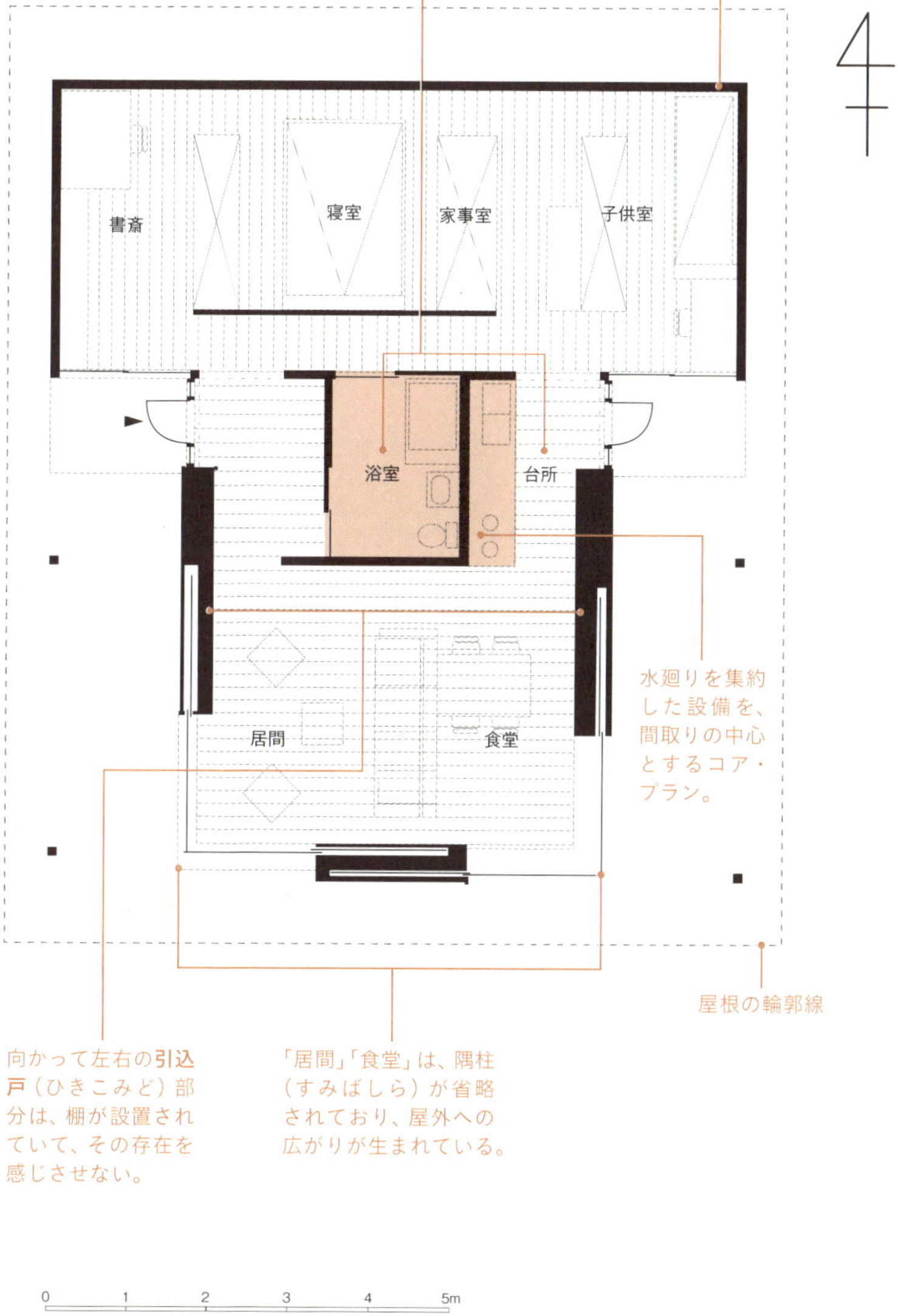

水廻りを集約した設備を、間取りの中心とするコア・プラン。

屋根の輪郭線

向かって左右の**引込戸**（ひきこみど）部分は、棚が設置されていて、その存在を感じさせない。

「居間」「食堂」は、隅柱（すみばしら）が省略されており、屋外への広がりが生まれている。

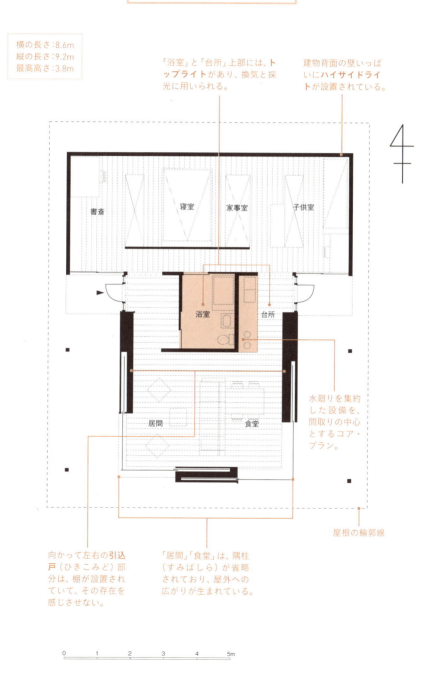

ダイニングキッチン普及の原点

全国

公営住宅標準設計《こうえいじゅうたくひょうじゅんせっけい》51C型《がた》

今日一般的なダイニングキッチン（DK）は、昭和30（1955）年に発足した日本住宅公団が、DKのある間取りを設計し、団地を建設したことで広く普及したとされている。そして、その原型とされるのが、標準設計委員会（建設省住宅局主宰《しゅさい》）が1951年にまとめた公営住宅標準設計51C型である。51C型の間取りは、食事と就寝の場を分ける「食寝分離」と、性別で就寝の場を分ける「就寝分離」の考えを追求して生まれた。台所は3畳程の板敷きとし、ここで食事することが想定されている。6畳と4畳半の2つの寝室は、2室の間が壁になっており、「就寝分離」の考え方が徹底されている。全体としては2DKの間取りで、出入口の方位により2種類が用意された。

DKは、戦前から既に見られるものだが、戦後になると一般の小住宅にも採用が始まる。51C型は、そうしたDK普及の動向を捉えた結果採用されたものであった。その背景には、台所を1段下の場所とみる考えが、次第に弱まったことがある。すなわち、台所が女中の代わりに婦人の働く場となり、使用人ではなく家族が使用する場になっていったのである。

しかし、DKが普及するには問題もあった。それは従来の台所が不衛生な印象をもたれていたことである。話が最初に戻るが、これを克服したのが日本住宅公団で、ステンレスの流しを採用し、清潔な場所としての台所を印象付けることに成功した。圧倒的な住宅難の中で、団地に入居がかなった人々は、世間から憧れの目でみられ、「団地族」と呼ばれた。

イラストは55型（2DK）の蓮根団地（東京、現存せず）。

data

51C型の公営住宅は日本各地に建てられたが、現在ではほとんど残っていない。

「食寝分離」と「就寝分離」の考えから生まれた間取り

横の長さ：6.5m
縦の長さ：6.0m

どちらの間取りも「居室1」と「居室2」の間は壁である。これは2つの寝室（居室）の独立性を高めるためである。

間取り全体は、日本の民家に一般的にみられた田の字の平面を参考にしたといわれる。

<51C-N型>

2つの間取りで大きく異なる点は、水廻り部分である。「N型」では便所が「台所・食事室」の脇にあるが、「S型」では「物置」の脇にある。

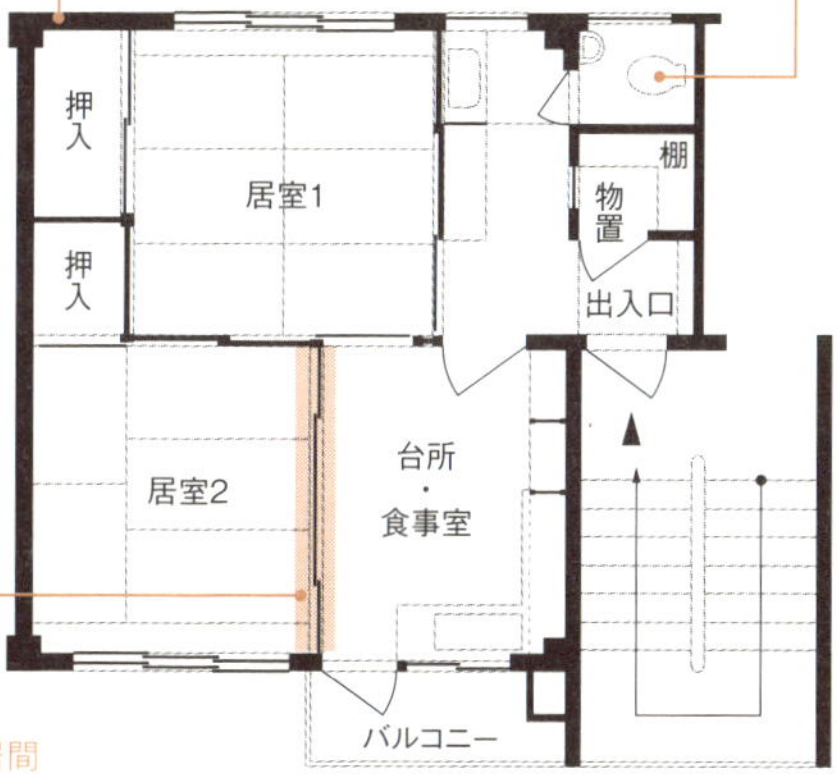

「台所・食事室」と「居間2」の間は、面積が細切れになることを恐れて広く接続しており、引戸を全開にすればひとつながりの空間になる。

<51C-S型>

横の長さ：6.5m
縦の長さ：6.0m

コルビュジエの弟子がつくる「象さんの家」

東京

ヴィラ・クゥクゥ

ヴィラ・クゥクゥは、建築家・吉阪隆正《よしざかたかまさ》（1917〜1980）設計の小住宅である。クゥクゥとは、仏語で「coucou」と書き、鳥のカッコウとか、親密な人に使う「やあ」といった挨拶言葉である。吉阪は、19歳までに2度スイスに滞在し、現地の学校では仏語で講義を受けた。また、33歳でフランスに留学しており、自然と思いついた作品名だろう。フランスでは、ル・コルビュジエの事務所に勤務し、チャンディガール高等裁判所の設計などに携わった。同時期には傑作と名高いロンシャン教会の設計も進んでいた。

　この住宅は、吉阪がフランスから帰国して5年後の昭和32（1957）年に、大学で教鞭をとる仲間のために設計したものである。代々木上原の緩やかな坂を登った先にあり、当初敷地の南と北西にアパートがあって、西に眺望が開けていた。これが平面形の出処である。西側いっぱいの窓の他、反り起《むく》りの曲線を描く屋根には2つのラッパ形の天窓が突き出る。また、階段下にはカラフルな小窓、「寝室」脇にはテーパー付きの窓など、個性的な採光装置がちりばめられており、コルビュジエの影響がうかがわれる。荒く彫塑《ちょうそ》的なコンクリート打ち放しの扱いも印象的で、近所の子供達から「象さんの家」と呼ばれたそうだ。

　間取りは、1階の「書斎」や「浴室」の上に「寝室」をのせたもので、吹抜けを通じ全体が立体的な一室空間になっている。「台所」の間仕切り壁も目線より高いくらいで天井に達していない。こうした間取りは、50年以上経った今日でも新鮮味が感じられ、その有用性を失っていない。

道路からの外観は確かに「象さん」のよう。玄関左の壁に「VILLA COUCOU」と彫られている。

data

建築年：1957年・延床面積：67.0㎡

住所：非公表

立体的なワンルーム空間

横の長さ：11.3m
縦の長さ：9.9m
最高高さ：8.4m

外からの視線をさえぎりながら、光を室内に取り入れるテーパー付きの窓。

コンクリート打ち放しの外壁には、コストの面からも市販パネルを利用し、力強い表現を狙ったという。**ジャンカ**が発生した部分は坂上政克（さかがみまさかつ）デザインの彫刻を施した。

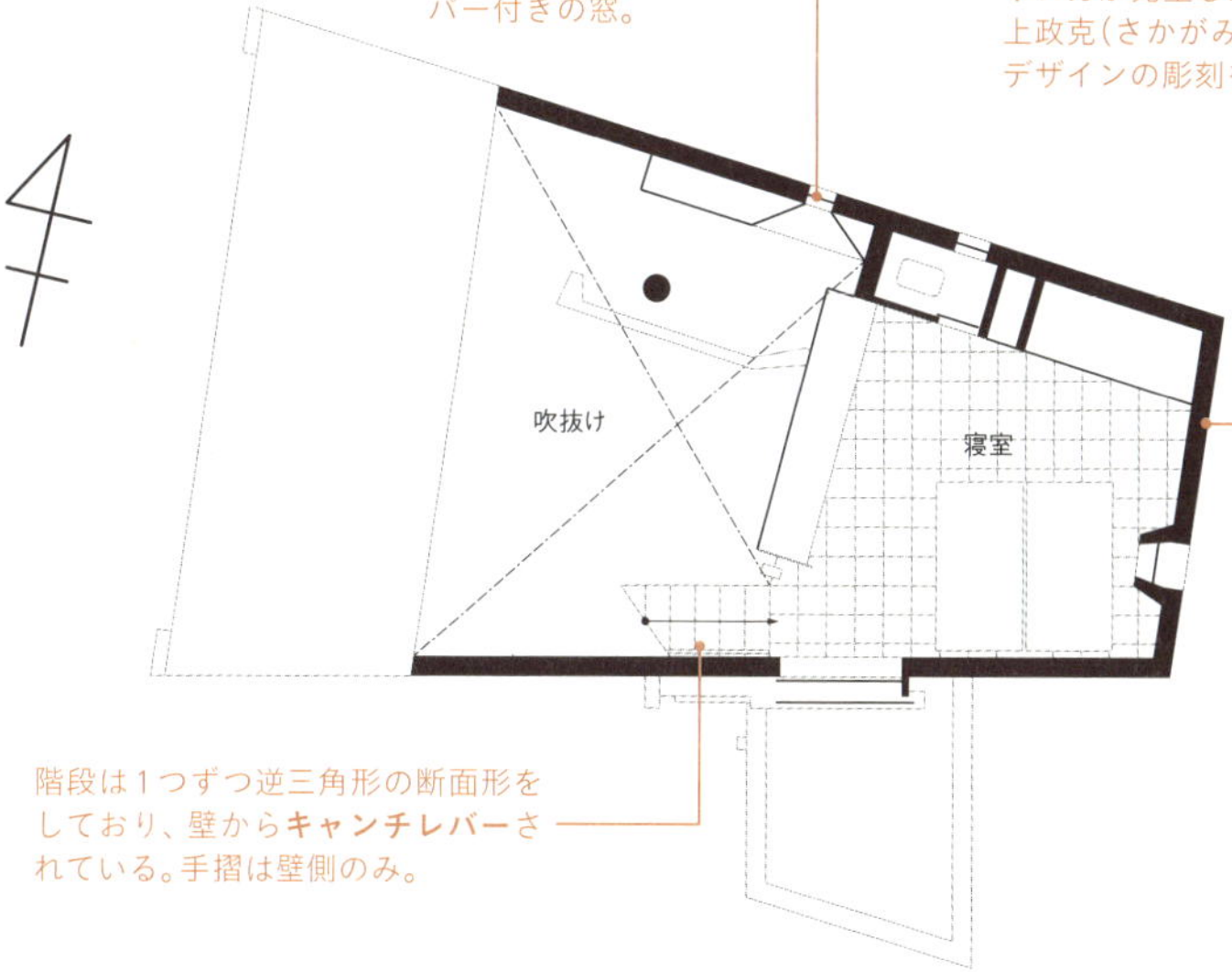

2階

階段は1つずつ逆三角形の断面形をしており、壁から**キャンチレバー**されている。手摺は壁側のみ。

室内のコンクリート壁は、布張りペンキ仕上げ。便所の間仕切壁などは、レースを張った上に塗装仕上げを施している。吉阪は、「のっぺら棒」で「平板」な表現を嫌った。

浴室の10cm程（3.6寸）の角タイルは任意に10数カ所抜き取り、よりサイズの小さなタイルを嵌（は）めている。この辺りにも仕上げに対する吉阪の考えがうかがわれる。

天井に達していない間仕切り壁により、仕切りつつもワンルーム空間に。

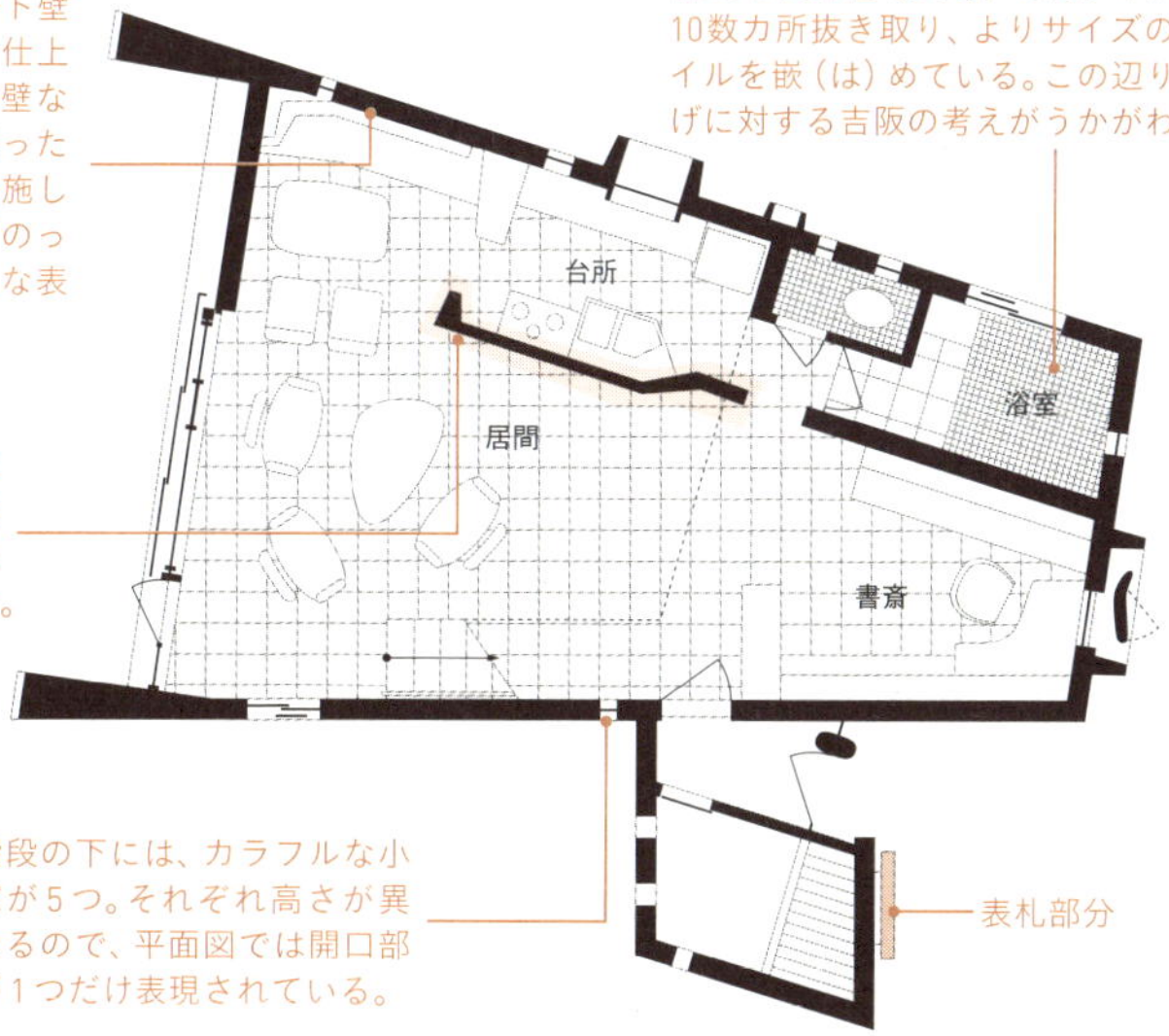

1階

階段の下には、カラフルな小窓が5つ。それぞれ高さが異なるので、平面図では開口部が1つだけ表現されている。

表札部分

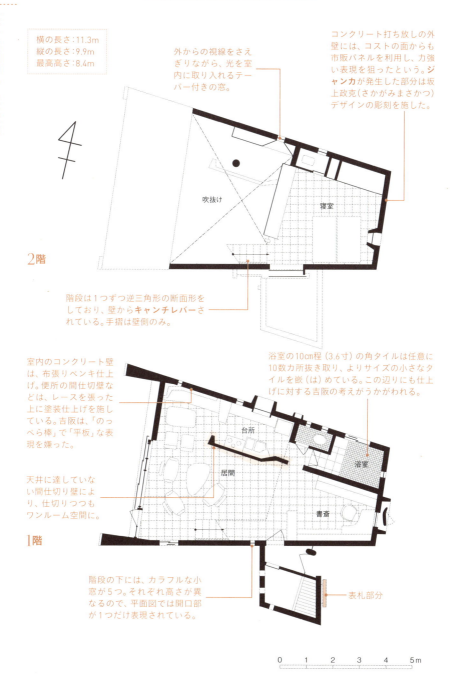

Column

和洋館並列型住宅について

大正・昭和期の洋風応接間の付く和風住宅や、和室を設けた洋風住宅。それは、明治期以降の住居史の中にどのように位置付けられるのだろうか。

日本の伝統的な建築様式をもつ「和館」と西洋の建築様式をもつ「洋館」が並び建つ住宅形式を「和洋館並列型」という。図1は、近代住宅史研究で著名な内田《うちだ》青蔵《せいぞう》氏が、一仮説として日本における住宅の近代化の過程を示したものである（丸数字と線種の区別は筆者による）。以下、図の太線で囲った部分に注目して、その流れを確認しよう。

「和洋館並列型」の住宅は、生活の場である和館に、明治天皇を迎えるための洋館を建設したことが始まりとされる。明治天皇は、明治初年に断髪・洋装を実行しており、天皇に相応《ふさわ》しい行幸御殿《みゆきごてん》として選ばれたのが洋館だったというのだ。そのため、この形式は当初、生活の和館、接客の洋館、という意匠と機能の対応関係を持っていた。明治20年代に入ると具体的に普及し始め、明治後半には生活の機能が和館から洋館へ移り、次第に洋館の規模も大きくなる（図1①）。また、その流れが進むと、大正期には畳敷きの「和室」を備えた洋館のみの住宅も建設されていった（図1②）。

一方、「和洋館並列型」の形式は、新しい時代のステータスシンボルとなり、明治末から大正期にかけて中流階級へも広がっていった。それは、「ミニ和洋館並列型住宅」と呼ばれるもので（図1③）、中でも一室だけの洋館をもつ住宅は広く普及した。また上流階級と同じように和室を備えた洋風住宅の建設も進められた（図1②'）。

では、以上の流れを、具体例で確認しよう。まず、「①和洋館並列型・洋館+小和館」の事例を見る。旧松本《まつもと》家住宅（図2、96頁）は、「和洋館並列型」の分かりやすい事例である。洋館には夫婦の寝室などが見られ、洋館が生活の場としても機能したことがうかがわれる。また、洋館脇には厨房や小食堂が付く。旧諸戸《もろと》清六邸（図3、106頁）は、生活機能を含む洋館に対して、西側に続間座敷《つづきまざしき》のある和館があり、かつては北側に内玄関棟もあった。以上2つの住宅は、和館の規模が大きく必ずしも①の型とは言い切れないが、洋館に生活機能が含まれており、当初「和洋館並列型」の住宅が有していた意匠と機能の対応関係を崩している。また、旧内田《うちだ》家住宅（図4、88頁）や旧川上《かわかみ》貞奴邸（図5、112頁）も、洋館が生活の場として機能し、和館には水廻り室を集めている。

次に「②洋館単独和室吸収型」の事例を見る。旧中埜《なかの》家住宅（図6、90頁）は、全体が洋館で、2階に畳敷きの居室を設けている。水廻りも含めて全体を洋館でまとめる計画で、旧西村《にしむら》家住宅（図7、108頁）も同様である。逆に、旧林《はやし》家住宅と旧柳下《やぎした》邸（図8・9、86頁・110頁）は、全体を和館でまとめた「③和風系・ミニ和洋館並列型」の事例である。旧林《はやし》家住宅は生活の場と接客の場を中庭で分離した住宅で、住宅の顔になる玄関と応接室部分を洋館としている。旧柳下邸もこれとよく似ている。

図1によれば、この流れは「外観洋風・内部和洋室混在型」へとまとまる。そしてこれとは別に、昭和期には近代主義建築も数多く建設され、旧原邦造《はらくにぞう》邸（図10、130頁）のように和館と並列させたものや、内部に畳敷きの居室を備えたもの（126頁・銀座の小住宅）など、洋館を近代主義建築に置き換えたような系譜も確認されるようになる。

図2　旧松《まつ》本《もと》家住宅（明治43年）

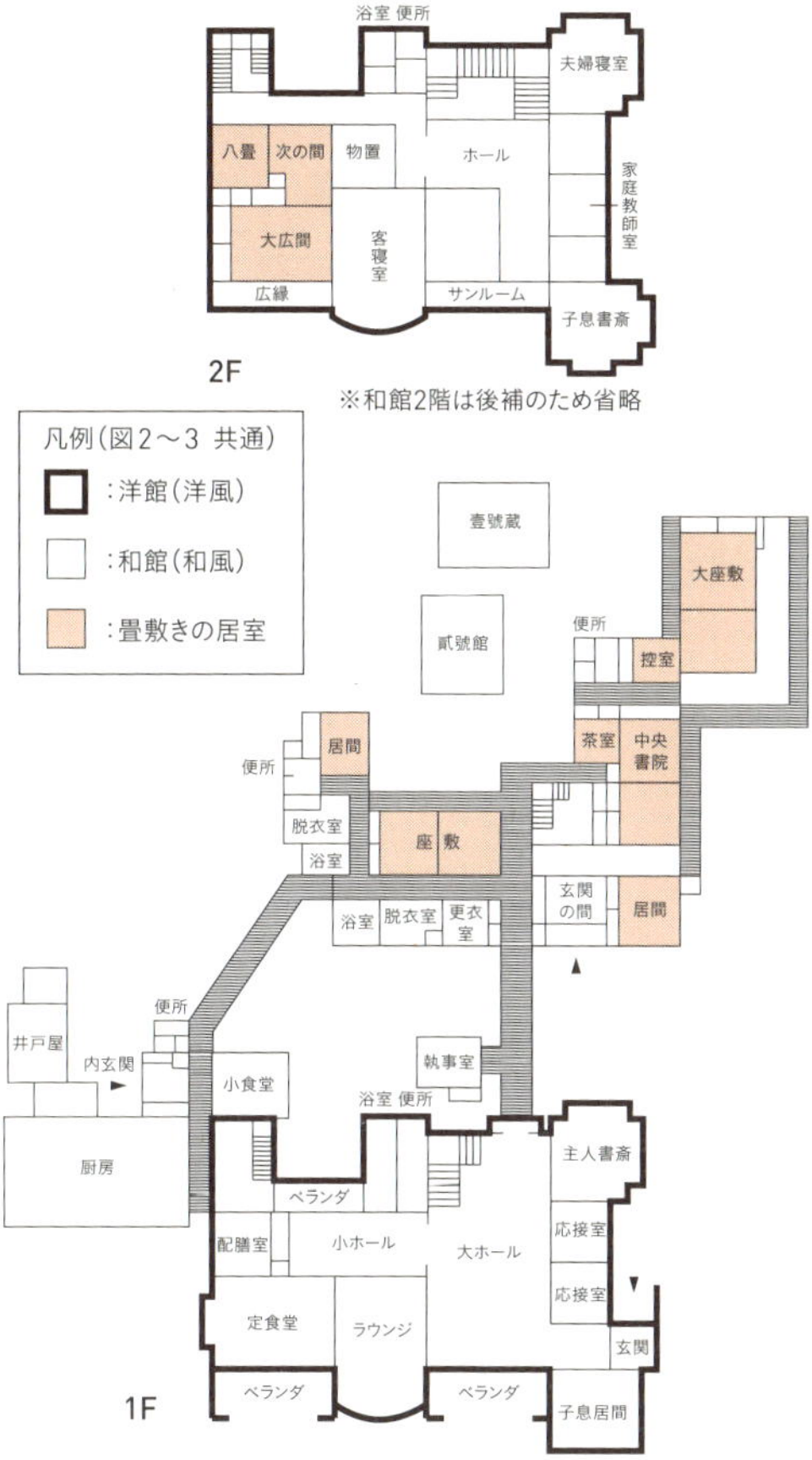

図3　旧諸《もろ》戸《と》清《せい》六《ろく》邸（大正2年）

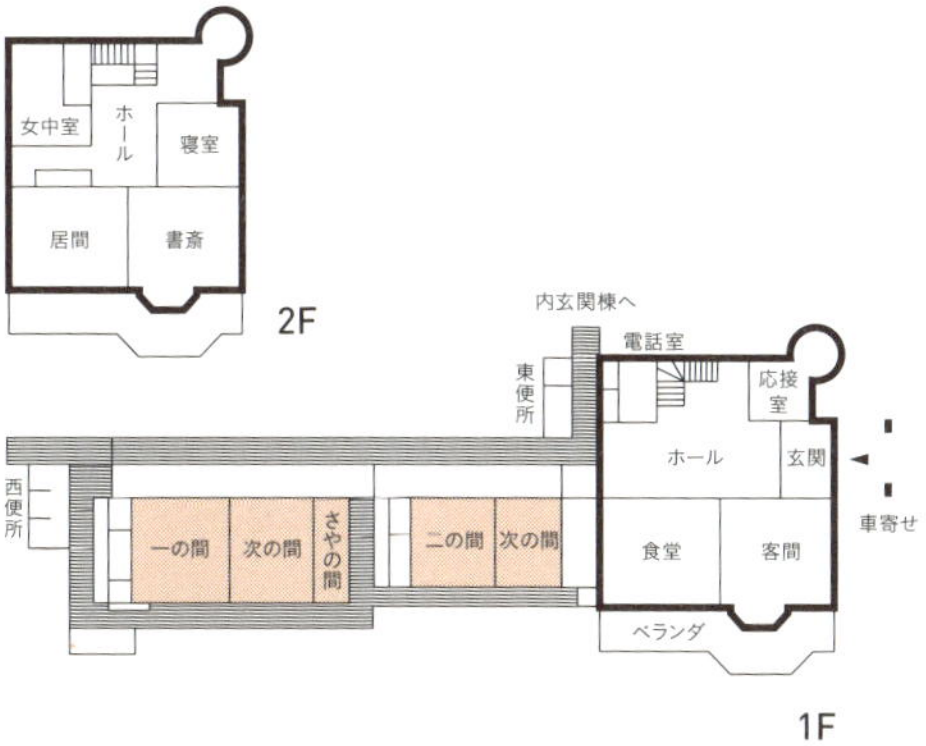

図1
内《うち》田《だ》青《せい》蔵《ぞう》氏が仮説として示した日本近代住宅の系譜

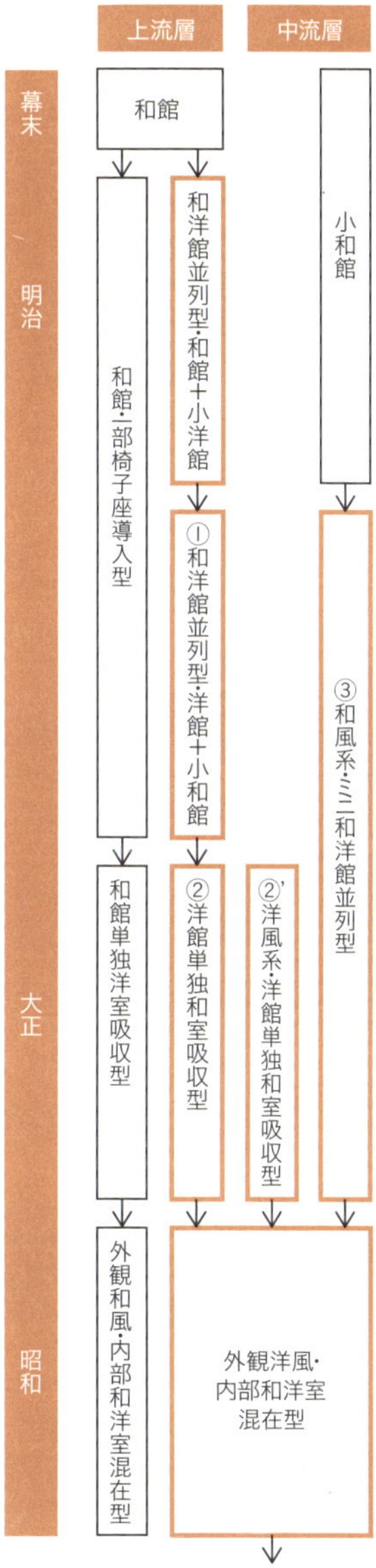

（内田青蔵「『彩色図集』に見られる近代上流住宅の設計手法について」、『明治・大正の邸宅：清水組作成彩色図の世界』柏書房、2009）

図8　旧林《はやし》家住宅（明治40年）

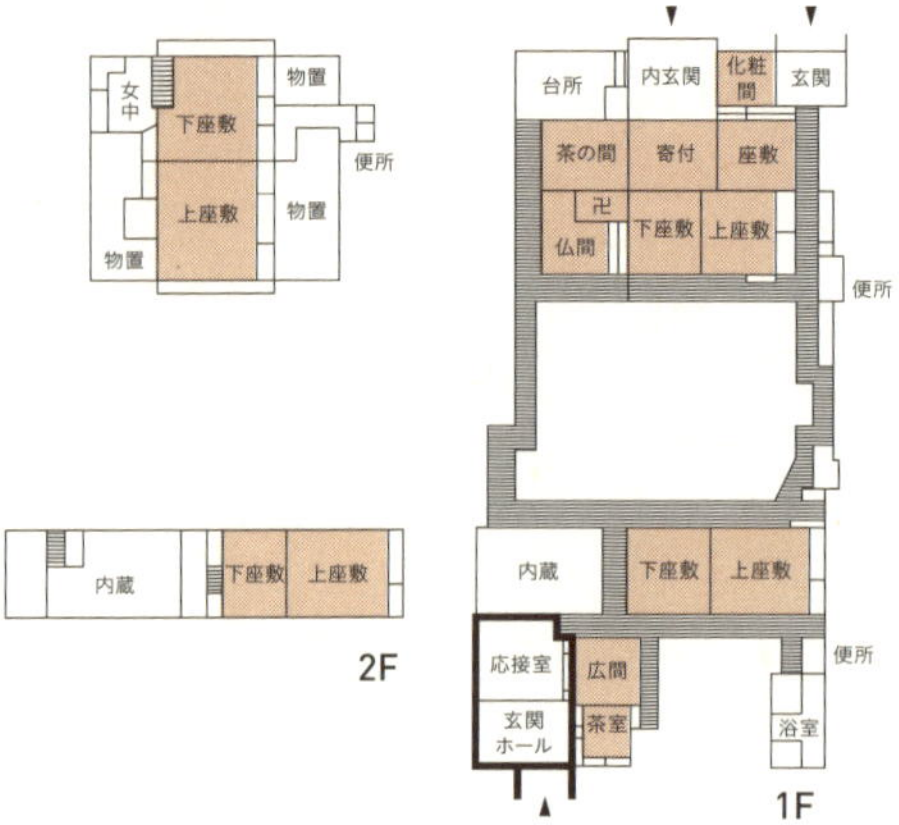

図9　旧柳下《やぎした》邸（洋館・大正13年）

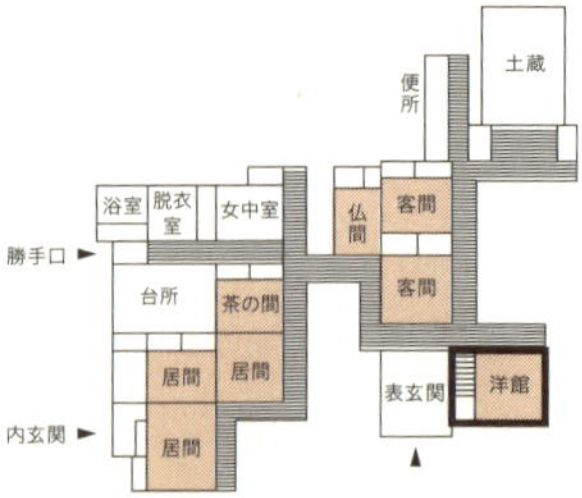

図10　旧原邦造《はらくにぞう》邸（昭和11年）

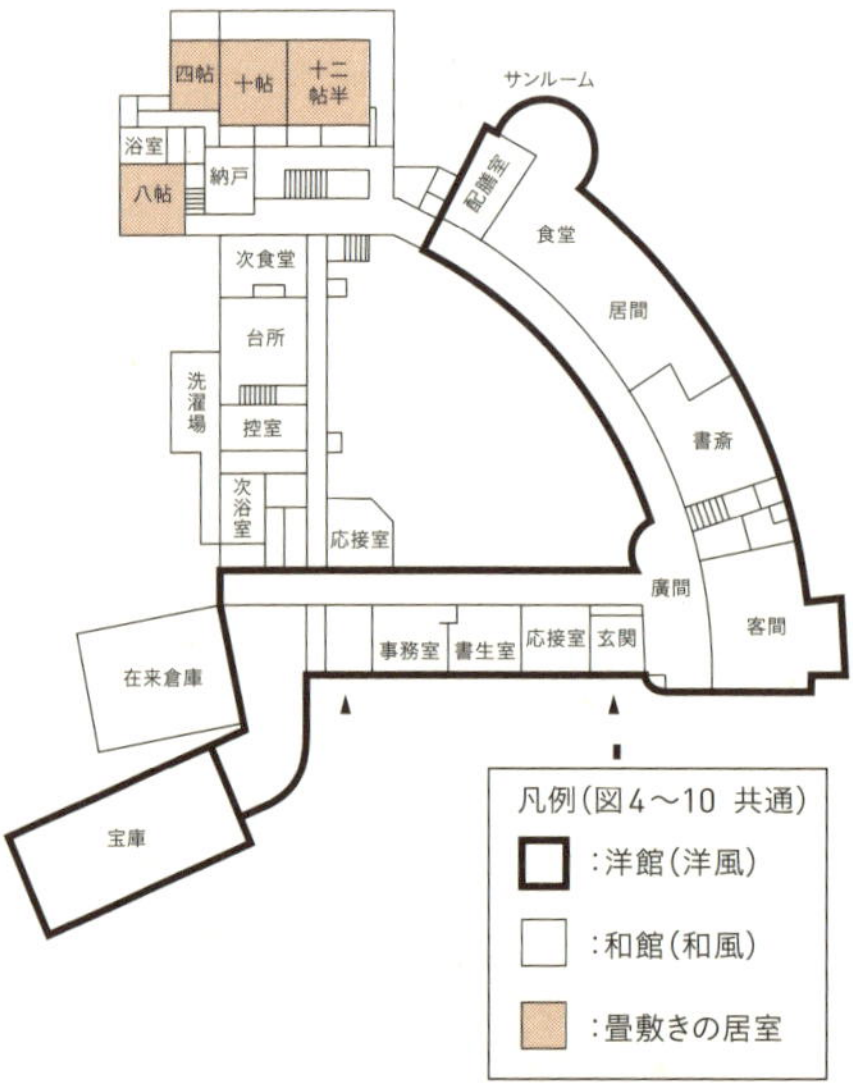

図4　旧内田《うちだ》家住宅
（明治43年・当初の間取り）

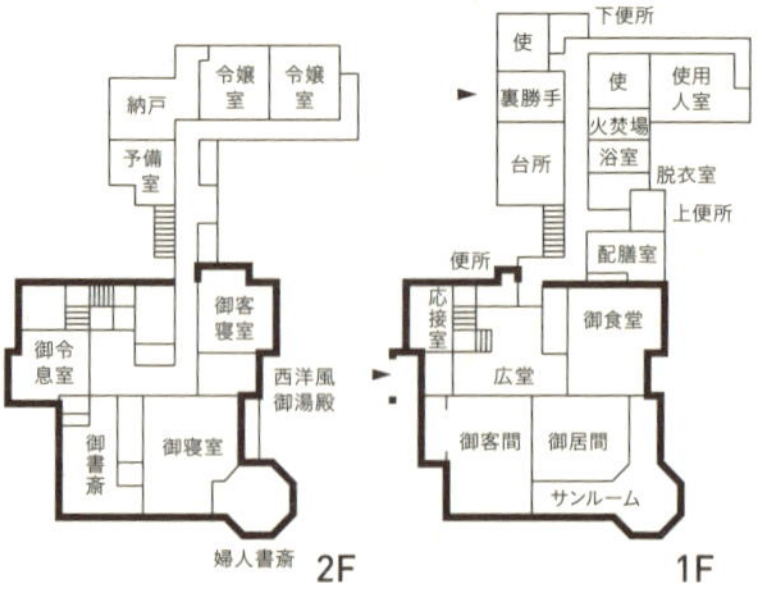

図5　旧川上貞奴《かわかみさだやっこ》邸
（大正9年・当初の間取り）

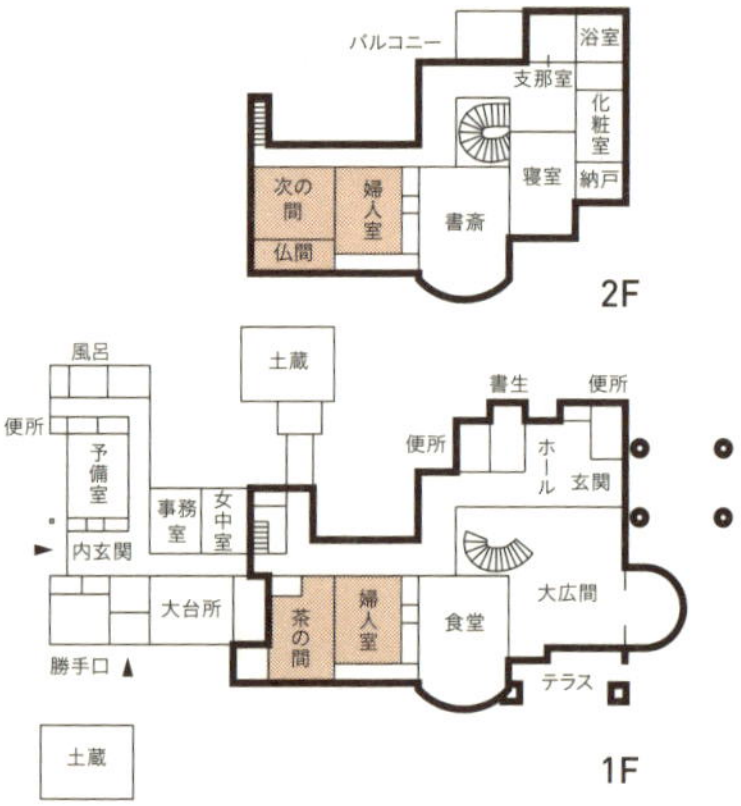

図6　旧中埜《なかの》家住宅（明治44年）

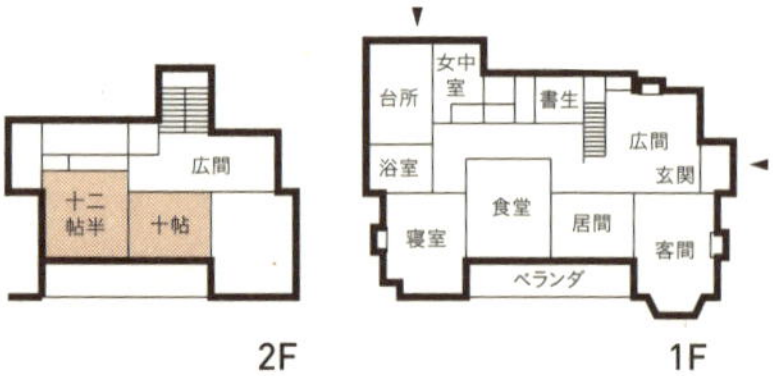

図7　旧西村《にしむら》家住宅（大正3年）

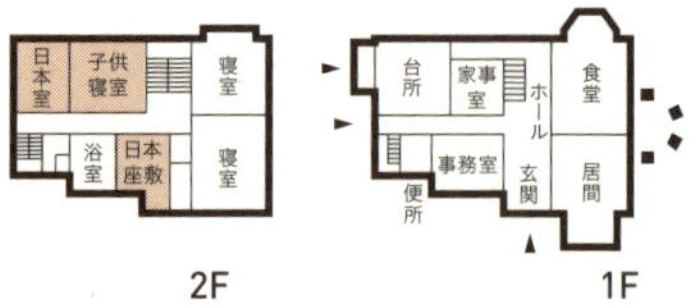

用語集

アールヌーヴォー…19世紀末にヨーロッパを中心に起こった美術運動で、装飾性や新素材の利用などが特徴。

揚戸《あげど》…柱内側に縦溝を付け、横長の板戸を上げ下げする戸。

網代組《あじろぐみ》…魚をとる「網代」の模様に竹や樹皮などを組んで作ったもの。天井や戸にはめ込んで装飾性を高める。

洗《あら》**い出**《だ》**し**…セメントが硬化しないうちに、その表面を水洗いして小石を浮き出させたもの。

入側《いりがわ》…濡れ縁と座敷の間にある1.8mほどの幅の通路。

入隅《いりすみ》…壁と壁が交わる際の内側の窪んだ部分。

入母屋屋根《いりもややね》…上部が切妻のように二方へ勾配を有し、下部が四方へ勾配を有している屋根。

薄縁《うすべり》…布の縁をつけたござ。

内法《うちのり》…壁と壁、あるいは部材と部材の間の寸法のこと。

腕木《うてき》…垂木や庇などを支えるために、柱または梁などから横に突き出させた木。

縁甲板《えんこういた》…長さ3.6～4m、幅10cm前後の板で、板の脇の一方を凹、もう片方を凸に加工して固定する際に表面に釘などが見えない様にしたもの。

大壁《おおかべ》…柱の見えない壁のこと。

大戸《おおど》…家の表口にある大きな戸。

押板《おしいた》…物を飾る板状の台のことをいい、後に作り付けとなり床の間の元になった。

おち屋根《やね》…2段組みになった屋根の低い方を指す。

かぶと造《づくり》…寄棟造あるいは入母屋造の屋根のうち、妻側の屋根を切り上げた形式のもの。

釜場《かまば》…地下の基礎部分に設けられる井戸のようなもので、ここに排水を集める。

上手《かみて》…玄関から遠く、床の間に近い側。

鴨居《かもい》…襖や障子などの建具の上枠として取り付けられる横木。建具を滑らせるために溝が彫られている。敷居と対になっている。

茅《かや》…屋根を葺く草の総称のことで、材料にはすすきやイネ科の多年草が使われる。

唐臼《からうす》…臼を地中に埋め、柄の端を足で踏み、杵《きね》を上下させる仕組みのもの。

ガラリ…細長い板を斜め平行にとりつけたもの。視線を遮りながら換気ができる。

瓦棒葺《かわらぼうぶき》…屋根の流れに沿って瓦棒を取り付け、金属板を葺いた屋根。

北前船《きたまえぶね》…江戸時代に北海道から江戸や大阪へ米や魚を運ぶ際に、日本海を通って西回りの航路をとる船のこと。

キャンチレバー…一方は固定、他方(先端)は自由端になっている状態。

切妻屋根《きりつまやね》…棟から両側に葺きおろす

形式の屋根。建築物の平面形状が四角形の場合、2面だけで屋根が構成される。

金唐革紙《きんからかわし》…和紙に金属箔をはり、版木に当てて凹凸文様を打ち出し、彩色をほどこし製作する壁紙。

釘隠《くぎかく》**し**…長押や扉に打った釘の頭を隠すために用いる化粧金具のことで、木、鉄、銅などが使われる。

桁《けた》…柱と柱の間に渡す横木のことをいい、棟木に対して水平に渡されている。

桁行《けたゆき》…建物の棟に平行な方向。

下屋《げや》…主屋から差し出して作られた屋根。

郷士《ごうし》…武士でありながら農村に居住して農業を営み、若干の武士的特権を認められたもの。

小壁《こかべ》…鴨居と天井の間の壁。

柿葺《こけらぶき》…屋根葺手法の1つで、木材の薄板を用いる。

腰障子《こししょうじ》…下の方に高さ30㎝ほどの板張りのある障子。

小屋組《こやぐみ》…屋根部分の骨組みのこと。

コロニアル様式《ようしき》…コロニアルとは「植民地の」のいう意味で、日本においては幕末・明治初期に外国人が建設した住宅の一タイプをコロニアル様式と呼ぶ。周囲にベランダを廻らせた西洋館が典型である。

さお秤《ばかり》…竿の一端にはかる物をのせる皿を垂らし、竿が水平になるまで他端の分銅の位置を動かして重さをはかる道具。

棹縁天井《さおぶちてんじょう》…天井の一種で、部屋上部に竿縁と呼ぶ細い横木を30~60㎝間隔に渡し、この上に天井板をのせるもの。

仕上材《しあげざい》…床、壁、天井などの表面の見える箇所に用いる表面材。

敷居《しきい》…襖や障子などの建具の下枠として取り付けられる横木。建具を滑らせるために溝が彫られている。鴨居と対になっている。

式台《しきだい》…床上と土間の段差に設置される板敷きの部分。

地業《じぎょう》…基礎を支えるための、基礎底より下に設けた部分。

シザーストラス…小屋組の一種で、下に支えを必要とせず、外壁のみで屋根を支えることが可能となる。

下見張《したみば》**り**…板を横に張った壁仕上げの方法。

漆喰鏝絵《しっくいこてえ》…漆喰を用いて作られるレリーフのこと。

地袋《じぶくろ》…床に接して設けられる小さな戸棚。

下手《しもて》…床の間から遠く、玄関に近い側

ジャンカ…コンクリートの打設不良の事例で、空隙ができ脆くなっている状態をいう。

書院造《しょいんづくり》…武家住宅の様式。基本として、座敷に床の間、違棚、付書院、帳台構えを設けるもの。

上屋《じょうや》…主屋にかかる屋根。

真壁《しんかべ》…柱を露出する壁のこと。

人造石《しんそうせき》…大理石・花崗岩《かこうかん》などの砕石を、セメントや砂および顔料と混合して水で練り、成形・研磨した建築材料。

数《す》寄《き》屋《や》造《つくり》…茶室建築の手法を取り入れた住宅様式。

直家《すこや》…長方形の輪郭で、周囲に突出部をもたない民家をいう。

スパンドレル…2つのアーチにはさまれた三角形の部分。

滑《すべ》り出《た》し窓《まど》…軸を中心にして外部へ押し出す窓。軸が縦と横のものがある。

摺揚戸《すりあけと》…屋根裏の滑車とおもりで上部に押し上げて収納できる板戸。

惣年寄《そうとしより》…江戸時代に大坂・岡山・高知・堺・今井・小倉・鹿児島などの町政を司った町役人の筆頭に位置する役職。

礎石《そせき》…建造物の土台となって、柱などを支える石のこと。

焚口《たきくち》…焼却炉や竈《かまと》、直焚きの風呂に薪などを入れたり火の加減を調節するための開口部。

竹小舞《たけこまい》…土壁の下地に使う細い竹のこと。竹を格子状に編み込んで構成される。

垂木《たるき》…棟木から桁にかけて斜めに取り付けられる部材。

違棚《ちかいたな》…2枚の棚板を左右から食い違いに吊った棚で、天袋・地袋も含めた設備を指すこともある。

手水石《ちょうすいし》（鉢）…社寺などで参拝の前に手を清めるための水を入れた石（鉢）のこと。

帳台構《ちょうたいかまえ》…書院造の側面などに設けた部屋飾りで、畳より一段高く框《かまち》を置き、鴨居を長押より低く取り付け、引き戸のふすまを設けたもの。

帳《ちょう》だんす…帳面や書類などを入れておくための小型のたんす。

帳場格子《ちょうばこうし》…帳場を囲うために立てる低い衝立格子。

付書院《つけしょいん》…床の間脇の縁側に張り出した棚（机）で、下を戸棚などとし前に明かり障子を立てたもの。略式の付書院で、棚板がなく、床の間脇の縁側の壁に書院窓だけを設けたものを平書院という。

厨子《つし》2階《かい》…広間・仏間・納戸の上部にあり、明かり取り窓のある屋根裏部屋。

妻入《つまい》り…建物の出入口が妻側にあるもの。

妻側《つまかわ》…妻とはそで・わき・端などの側面のことをいい、建物の棟に直角に接する側面を指す。日本建築では建物の短手部分を指すことが多い。

釣合人形《つりあいにんきょう》…与次郎人形、やじろべえとも呼ばれる。

テーパー…細長い構造物の径・幅・厚みなどが、先細りになっていること。

出格子窓《てこうしまと》…外へ張り出して格子が作ってある窓。

点茶《てんちゃ》…抹茶をたてること。

天袋《てんふくろ》…天井に接して設けられる小さな戸棚。

樋《とい》…屋根を流れる雨水を集め地上や下水に導くための設備。

塔屋《とうや》…建物の屋上に突き出した部分。

土縁《どえん》…半分を板縁、もう半分を土間としたもの。

通柱《とおしばしら》…2階建て以上の建築物で、土台から軒まで通った継ぎ目のない柱。

床框《とこがまち》…床の間の前端の化粧横木で、床板の端を隠すもの。

床《とこ》の間《ま》…客間の一角に周囲より1段高く造られ、掛け軸や活けた花などを飾る場所。

土蔵造《どぞうづくり》…外壁を土壁として漆喰などで仕上げる様式。

トップライト…採光や通風のため、屋根に設けられた窓。天窓ともいう。

土庇《どびさし》…庇の一種で、柱で支えるものをいう。

戸袋《とぶくろ》…引き戸において、戸を開けたときに戸を収納して見えないようにする場所のこと。

屯田兵《とんでんへい》…明治時代に北海道の警備と開拓にあたった兵士のこと。屯田兵が北海道へ入植する際に居住できるよう建設された木造の建築物を屯田《とんでん》兵屋《へいおく》という。

問屋《とんや》…江戸時代、荷主から委託された貨物を販売したり、商品を仕入れて販売したりした卸売商人。

長屋門《ながやもん》…武家屋敷で見られた門の形式で、門の両側が長屋となっており、そこに家臣や下男を住まわせたもの。富裕な農家にも見られた。

長押《なげし》…柱を水平につなぐもので、壁に沿って取り付けられる。

拭板《ぬぐいいた》…表面を削って滑らかに仕上げた板。

濡縁《ぬれえん》…雨戸などの外壁がなく、雨ざらしの縁側。

根太天井《ねだてんじょう》…木造建築の床下に配される材料を根太といい、1階の天井を張らずに、2階の根太をそのまま見せた天井を根太天井と呼ぶ。

軒《のき》…外壁面より外に突き出している屋根の部分。

軒蛇腹《のきじゃばら》…軒に帯状に取り付けられた蛇腹状の突出部分。

登り梁《のぼりばり》…水平ではなく屋根勾配などに合わせて斜めに架けられた梁。

ハイサイドライト…壁の高い位置にある窓。

掃《は》き出《だ》し窓《まど》…外部に出入りできる大型の窓で、窓の下枠が室内の床の高さと大差ないもの。

箱階段《はこかいだん》…側面を引き出しとして利用できるようにしている階段。

柱型《はしらがた》…壁から突出して、半面だけ見せている柱。

旅籠屋《はたごや》…江戸時代、旅人を宿泊させ、食事を提供していた家のこと。

パティオ…スペイン語で中庭のこと。

はね出《だ》し…足場板の端などが支点より突き出している状態をいう。

破風《はふ》…屋根の妻側にある三角形の部分。

梁《はり》…柱と柱の間に渡す横木のことを

いい、棟木に対して直角に渡されている。

番付《ばんつけ》…建物を組み立てるため、柱、梁、桁などの部材につける符号のこと。

引込戸《ひきこみど》…壁の中に引き込むことのできる戸。

平入り《ひらいり》…建物の出入口が平側にあるもの。

平側《ひらかわ》…建物の棟と平行な側面のことを指す。日本建築では建物の長手部分を指すことが多い。

内塀《ひんぷん》…沖縄の伝統的家屋で正門と主屋の間に立つ目隠しの塀のこと。

墨書《ぼくしょ》…棟札の代わりに墨で建築にまつわる記録を柱などに記したもの。

掘割《ほりわり》…地面を掘ってつくった水路。

本棟造《ほんむねつくり》…長野県の中信地方から南信地方にかけて分布する民家の形式。切妻造、妻入り、ゆるい勾配の屋根、雀おどし、正方形の間取りなどが特徴。

曲家《まがりや》…主屋と馬屋がL字形に一体化している、伝統的農家の建築様式である。

店蔵《みせくら》…一般的に蔵を造る際に使われる土蔵造によって建てられた店舗のこと。特に店舗と住居を兼ねるものを指す場合もある。

無双《むそう》…小幅板を左右にずらすことで内部が全く見えないようにしてある窓。

棟札《むなふた》…建物の建築・修築の記録として、建物内部の高所に取り付けた札。

棟《むね》…屋根の頂部をいい、屋根の分水嶺となる箇所。

目地《めじ》…石や煉瓦の継ぎ目。

洋釘《ようくぎ》…鉄をたたいて軸を四角に作る和釘と呼ばれるものと、線材を材料として軸を丸く作る洋釘と呼ばれるものがある。

寄木張り《よせきばり》…色や木目の異なる木片を組み合わせて張ること。

寄棟屋根《よせむねやね》…四方向に傾斜がある屋根の形のこと。ふたつの三角形とふたつの台形の屋根から構成される。

鎧戸《よろいど》…幅の狭い薄板を一定の間隔で平行に取りつけた戸のこと。

欄間《らんま》…鴨居の上の開口部。

陸屋根《りくやね》…傾斜のない平面状の屋根。平屋根ともいう。

ロッジア…少なくとも一面が外部に開いている屋根付きの廊下。

和小屋《わこや》…棟木に垂直な小屋束《こやづか》によって屋根の荷重を支えるような小屋組のこと。

名作住宅一覧

参考文献

旧羽室家住宅のミゼットハウスー豊中市教育委員会地域教育振興課・アトリエ RYO 一級建築士事務所(編)『豊中市原田城跡史跡建物保存及び整備工事報告書』(豊中市教育委員会 ,2010)・東郷武「日本の工業化住宅(プレハブ住宅)の産業と技術の変遷」(『技術の系統化調査報告(15)』, 国立科学博物館 ,2010)・生田盛「ヘソクリ投資でミゼツト・ハウス」(『貯殖』日刊経済新聞社 ,1959)・大日本実業学会「三時間で組立てられるミゼットハウス」(『実業の日本』実業之日社 ,1960) /ヴィラ・クゥクゥ—近江栄「ヴィラ・クウクウ」(『新建築』 1978)・「Villa Coucou」(『建築文化』 1957)・「villa CouCou」(『新建築』,1957) /私の家—清家清「若し自分が家を建てるなら」(『建築と社会』 1951)・清家清『「私の家」白書』(住まいの図書出版局 ,1997)・浜口ミホ『日本住宅の封建性』(相模書房 ,1949)・西山夘三『日本のすまい 2』(勁草書房 ,1976) / No.20—西山夘三『日本のすまい 2』(勁草書房 ,1976)・『新建築』(新建築社 ,1954) /増沢洵邸— 『新建築』(新建築社 ,1952)・『住宅建築』(建築思潮社 ,2006)・増沢洵「自邸(最小限住居の試作)を建てたころ」(『新建築』新建築社 ,1978) /旧井上房一郎邸— 「シリーズ 時代を越えた住まい(10)井上房一郎邸」(『住宅建築』建築思潮研究所 ,1997)・『JA』(新建築社 ,1999) /公営住宅標準設計・51C型—西山夘三『日本のすまい 2』(勁草書房 ,1976)・鈴木成文他『「51C」家族を容れるハコの戦後と現在』(平凡社 ,2004) /栗山邸—浜口ミホ・寺島幸太郎『すみよい住まい』(雄鶏社 ,1953)・浜口ミホ『日本住宅の封建性』(相模書房 ,1949) /前川國男邸— 『江戸東京たてもの園前川國男邸復元工事報告書』(江戸東京たてもの園 ,1999)・『江戸東京たてもの園・解説本』(2003) /旧林芙美子邸—新宿歴史博物館(編)『林芙美子記念館図録』(公益財団法人新宿未来創造財団 ,1993) /旧原邦造邸— 『東京人』(都市出版 ,2004.6)・藤森照信 :『歴史遺産・日本の洋館〈第 6 巻〉昭和篇 [2]』(講談社 ,2003)・『新建築・住宅特集』(新建築社 ,2004.8) /銀座の小住宅—岡洋保・山崎鯛介「「市街地の一住宅」の設計経緯と発表の趣旨」(日本建築学会大会学術講演梗概集 ,2008)・『住宅建築』(建築思潮研究所 ,1976) /小林古径邸—今里隆(監修)・早稲田大学建築史研究室(編集)『甦る小林古径邸・移築復元工事報告書』, 上越市 ,19)・反町周子・内田青蔵「戦前期の都市中流住宅の台所と浴室の配置にみる水廻り空間の集約化に関する一考察」(日本家政学会誌(48) ,no.2,1997)・大井隆弘『吉田五十八の住宅作品に関する研究』(東京藝術大学 , 博士論文 ,2014) /寺西家安倍野長屋—寺西興一「寺西家主屋と長屋の記録」(『大阪市住まいのミュージアム・研究紀要館報(9)』大阪市住まいのミュージアム ,2011)・『大日本人物名鑑(巻 4 の 2)』(ルーブル社出版部 ,1921 ～ 22) /山手 234 番館—像建築設計事務所『山手 234 番館改修工事報告書—調査・設計編』(1997)・横浜山手洋館群保存対策調査委員会・横浜市教育委員会(編)『横浜山手西部地区洋館群保存対策調査報告書』(横浜市教育委員会 ,1986) /同潤会代官山アパートー佐藤滋、伊藤裕久、真野洋介、高見沢邦郎、大月敏雄『同潤会のアパートメントとその時代』(鹿島出版会 ,1998) /旧小熊邸ー角幸博 :『マックス・ヒンデルと田上義也 - 大正・昭和前期の北海道建築界と建築家に関する研究』(北海道大学 , 博士論文 ,1995)・田上義也 :『田上義也建築画集』(建設社 ,1931) /ヨドコウ迎賓館(旧山邑邸) —関野克(監修)「旧山邑家住宅」(『日本の民家 8』学習研究社 ,1981)・『日本商工大家集—日露戦争記念』(大阪新報社 ,1906) /旧柳下邸— 『横浜市指定有形文化財「旧柳下家住宅」保存改修工事報告書』(横浜市教育委員会事務局生涯学習部文化財課 ,2008) /旧川上貞奴邸—名古屋市住宅都市局都市景観室(監修)『登録有形文化財旧川上貞奴邸復元工事報告書』(名古屋市 ,2005) /旧西村家住宅—黒川創・藤森照信・大竹誠・坂倉竹之助・田中修司『愉快な家・西村伊作の建築』(INAX 出版 ,2011)・西村伊作『楽しき住家』(警醒社書店 ,1919) /旧諸戸清六邸(六華苑) — 『旧諸戸清六邸(六華苑)整備工事報告書』(桑名市 ,1995)・堺利彦『当なし行脚』(改造社 ,1928)) /松城家住宅—建部恭宣「56・松城家住宅」(『静岡県近代和風建築総合調査報告書』静岡県教育委員会 ,2002)・瀬川光行『日本之名勝』(史伝編纂所 ,1900) /旧松本家住宅—文化財建造物保存技術協会(編)『重要文化財旧松本家住宅洋館・日本館・壱号蔵・弐号蔵修理工事報告書』(西日本工業倶楽部 ,1982)・小泉和子「旧松本家住宅の家具・インテリア」(『月刊文化財』文化庁文化財部(監修) ,1982) /旧内田家住宅—文化財建造物保存技術協会(編)『外交官の家〔旧内田家住宅〕移築修理工事報告書』(横浜市都市計画局都市デザイン室 ,1997) /旧中埜家住宅—関野克(監修)「旧中埜家住宅」(『日本の民家 8』学習研究社 ,1981)・『地主名鑑(第 1 編)』(不動産研究会名古屋事務所 ,1918) /旧林家住宅—信濃建築史研究室(編)『旧(イチヤマカ)林家住宅・シルクと金唐紙の館』(岡谷市教育委員会 ,2001) /旧リンガー住宅—関野克(監修)「旧リンガー住宅」(『日本の民家 8』学習研究社 ,1981)・鈴木博之「視覚的な存在としての絨毯」(『日本人とすまい(1)靴脱ぎ』日本リビングセンター ,1996) /旧ハッサム住宅—関野克(監修)「旧ハッサム住宅」(『日本の民家8』学習研究社 ,1981) /旧ハンター住宅—関野克(監修)「旧ハンター住宅」(『日本の民家 8』学習研究社 ,1981) /東山手洋風住宅 A—長崎市教育委員会(編)『長崎居留地大いなる遺産』(長崎市 ,1990) /旧三戸部家住宅—文化財建造物保存技術協会(編)『旧三戸部家住宅保存修理工事報告書』(伊達市 ,1997) /旧中村家住宅—関野克(監修)「旧中村家住宅」(『日本の民家 5』学習研究社 ,1980) /旧青山家住宅—御船達雄「遊佐町青山家主屋とその建築経緯について・漁業家青山家の建築活動に関する研究その 2」(『日本建築学会 大会学術講演梗概集』 1995) /旧森家住宅—富山県教育委員会(編)『富山県の近代和風建築 近代和風建築総合調査報告書』(富山県教育委員会 ,1994)) /堀沢祐一「地域の核としての活用と周辺整備・重要文化財旧森家住宅」(『月刊文化財』 2014.11) /吉島家住宅—関野克(監修)「吉島家住宅」(『日本の民家 5』学習研究社 ,1980)・『吉島家住宅』パンフレット/旧篠原家住宅—文化財保存計画協会(編)『宇都宮市指定文化財旧篠原家住宅保存調査報告書』(宇都宮市 ,1996) /旧東松家住宅—関野克(監修)「旧東松家住宅」(『日本の民家 5』学習研究社 ,1980) /森鷗外・夏目漱石住宅—博物館明治村(編著)『国登録有形文化財〔建造物〕森鷗外・夏目漱石住宅及び神戸山手西洋人住居保存修理工事報告書』(博物館明治村 ,2006)・青木正夫・岡俊江・鈴木義弘『中廊下の住宅』(住まいの図書出版会 ,2009) /上芳我家住宅—文化財建造物保存技術協会(編著)『上芳我家住宅主屋ほか九棟保存修理工事報告書』(内子町 ,2011) /銘苅家住宅—関野克(監修)「銘苅家住宅」(『日本の民家 4』学習研究社 ,1981)・文化財建造物保存技術協会(編)『重要文化財銘苅家住宅修理工事報告書』(銘苅家住宅修理委員会 ,1979 /旧笠石家住宅—関野克(監修)「旧笠石家住宅」(『日本の民家 1』学習研究社 ,1981)・大町桂月『行雲流水』(博文館 ,1909) /高橋家住宅—関野克(監修)「高橋家住宅」(『日本の民家 5』学習研究社 ,1980)・「高橋家住宅」 /旧奈良家住宅—関野克(監修)「旧奈良家住宅」(『日本の民家 1』学習研究社 ,1981)・白井規一・島田牛稚『趣味の地理(1)日本の山水美』(博文館 ,1918) /旧工藤家住宅—関野克(監修)「旧工藤家住宅」(『日本の民家 1』学習研究社 ,1981) /旧渋谷家住宅—関野克(監修)「旧渋谷家住宅」(『日本の民家 1』学習研究社 ,1981) /旧新発田藩足軽長屋—関野克(監修)「旧新発田藩足軽長屋」(『日本の民家 5』学習研究社 ,1980) /富沢家住宅—関野克(監修)「富沢家住宅」(『日本の民家 1』学習研究社 ,1981) /旧江向家住宅—『重要文化財旧江向家住宅移築修理工事報告書』(川崎市 ,1970) /旧松下家住宅—関野克(監修)「旧松下家住宅」(『日本の民家 5』学習研究社 ,1980) /真山家住宅—関野克(監修)「真山家住宅」(『日本の民家 5』学習研究社 ,1980)・平井聖『日本住宅の歴史』(NHK ブックス ,1974) /馬場家住宅— 『松本市重要文化財馬場家住宅第 1 期修理工事報告書』(松本市教育委員会文化課 ,1996) /旧滝沢本陣横山家住宅—関野克(監修)「旧滝沢本陣横山家住宅」(『日本の民家 1』学習研究社 ,1981) /大沢家住宅—関野克(監修)「大沢家住宅」(『日本の民家 4』学習研究社 ,1981)・文化財建造物保存技術協会(編)『重要文化財大沢家住宅保存修理工事報告書』(1992)・小沢朝江(主査)『南関東・東海・中部地方における土蔵造町家の普及実態とその背景』(『住総研研究論文集(33)』,2006) /旧作田家住宅—関野克(監修)「旧作田家住宅」(『日本の民家 1』学習研究社 ,1981)・今和次郎『日本の民家』(岡書院 ,1927) /吉村家住宅—関野克(監修)「吉村家住宅」(『日本の民家 3』学習研究社 ,1981) /今西家住宅—関野克(監修)「今西家住宅」(『日本の民家 6』学習研究社 ,1980) /田中家住宅—関野克(監修)「田中家住宅」(『日本の民家 4』学習研究社 ,1981) /熊谷家住宅—関野克(監修)「熊谷家住宅」(『日本の民家 7』学習研究社 ,1981) /旧グラバー住宅—関野克(監修)「旧グラバー住宅」(『日本の民家 8』学習研究社 ,1981)山口家住宅—関野克(監修)「山口家住宅」(『日本の民家 4』学習研究社 ,1981) /旧黒木家住宅—関野克(監修)「旧黒木家住宅」(『日本の民家 4』学習研究社 ,1981) /二階堂家住宅—文化財建造物保存技術協会(編)『重要文化財二階堂家住宅保存修理工事報告書』(二階堂進 ,1987) /旧境家住宅—関野克(監修)「旧境家住宅」(『日本の民家 4』学習研究社 ,1981) /上江洲家住宅—文化財建造物保存技術協会(編)『重要文化財上江洲家住宅主屋・前の屋・石牆保存修理工事報告書』, 重要文化財上江洲家住宅修理委員会・沖縄県 ,1995) / column1 和洋館並列住宅について—内田青蔵 :『日本の近代住宅』(鹿島出版会 ,1992)・内田青蔵 :「『彩色図集』に見られる近代上流住宅の設計手法について」(『明治・大正の邸宅 清水組作成彩色図の世界』柏書房 ,2009)・奥山美奈子 :「『彩色図集』に見る和洋折衷住宅の様相」(『明治・大正の邸宅 清水組作成彩色図の世界』柏書房 ,2009) / column2 中廊下型住宅—青木正夫・岡俊江・鈴木義弘 :『中廊下の住宅』(住まいの図書館出版局 ,2009) / column3 間取分布略図—蔵田周忠 :『民家帖』(古今書院 ,1955)・関野克(監修) :『日本の民家』1 ～ 4(学習研究社 ,1980-81)・今和次郎 :『日本の民家』(鈴木書店 ,1922)

【著者】
大井隆弘（おおい たかひろ）
1984年東京・立川生まれ、飛騨高山育ち。2006年三重大学工学部建築学科卒業。2009年東京芸術大学大学院美術研究科建築学専攻博士前期過程修了、2015年同大学博士後期課程修了。博士（美術）。2015年～2017年まで同大学美術学部建築科教育研究助手。2017年～現在、三重大学大学院工学研究科建築学専攻助教。

日本の名作住宅の間取り図鑑 改訂版

2019年3月5日　初版第1刷発行

著者　大井隆弘

発行者　澤井聖一

発行所　株式会社エクスナレッジ
〒106-0032
東京都港区六本木7-2-26
http://www.xknowledge.co.jp/

問合せ先　編集　Tel: 03-3403-1381
Fax: 03-3403-1345
Mail: info@xknowledge.co.jp
販売　Tel: 03-3403-1321
Fax: 03-3403-1829